新时代

大学生劳动教育多维度研究

刘　涛　田冰洁　彭旭丹／著

吉林大学出版社

·长春·

图书在版编目（ＣＩＰ）数据

新时代大学生劳动教育多维度研究 / 刘涛，田冰洁，
彭旭丹著 .-- 长春：吉林大学出版社，2022.10
ISBN 978-7-5768-0806-3

Ⅰ.①新… Ⅱ.①刘… ②田… ③彭… Ⅲ.①大学生
—劳动教育—教育研究 Ⅳ.① G40-015

中国版本图书馆 CIP 数据核字 (2022) 第 192027 号

书　　　名　新时代大学生劳动教育多维度研究
　　　　　　XINSHIDAI DAXUESHENG LAODONG JIAOYU DUOWEIDU YANJIU

作　　　者　刘涛　田冰洁　彭旭丹
策划编辑　安萌
责任编辑　杨宁
责任校对　孙宇辛
装帧设计　右利
出版发行　吉林大学出版社
社　　　址　长春市人民大街4059号
邮政编码　130021
发行电话　0431-89580028/29/21
网　　　址　http://www.jlup.com.cn
电子邮箱　jldxcbs@sina.com
印　　　刷　天津和萱印刷有限公司
开　　　本　787mm×1092mm　1/16
印　　　张　13.25
字　　　数　200千字
版　　　次　2022年10月　第1版
印　　　次　2022年10月　第1次
书　　　号　ISBN 978-7-5768-0806-3
定　　　价　58.00元

　　劳动是人和人类社会存在和发展的基础，是人之为人的本质活动。中华人民共和国成立 70 多年以来，中国社会经历了巨大的变迁，与以往相比较，新时代劳动的方式、对象、条件、形态等发生了深刻的改变。随着社会现代化的发展，人们不断用创造性的劳动促进劳动效率和质量的提升，使劳动与知识、劳动与科技的结合越来越紧密，从而拓展了劳动的内涵以及呈现的形式，为劳动注入了时代的新元素，使人们更加享受到劳动所带来的新的生活和幸福。

　　当代大学生肩负着中华民族复兴的伟大使命，为了使他们适应社会现代化发展的要求，进一步促进大学生的全面发展，就必须加强对大学生的劳动教育，引导大学生弘扬劳动精神、崇尚劳动、尊重劳动，懂得劳动最光荣、最崇高、最伟大、最美丽的道理，进而在未来能够辛勤劳动、诚实劳动、创造性劳动。

　　基于此，笔者撰写了《新时代大学生劳动教育多维度研究》一书，全书共六章，第一章为新时代劳动教育的基本理论，介绍了劳动及其劳动教育的意义、新时代劳动教育及其特征两方面的内容；第二章为新时代大学生劳动教育及其价值，探讨了大学生劳动教育及其意义、大学生劳动教育的保障体系、大学生劳动教育的现实途径、大学生劳动教育的价值意蕴；第三章至第五章分别从新时代大学生劳动教育的崇尚、体验、科学三个维度对大学生劳动教育进行详细论述；第六章围绕新时代大学生劳动教育维度的实践，如志愿服务融合新时代大学生劳动教育的实践、陶行知劳动教育思想及其对新时代大学生劳动教育的启示、大学生"四融四化"劳动教育体系的实践进行研究。

　　本书由刘涛、田冰洁、彭旭丹所著，具体分工如下：刘涛（河北金融学院）负责第一章、第四章、第五章内容撰写，计10万字；田冰洁（河北金融学院）负责第二章、第三章内容撰写，计6.5万字；彭旭丹（河北金融学院）负责第六章内容撰写，计3.5万字。

　　笔者在撰写本书的过程中，得到了许多专家学者的帮助和指导，在此表示诚挚的谢意。由于笔者水平有限，加之时间仓促，书中所涉及的内容难免有疏漏之处，希望各位读者多提宝贵意见，以便笔者进一步修改，使之更加完善。

作　者

2022年1月

目 录

第一章　新时代劳动教育的基本理论

民生在勤，勤则不匮。劳动是推动人类社会进步的根本力量，是财富的源泉，是幸福的源泉；劳动教育是对学生进行热爱劳动和劳动人民、珍惜劳动成果、树立正确的劳动观、培养劳动习惯和技能的教育活动。本章从劳动与劳动教育的认知、新时代劳动教育的内涵与特征两方面来介绍，以使读者对新时代劳动教育的基本理论产生更加全面的认识。

第一节　劳动及其劳动教育的认知

国内外哲学、政治经济学、法学等诸多领域的学者们对"劳动"的概念均进行了阐述。从哲学上讲，劳动是指人们改变劳动对象使之适合自己需要的有目的的活动。劳动在不同的社会制度下有不同的社会属性。

劳动是自然过程，也是社会过程。劳动是人的本质，是人类的本质活动。因为劳动人才成为人本身；通过劳动，人自身的自然与外部自然之间实现物质、能量变换，使人的生命得以维持和延续，并能解放自己、自我实现。因此，劳动是物质财富的源泉，是人类社会存在和发展的最基本条件；劳动也是知识世界、生活世界、工作世界之间建立关联的重要桥梁，是建立生活认知和生命认知的重要渠道。

劳动本身具有"教育"之义，而"劳动教育"是以体力劳动与物质生产劳动为基础，在家庭生活、职业生活、社会生活等场域中进行的教育活动。劳动教育源于劳动与教育的有机融合，出自个人发展的需要，又出于现实实践的缺失。

所谓"劳动教育"，一言以蔽之，就是"劳动＋教育"。但劳动教育并不是劳动和教育的简单相加，而是劳动与教育的有机融合。从教育性方面来看，劳动教育是一种劳动的教育，教育者对学生进行劳动知识、劳动技能、劳动态度以及劳动情感等方面的教育；从劳动性方面来看，"劳动教育是一种教育的劳动，学生的劳动知识、劳动技能、劳动态度以及劳动情感等方面的发展是通过劳动获得的"[①]。

在《教育大辞典》中，对劳动教育的定义是从实践出发的，认为劳动教育就是劳动、生产、技术和劳动素养方面的教育，聚焦于培养学生形成正确的劳动观点、劳动态度与劳动习惯，并确保学生获得工农业生产中必备的基本知识和技能。

第二节 新时代劳动教育及其特征分析

大学生的成长离不开劳动锻炼：在学习中劳动，把劳动作为立身之基，在劳动中学习，依劳动筑梦，靠劳动圆梦。

一、新时代劳动教育的内涵

劳动教育对大学生进行系统的劳动思想教育、劳动技能培育与劳动实践锻炼，全面提高大学生的劳动素养，引导大学生在劳动创造中追求幸福感、获得创新灵感，成为具有社会责任感、创新精神和实践能力的人才。新时代劳动教育被赋予新的内涵，主要包括以下方面。

（一）属于德育范畴

《辞海》中劳动教育的定义是："劳动教育是德育的内容之一，对学生进行热爱劳动和劳动人民、珍惜劳动成果、树立正确的劳动观点和劳动态度、通过日常生活培养劳动习惯和技能的教育活动。"《中国大百科全书·教育》中将劳动教育定义为："使学生树立正确的劳动观点和劳动态度、热爱劳动和劳动人民、养成劳动习惯的教育，是德育的内容之一。"这两个定义强调劳动教育的德育属性，直接将劳动教育定义为德育的一部分，侧重热爱劳动和劳动人民的情感、培养正确的劳动观念和态度，把劳动习惯和技能的教育

---

① 何卫华，林峰. 大学生劳动教育理论与实践教程 [M]. 厦门：厦门大学出版社，2019：5.

看作是日常生活培养的结果。

（二）属于智育范畴

《教师百科辞典》中劳动的定义是："劳动教育就是向受教育者传播现代生产的基本知识和技能，培养他们具有正确的劳动观点、劳动习惯和热爱劳动人民、劳动成果的感情。劳动教育十分重视劳动过程中的智力因素，把平凡的劳动同创造性劳动结合起来，把简单的劳动与富有知识的劳动结合起来。"成有信在其《教育学原理》中更是直截了当地将劳动教育定义为："培养学生具有现代工农业生产的基本知识和基本技能的教育。"这两个定义强调劳动教育的智育属性，将劳动教育的主要价值定位为传播现代生产基本知识和技能，提高社会劳动生产的智力水平。

（三）属于实践范畴

劳动教育是对年轻一代参加社会生产的实际训练，同时也是德育、智育和美育的重要因素，其劳动教育的理想追求是使每一个人早在少年时期和青年早期就能领悟到劳动能使他的自然天赋更全面、更明显地发挥出来，劳动会带来幸福。苏霍姆林斯基把劳动教育视为让学生参加社会生产实际训练的形式，通过这一形式渗入德育、智育和美育中，全面发挥学生的自然天赋。陶行知也把劳动教育视为"在劳力上劳心"的实践活动。劳动教育的目的就在于谋手脑相长，以提高自立之能力，获得事物之真知及了解劳动者之甘苦。劳动教育实践家们更倾向于把劳动教育理解为"做中学"的实践形式，在劳动教育的目的方面，更强调劳动教育之于个体发展的内在价值——激发劳动热情、促进认知发展、提高实践能力、养成良好个性。

二、新时代劳动教育的特征

（一）强化劳动观教育，弘扬劳动精神

新时代的劳动教育要培养正确的劳动观。通过劳动课程讲清楚劳动理论、涵育劳动意识和劳动情感，通过弘扬"劳模精神""工匠精神"等形成对劳动和劳动者的正确价值判断，引导崇尚劳动、尊重劳动，树牢以辛勤劳动为荣的荣辱观，摒弃不劳而获的思想，坚定通过劳动创造幸福美好生活的信念。

1. 崇尚劳动

劳动是财富的源泉，也是幸福的源泉。人世间的美好梦想，只有通过诚实劳动才能实现；发展中的各种难题，只有通过诚实劳动才能破解；生命里的一切辉煌，只有通过诚实劳动才能铸就。"当代大学生要懂得劳动是推动人类社会进步的根本力量，是美好生活的源泉，劳动光荣、崇高、伟大。"[①]

2. 尊重劳动者

我们讲人民，重心是劳动人民；我们讲群众，重心是劳动群众。要尊重普通劳动者，无论是脑力劳动者还是体力劳动者，都值得尊重。劳动模范和英雄人物是劳动者的杰出代表，他们身上展现的劳模精神是民族精神和时代精神的有机融合，是新时代的力量之源，更值得尊重。

3. 弘扬时代精神

新时代劳动精神、劳模精神、工匠精神，体现在工作中，包括爱岗敬业、争创一流、艰苦奋斗、勇于创新、淡泊名利、甘于奉献。作为新一代青年学生，要崇尚劳动、尊重劳动模范，如在新型冠状病毒性肺炎肆虐期间，以钟南山、李兰娟院士为代表的科学家和舍生忘死的一线医务工作者，以及众多参与抗击疫情的平凡志愿者、人民警察等都值得大力弘扬和学习。

(二) 强调身心参与，注重手脑并用

新时代劳动教育强调身心参与，注重手脑并用，从劳动中获得知识、技能与价值观教育，增强职业荣誉感和责任感，提高职业劳动技能水平，培养积极向上的劳动精神和认真负责的劳动态度。

1. 深化劳动教育理念

劳动教育承载着学生全面发展重任和社会进步重责，劳动背后是要培植一种生活理念、一种社会责任、一种生命精神。大学生劳动教育不能是缺乏整合、互不衔接、时冷时热的劳动行为，要形成整体的劳动认知结构和价值信念。

2. 具有必备的劳动能力

---

① 王雄伟. 大学生劳动教育 [M]. 北京：化学工业出版社，2021：17.

劳动教育既是一种品格教育，也是一种能力锻炼，需要持续体验和不断生成。新时代劳动教育，按照课程的逻辑和教育教学规律实施，保障时间、空间、内容、条件、过程，使受教育者在系统的劳动教育中得到做人做事的严格训练，具备基本劳动能力，实现实践和精神的共同成长。

3. 养成良好的劳动习惯和品质

作为社会生产实践的准劳动者，不仅要爱劳动、知劳动，更要勤劳动、会劳动。通过劳动教育和实实在在的劳动，形成良好的劳动习惯和品质，从加强生活自律、努力刻苦学习、注重节约资源、悉心维护环境等力所能及的事情做起，感受、体悟劳动的快乐、劳动的伟大。

（三）拓展劳动方式，创新教育途径

新时代劳动教育重视劳动育人、实践育人的优良传统，拓展劳动方式，创新教育途径：结合专业课程学习开展实践活动或参加社团活动；走进社区、走向农村、走上街头开展志愿服务；利用课余时间或假期时间做家教和做兼职等。归纳起来主要有日常生活劳动、社会实践劳动、职业体验劳动、创新创业劳动四种类型。

1. 日常生活劳动教育

持续开展日常生活劳动，做好宿舍卫生保洁，立足个人生活事务处理，培养个人良好的卫生习惯；学习掌握烹饪、整理收纳等基本技能，锻炼独立生活的能力，自我管理生活，树立自立自强意识。

2. 社会实践劳动教育

积极主动参加志愿服务、勤工助学、寒暑期社会实践活动和校内外公益服务性劳动，利用知识、技能等为他人和社会提供公益服务，树立服务意识，实践服务技能，在公益劳动、志愿服务中强化社会责任感，培育社会公德，厚植爱国爱民的情怀。

3. 职业体验劳动教育

依托实验实训和校外实习，参与真实的生产和服务性劳动，增强职业认同感和劳动自豪感，培育不断探索、精益求精、追求卓越的工匠精神和爱岗敬业的劳动态度。

4. 创新创业劳动教育

通过专业实训、毕业实习、社会服务等劳动实践训练创新思维，学习大数据、人工智能等新兴技术，探索新工艺，运用新方法，进行创造性劳动，提升创新创业能力。

第二章　新时代大学生劳动教育及其价值

真正把握新时代大学生劳动教育的意义、保障体系，对有效进行大学生教育有非常重要的意义。因此本章从大学生劳动教育及意义出发，详细阐述大学生劳动教育的保障体系，然后探究大学生劳动教育的现实途径，最后分析大学生劳动教育的价值意蕴。

第一节　大学生劳动教育及其意义

一、大学生劳动教育的相关概念

对概念的掌握是开展研究的重要基础，新时代大学生劳动教育要想增强其实效性，需要准确把握劳动教育的"新"内涵。本书通过对相关资料的梳理分析，对新时代大学生劳动教育等相关概念有了清楚认识。

（一）新时代的概念

新时代这一概念是十九大报告中一个很大的亮点，它标志着国家事业发展到一个新的阶段。对于这一概念，报告中用了"五个时代定位"作了准确概述。

一是承前启后、继往开来，准确回答了在新时代的中国要走什么路、举什么旗的问题，进一步坚定了"四个自信"。二是决胜全面建成小康社会、进而全面建设社会主义现代化强国的时代。全面建成社会主义现代化强国，是第二个百年奋斗目标。这一定位从国家的角度表明了新时代的实践主题以及新任务。三是全国各族人民团结奋斗、不断创造美好生活、逐步实现全体人民共同富裕的时代。它从人民生活的角度指出新时代要坚持以人为本的发展思想和共同富裕的发展目的，充分体现出了新时代的人民性。四是全体中华儿女勠力同心、努力实现中华民族伟大复兴"中国梦"的时代。这一定位从民族的角度揭示了"新时代"的内涵，回答了新时代要以什么样的精神面貌和实现什么样的宏伟目标的问题。五是我国日益走近世界舞台中央、不断为人类做出更大贡献的时代，它从全球角度出发指出新时代的中国处于什么样的国际地位以及要对人类做出什么样的贡献，体现了新时代的世界性。

深刻领会"新时代"的思想意蕴，是化解新矛盾、完成新任务、遵循新战略、开启新征程和学习新思想的"基础课"，是做好我国新时代各方面工作的前提条件。

(二) 劳动的概念

在新时代的背景下，我们需要打破以往对劳动的传统认知，要紧追时代发展的步伐，深刻理解和把握劳动在新时代的"变"与"不变"。

从广义来讲，劳动作为一个实践范畴，是投入生命活动时间的各种实践形式。可分为两个层次：一个是活动中脑力劳动时间的投入，另一个是体力劳动时间的投入。从狭义来讲，劳动是人们为创造物质或精神财富而进行的活动，如在《现代汉语词典》中对劳动的解释有三个："一是人类创造物质或精神财富的活动，二是专指体力劳动，三是进行体力劳动。"[①] 从这一界定可以发现在传统观念中劳动更侧重于体力活动，同时将劳动产生的结果划分为物质和精神两大类。

通过以上对劳动概念的分析，我们可以发现，"劳动"一词常与"艰苦""费时费力"等词相关联，这也反映出人们对劳动的传统观念。随着社会改革的不断深化，劳动的内涵与外延也发生了一定的改变，如今，"劳动"除了人们传统认知的生产实践外，还指向创新实践活动和处理社会关系的活动，但我们需要明确的是，无论劳动形式怎样变化，劳动作为人类的本质活动，这一根本特征是不会改变的。总之，劳动是人们为了服务于自身的需求和价值观而消耗一定的体力和脑力来引起人与自然界之间发生物质变换的活动。在不同的劳动实践活动中，脑力劳动和体力劳动只是所占比重不同，并无贵贱之分。

---

① 中国社会科学院语言研究所词典编辑室．现代汉语词典(第七版) [M]．北京：商务印书馆，2016：780.

（三）劳动教育的概念

分析以往劳动教育的相关定义，我们可以发现，常用工具书和学术界对劳动教育的概念的理解各有不同的侧重点。《中国大百科全书》中将劳动教育定义为："使学生树立正确的劳动观点和劳动态度，热爱劳动和劳动人民，养成劳动习惯的教育，是德育的内容之一。"[①] 在此定义中，直接将劳动教育单纯地视为德育的一部分，凸显了劳动教育的德育属性，忽略了劳动教育在教育体系中的独特育人价值。《中国百科大辞典》中将劳动教育定义为："劳动教育是以劳动实践为主，结合进行思想教育。"[②] 由此可见，该定义更倾向于将劳动教育作为学生参加实践活动的一种形式，并以此作为载体对学生开展思想教育活动。综合以上对劳动教育的定义分析，劳动教育作为人才培养体系的一部分，我们要对劳动教育既是教育形式又是教育内容有清楚的认识，要看到作为教育形式具有树德、增智、健体、育美等综合价值，同时也要看到作为教育内容在提升国民素质中的重要地位。我们既要看到劳动教育与其他"四育"相互关联的内在逻辑，也要看到"五育"不可彼此替代的独特价值。当前时代背景下劳动教育应当大力发展，要想把劳动教育落到实处并充分发挥作用，其思想观念和实践形式无疑应当与时俱进。本书中所指的劳动教育不仅是对学生的劳动技能和劳动价值观的培养，更指向一种基于劳动基础之上的对学生在劳动教育中获得自我存在的价值感的培育，新时代的劳动教育最终将回归到学生的全面发展上。所以笔者认为，劳动教育是为了培养学生的良好劳动品质和正确劳动价值观，进而以学生全面发展为目的而开展的有计划的教育活动。

（四）大学生劳动教育的概念

"大学生劳动教育"概念是在"劳动教育"概念的基础上进一步明确了受教育的主体——大学生。基于上述对劳动教育的界定，大学生劳动教育是指以对大学生进行劳动思想教育、劳动技能培育和促进其进行劳动实践锻

---

① 中国大百科全书总编委员会. 中国大百科全书（第二版）[M]. 北京：中国大百科全书出版社，2009：425.
② 中国百科大辞典编委会. 中国百科大辞典 [M]. 北京：华夏出版社，1990：460.

炼为主要内容，以促进学生个体全面和谐健康发展为目的而开展的有组织、有计划、有目的的教育活动。相较于劳动教育的其他对象而言，大学生这一受教育群体的特点更为明显。首先，就其时代性来说，当前大学生更多的是"00后"，这一代人是伴随着互联网长大的，这使得他们对于新鲜事物有更强的接受能力，同时也使得他们与其他对象相比思维更加活跃，更富有主见。其次，就其心理发展来看，处在大学阶段的学生，在某种程度上具备了独立思考和理性分析的能力，但由于缺少阅历和缺乏锻炼，容易受到群体活动的影响，出现意志力不够坚定、思考问题具有片面性等问题。

因此，新时代大学生劳动教育要坚持合目的性与合规律性的统一，从合目的性的角度出发，新时代大学生劳动教育要符合国家高等教育的政策，在大学生步入社会前做好过渡工作，夯实社会主义建设者和接班人全面发展的基础。从合规律性的角度来看，新时代大学生劳动教育要符合大学生的身心发展规律和新时代的社会劳动发展规律，促进劳动教育手段革新，让学生充分认识新时代劳动关系的复杂性，引导学生把劳动作为实现自我价值的内在需要。

二、新时代加强大学生劳动教育的意义

大学生作为劳动教育的特殊群体，是新时代劳动教育的践行者。新时代劳动教育能为大学生提供强大的精神力量、丰厚的道德滋养，也是促进其形成积极向上的就业创业观、提升抗挫折心理素质、培养社会责任感的重要基础，因此在新时代加强大学生劳动教育具有重要意义。

(一) 传承热爱劳动社会风气的客观需要

弘扬劳模精神和工匠精神，营造劳动光荣的社会风尚和精益求精的敬业风气，这一表述大力弘扬了热爱劳动的良好社会风气。劳动作为人类的本质活动，它始终贯穿于人类社会产生与发展的进程中，并发挥着其特有的作用。我国作为世界上最早从事农业生产的国家之一，自古以来就十分重视农业发展，在从事农业活动的过程中逐渐产生了热爱劳动的社会风气。而如今处于人工智能、大数据、云计算的时代，人才市场也更向科学技术人才倾斜，学校里也倾向专业技能、知识理论的学习。在这样的大环境下，有的大

学生逐渐依赖科技所带来的便利，忽略了劳动的价值，产生了好逸恶劳、贪图享乐的不良风气。

热爱劳动的良好社会风气浓缩着华夏子孙几千年来的价值取向和精神追求，是中华民族世代相传的精神瑰宝。热爱劳动的良好社会风气在中华民族不同历史时期都起到了整合社会力量、增添人民信心、鼓舞人民斗志的积极作用。在迈向新征程、实现新目标的进程中，需要传承热爱劳动的良好社会风气。

新时代大学生作为社会主义建设者和接班人，对热爱劳动的良好社会风气的传承有着责无旁贷的义务。高校作为大学生和社会接触的媒介，为避免社会上不良风气对大学生的影响，高校承担着重要的使命和责任。通过加强新时代大学生劳动教育，引导大学生在劳动的过程中深刻体会到其所独具的精神与魅力，树立热爱劳动、尊重劳动的意识，培养大学生成为一名合格的热爱劳动的良好社会风气传承者。进而让劳动最光荣、劳动最伟大、劳动最崇高、劳动最美丽在全社会蔚然成风，形成良好、强劲的热爱劳动的良好社会风气。

（二）建设高素质劳动者大军的重要举措

从国际环境来看，面对全球科技革命与产业变革的挑战，各国纷纷将创新能力作为推动国家发展进步的引领力量，可以说谁能够在创新方面抢占先机，谁就能在引领发展上拥有更多的话语权。21世纪以来，全球科技创新空前活跃，信息化时代和人工智能时代的来临，在促使产业组织形式发生转变的同时，劳动也被赋予了新的内涵。面对当今社会发展的大趋势，我们需要有一支爱劳动、会劳动、能劳动的高素质劳动者，为"中国制造"向"中国创造"的飞跃和从"中国产品"到"中国品牌"的转变提供智力支撑。

从国内环境来看，改革开放40多年来，我国经济社会发展取得巨大成就，可我们不能有丝毫懈怠，必须再接再厉，继续为实现中华民族伟大复兴的"中国梦"而努力奋斗，以劳动托起"中国梦"。当前我国社会的发展仍存在资源环境问题突出、产业结构不够优化和传统发展动力不足等瓶颈问题，要想突破这些发展瓶颈，必须依靠知识型技能型创新型劳动者大军。

大学生作为新时代劳动者大军的主要来源，加强大学生劳动教育，既能引导新时代大学生努力学习科学文化知识、提升自身知识水平，又能增强大学生利用所学知识解决问题的实践能力，进而提升创业创新意识和能力。劳动教育所培育的集知识、技能、创新于一体的大学生正是新时代高素质劳动者大军所需要的。因此，新时代加强大学生劳动教育是建设高素质劳动大军的重要举措。

（三）推动大学生德智体美劳全面发展的必要手段

新时代加强劳动教育，是推动大学生德智体美劳全面发展的必要手段，是实现大学生全面发展不可或缺的重要环节。首先，开展劳动教育活动，让大学生在劳动过程中认识到劳动是人类生存的第一个基本条件，劳动人民是物质文明和精神文明的创造者，树立正确的劳动观，从而达到德育的效果；其次，在劳动教育的实施过程中，由于不断接触和解决实际问题，能够加深大学生对书本知识的运用和理解，丰富大学生的实际知识，扩大他们的知识领域，促进他们智力和创造才能的发展；最后，学生在体验劳动的过程中能够陶冶情操，塑造心灵，达到美育的效果。

由此可见，劳动教育具有树德、增智、强体、育美等作用，让学生以劳动教育为载体，树立正确的世界观、人生观、价值观，练就顽强毅力和坚强体魄，提升专业技能，真实体验劳动所带来的尊严感、幸福感和价值感，从而推动大学生的德智体美劳的全面发展。可见，将劳动教育与德智体美育并列，既是对劳动教育本身的有效加强，也是对德智体美育的有力支撑，加强大学生劳动教育是推动大学生全面发展的必要手段，也是形成更高水平的人才培养体系的必然要求。

（四）加强大学生思想政治教育的应有之义

引导新时代大学生发扬艰苦奋斗精神，自觉抵制西方错误社会思潮，做到积极进取、勇于创新是思想政治教育的重要任务。近年来，高校思想政治教育随着改革进程的不断深化，取得了一些可喜的成绩，但这些成绩主要停留在思想政治理论课的改革与创新上。从大思想政治教育的视野看，单纯地对思想政治理论课进行改革并不能从根本上解决高校思想政治教育的现实困境，脱离实际和缺乏有效性仍然是当前思想政治教育的突出问题。劳动教育作为思想政治教育的重要组成部分，在联系实际方面有独特作用，因此对大学生开展劳动教育活动也就成为思想政治教育的应有之义，主要体现在以下四方面。

第一，加强劳动教育进一步拓宽了思想政治教育的路径。传统的思想政治教育侧重于在课堂上教育者对受教育者的单方面灌输式教育，在说教的过程中向学生讲授理论知识，这种传统的教学方式只能让学生学习到浅显的内容，不能够深刻理解所学知识，更不能外化于行动之中，作为新时代的大学生，要勇于实践，不能坐而论道。大学生劳动教育在理论知识和实践活动之间建立了桥梁，创新了思想政治教育发展的路径，使学生不再拘泥于课堂而是有了更直接的体验。在劳动实践活动中让大学生在解决实际问题时熟练运用所学知识，培育劳动情怀，在这个过程中深刻理解思想政治教育的价值意蕴。

第二，加强劳动教育进一步提高了思想政治教育的吸引力。思想政治教育在学生的印象中常常是枯燥乏味的，使得大学生对思想政治教育课程缺乏学习兴趣，导致思想政治教育达不到预期的效果。加强劳动教育的举措使得思想政治教育的形式更加丰富多彩，改变了大学生对思想政治教育的传统印象，充分调动了大学生的积极性。

第三，加强劳动教育有利于增强思想政治教育的实践性。近几年来，许多高校为贯彻落实教育方针，在组织开展大学生劳动教育方面进行了积极探索，培养了学生从事实际工作、开展社会活动的能力，劳动教育是对学生能力包括组织能力、表达能力、交往能力、分析能力、自学能力、动手能力、应急能力的培养和提高，使得大学生得到全面的锻炼，并在此过程中磨炼自身意志，提高劳动素养。

第四，加强劳动教育进一步增强了思想政治教育的针对性。由于长期受应试教育的影响，社会各阶层都忽略了对学生的劳动教育，这就造成了一些大学生日常生活中的坏习惯，如常常以自身利益为中心，不善于集体合作，只善于索取不懂得付出等。对于这些问题，加强劳动教育，能够进一步培养大学生劳动价值观、劳动情怀、劳动知识技能和劳动素养，树立起正确的世界观、人生观、价值观，从而为将来走向工作岗位奠定坚实的基础。

第二节　大学生劳动教育的保障体系

一、大学生劳动教育的条件保障

（一）组织的保障

教育需要把培养国家建设者和接班人作为根本任务，加强对教育工作的全面领导，是办好教育的根本保证。除了对劳动教育的重视，各高校也需要贯彻国家的方针，制定基于国家支持和方针指导的学校劳动教育各阶段的发展规划、战略指导、发展目标和可实施性方针等。从细节上而言，要突出劳动教育建设在学校发展规划中的重要位置，设立学科建设与管理部门，综合考量学科发展建设、专业建设和现有人员的具体情况，制定并落实学科、科研、人员建设规划。同时，除了来自学校内部的组织支持外，一定要充分利用行业内社会团体或者协会组织优势，通过相关部门利用科学的评价反馈机制有效评估学校的劳动教育建设，及时发现学校劳动教育建设过程中的问题及弊端，并根据反馈意见及时调整、优化建设体系。

（二）投入的保障

新时代高校劳动教育的建设是一个长期的过程，需要投入大量的人力、物力、财力，以提升软、硬件设施，进而推动高校劳动教育建设更好、更快发展。纵观现阶段高校劳动教育发展情况，高校加大对劳动教育建设的投入比重势在必行。

第一，凸显以人为本，加大师资力量投入。教育是一个以教师的"教"和学生的"学"相互促进的过程，教师是教学活动的主导者，因此必须加大高校劳动教育建设中优质师资力量的投入。提升师资队伍整体能力和综合素养，可以通过三种方式来完成：①任命具有一定背景的校内教师为劳动教育课程教师；②组织以提升教师团队劳动教学能力为目的的培训和学习；③外聘具备丰富的社会实践经验，或拥有典型劳模事例的先进典型作为学校劳动教育专家库成员，以典型带动劳动精神培养。

第二，重视效率先行，加大建设资金投入。充足的资金支持是高校劳动教育建设的必要条件，只有具备充足的资金，才能配备先进的软、硬件设施及优质的师资力量。但是在使用教育经费时，要坚持合理高效使用的原则，一方面完善经费体系，设立专门的科研经费、专项经费及劳动教育相关活动经费；另一方面积极利用其他渠道，如企业、公益组织、校友等，进行教育经费的筹措，同时要设置专门的部门监管筹措经费明细和使用渠道。

此外，物质保障也是劳动教育发展的重要保障，包括为学科发展提供相应的教学设施、器材、设备、场地，为教师、学生等提供充足的相关书籍资料和音像资料，为教师提供相应的短期培训以及劳动教育科学研究支持等内容。

（三）时间的保障

教育是一个贯穿学生学习始终和学校建设始终的终生命题，除了空间保障之外，目前而言，在现阶段高校劳动教育建设面前的难题就是时间保障问题。当前，大部分学校仍然没有足够重视劳动教育建设，因此在高校劳动教育建设过程中普遍存在因时间分配得不到保障、教学有效时间得不到充分利用等影响建设质量的问题。而要解决这一难题，全面提升高校劳动教育建设水平和质量，必须保障足够的时间分配，同时最大化利用课堂有效教学时间。具体而言，可以从以下三方面着手。

第一，合理分配专业课程课时。学校要明确学科之间的内在联系，将劳动教育课程放在与其他专业学科同等的位置上，合理分配学科课时（一般不少于32课时）、规划学分标准等，并通过网上学习平台的搭建确保师生及时互动。

第二，完善教学评价和考核内容。在教师教学工作量统计范围中新增通识课内容和第二课堂教育，在学生期末综合考评中新增劳动相关课程。

第三，鼓励师生多维度的实践教学。劳动教育理论知识教学的最终目的在于指导实践，并使理论知识体系在实践中得到检验和完善。因此，学校要鼓励教师以寒暑假特色劳动实践的方式开展实践教学，引导学生积极参与，实现传统课堂教学以教师传授为主的模式向学生多维度自主探究知识的模式转变。

（四）空间的保障

劳动教育发生的场合就是这里所言的空间，随着信息化进程的不断推进，出现了基于现代化多媒体和计算机技术的多功能教室，这种教学空间的拓展使学生学习不必拘泥于教室和课堂，而是拓宽到了线上或教室外，这是新时代高校劳动教育建设适应新时代德智体美劳全面发展教育方针的必然趋势，更是全面推进人才培养体系建设的重要发展方向。在实际劳动教育过程中，提供学生学习的空间保障主要包括学习办公场所、实践教学平台与学习基地建设、网络平台及交流空间等方面。

第一，建立以保障专题调研、历史研究、开展研讨为目的的校内劳动教育研究基地。

第二，建立与行业部门、企业单位、社会机构等跨界合作的育人基地，为教师开展实践教学建立平台，为学生实习提供基地。

第三，建立以创新教学方式来激发学生学习兴趣和探究意识的网络教学空间。

第四，建立与其他高校互动交流联系，或选派优秀教师和学生外出访学，为教师和学生的素养提升创造更多、更高平台的保障，以产学研合作教育和嵌入实现育人目标。

（五）技术的保障

劳动教育建设的另一个重点就是高校劳动教育的信息化建设，通过引入现代化信息技术提高教学和科研效率和质量。从这个角度而言，导入以劳动教育师资资源库、数字化教学资源建设、网络教学环境的建设、多媒体设备管理等为主要内容的现代化信息技术，对于保障高校劳动教育建设有着举足轻重的作用。

第一，通过建立以现代信息技术为支撑的区域性高校共享型劳动教育教师资源库，可以为高校劳动教育搭建开放、共享、信息化的资源平台，从而实现通过整合后的劳动教育教师资源和社会人才资源带动教师知识结构调整的目的，从而完善教师团队的经验和教育教学能力。

第二，导入现代化信息技术可以有效解决现阶段高校劳动教育建设中的诸多问题，从而实现教学资源的共建共享、师生互动交流的有效化和快捷化、课堂教学内容的丰富以及学生学习的个性化定制。除此之外，不管是数字化教学资源，还是网络教学环境，都要保证多媒体设备正常运行，否则现代化信息技术的导入将无法发挥预期作用。

上述五个方面基本涵盖了劳动教育发展所需要的基本内容。劳动教育发展的三大使命是立足于问题研究、着眼于学科发展、致力于实践服务。当前我们的劳动教育也需要适应时代发展的要求，着眼于不同学校劳动教育发展的具体情况，具体问题具体分析，为劳动教育的开展提供长效保障机制。

二、大学生劳动教育的评价体系保障

（一）科学分析，细化目标

高校要将劳动教育置于时代发展的大环境下，要明确发展阶段，分析宏观、微观环境；要将大学教育的特点、发展规律等与劳动教育结合考虑；要抓住机遇，迎难而上，快行动重落实，将劳动教育规划渗透到学生教育的各个阶段、各个维度。在阶段规划上，注意长远和近期规划相结合；在维度上，从劳动教育目标与实际成效挂钩、社会经济发展与劳动人才培养挂钩、结合教师储备与教学资源条件、结合教学过程与质量评价、结合学生在具体劳动中的表现和工作单位的满意程度等方面规划劳动教育。

（二）围绕目标，准确设计

在具体的工作中，高校要严格执行已经制定的各阶段、各维度的规划，明确考核标准，以利于后期的监管和调整。需要注意的是，要保证评价指标的科学、公正，要用以实现量化为主，量化和质化相结合的评价方式，即不仅要在质量上提升劳动教育的成效，而且要在具体数据上表现出来。例如，在教师储备与教学资源条件保障方面，量化指标需要劳动课专业教师年增长数量是2名，质化标准则要求劳动课教师人数的增加；学生在具体劳动中的表现和工作单位的满意程度评价设定中，量化指标是工作单位对毕业生的满意度要在90%以上，质化标准是指在毕业生后期跟踪调查中，工作单位对学生的满意度每年都在上升。但是需要注意，劳动教育评价的各指标要结合

社会发展、学校规划等不断更新。

（三）持续跟踪，及时纠正

时代在变化、社会环境在变化、高校劳动教育要革故鼎新，相应地，劳动教育评价体系也需要与时俱进。首先，要保证评价组织、团队的专业性，要紧密跟踪监控，综合分析发现的问题，并及时纠正；其次，要保持与一线劳动教育教师的及时沟通，发现教育教学中实际存在的痛点，不断调整评价方法；最后，要借助融媒体平台、智能化电子设备，优化问卷调查方式，进行多渠道、全方位的调查，及时纠正评价体系的偏差与偏离。

（四）有效反馈，落实举措

高校要在劳动教育的实施过程中，有效反馈体制机制中存在的问题，从而从根源上解决实践中的普遍问题，具体要做到：其一，完善劳动教育监管的体制机制，保证问题反馈有顺畅的渠道；其二，评价监管部门或者机构不仅要将发现的问题通过顺畅的渠道反映给教育主管部门或责任机构，还要关注问题的解决进程；其三，对劳动教育中存在的问题，高校要及时与主管部门沟通，以尽快落实问题的解决方案。总而言之，高校要深入劳动教育实施进程，及时发现、反馈、解决问题，确保劳动教育目标和规划顺利实施。

三、大学生劳动教育的社会支持保障

劳动教育是协同教育，劳动教育活动不外乎来自四个方面，即受教育主体的自我劳动教育、家庭劳动教育、学校劳动教育和社会劳动教育，与此相对应，也形成四个劳动教育系统，即自我劳动教育系统、家庭劳动教育系统、学校劳动教育系统和社会劳动教育系统。这四大教育系统各具不同的教育功能，发挥不同的作用，同时又交叉影响，共同构成劳动教育协同化、社会化的基本格局。

构筑劳动教育协同化、社会化的格局，就是要全社会共同参与劳动教育，共同关心和支持劳动教育。首先，所有参与者都要以落地大学生的劳动教育为共同目标，共同打造他们作为国家现代化接班人的角色；其次，所有参与者要同心协力，朝着一个目标努力，发挥专长，相互协调，合理调派，通过机制调整，实现共建共赢，实现劳动教育的最佳成效。

（一）发挥职工群众组织作用

工会是职工群众组织，它和劳动、劳动者联系最紧密，在协同实施劳动教育上有着丰富资源和独特优势。工会必须从全局高度，抓住契机，在推动全社会的劳动教育中发挥积极作用。工会要在教育领域强化劳动教育中发挥积极作用。要充分利用工会自身联系劳模、大国工匠和先进人物的优势，积极推进劳模、大国工匠和先进人物进校园，用现身说法的典型教育，弘扬劳动精神、劳模精神、工匠精神，力求对学校教职工和学生产生虹吸效应，形成强大氛围。要利用工会联系企业、社会广泛的优势，积极为学校教师、学生参加劳动生产实践打造适合的基地。要配合学校方面抓好教师队伍建设，实现教人者先受教。

工会要在社会领域强化劳动教育中发挥积极作用。要按照全社会都应该尊敬劳动模范、弘扬劳模精神，让诚实劳动、勤勉工作蔚然成风的要求，推进多领域劳动教育工作开展，具体而言：在法治领域，鼓励参与多层次的法制建设；在文化领域，充分利用现代科学技术，在多种自媒体平台宣传劳动教育的重要性，宣扬劳模精神、匠人精神及先进劳动者事迹等，营造劳动光荣的社会氛围；在社会生活方面，要积极引导公众认知，形成工会牵头下的企事业单位职工积极参与劳动教育的常态，以此带动社区、家庭等组织对劳动、劳动教育的重视。除此之外，还可以尝试开拓公益劳动市场，最终形成多层次、多维度、多链条的劳动教育热潮，使劳动教育遍及、深入全社会。

（二）争取企事业单位的参与

企事业单位应该被最大限度地吸纳到劳动教育的队列中来，由于大多数企事业单位是开展科学研究的主要场所，也是劳动的第一场所，大学生可以直接到企事业单位中去参加劳动。一方面，企事业单位可以与学校直接合作，利用自身硬软件设施，形成产学研培养模式，搭建学生实习、创业、创新的平台，助力学生的职业发展；另一方面，企事业单位可以利用资金、人才、项目、文化等先天优势，为劳动教育引入新的动力。在具体的工作实施中，企事业单位可以发挥资金优势，尽己所能为劳动教育提供资金支持；发挥人才资源优势，利用单位现有的科技人才、劳动模范、先进个人和经验丰富的退休干部、工人等，深入学生群体中宣传劳动技术、经验等；发挥项目带头作用，让学生尽可能参与，学习"实战"本领，尽早确定自己职业发展路线；利用企事业单位深厚的文化氛围，使参与劳动的学生有参与感，在劳动中实现自身的价值，进而激起学生尊重劳动、热爱劳动的情感。总而言之，企事业单位是学生劳动教育的重要场所，企事业单位要担负起社会责任，尽最大努力为大学生提供第一现场的劳动，让他们在真实的劳动中感受参与劳动的喜悦、感受劳动的意义、感受劳动者的伟大，树立正确的劳动观，形成诚实劳动创造财富的观念，为大学生走向劳动岗位，参加真实的劳动奠定基础。

（三）营造宣传劳动的社会氛围

大学生是一个社会群体，他们的成长当然离不开社会舆论的影响，而且社会舆论教育也属于劳动教育的一部分，因此，负责社会舆论宣传的相关部门要不负使命，勇担责任。要在当前的社会背景下，扛起大学生劳动宣传教育的重任，营造劳动伟大的社会氛围。在具体的传播中，要从机制、方式、内容等方面发力：①传播机制。要形成以中央宣传部、教育部为龙头，其他宣传媒介、组织等共同参与、配合的劳动教育宣传、传播机制，形成全面、统一、持久、稳定的宣传制度，以达到舆论宣传的效果。②传播方式。要结合现代融媒体技术，更新宣传方式、手段，让积极、正能量的劳动故事、劳动者故事以更快、更广、更新的方式与人民群众，特别是大学生对接，从而营造热爱劳动、尊重劳动的社会风尚。③传播内容。要始终以新时代劳动精神、劳动者精神和匠人精神为核心，并贯穿劳动技能、科学等内容，让大学生成长在浓厚的劳动社会氛围下，形成尊重劳动、尊重实干的观念，激发他们的劳动热情，产生劳动的干劲。

（四）文艺界应唱响劳动者之歌

文艺界作为先进文化的创造者和传播者，在实施劳动教育、培育劳动教育社会氛围方面作用重大。文艺界要创作出更多更好地反映新时代劳动和劳动者崭新风貌的优秀作品，大力讴歌劳动精神、劳模精神和工匠精神，讴歌新时代的劳动者，并使之成为社会的主旋律。新时代对文艺界提出了新要求，文艺界应当以更多更好地反映劳动和劳动者精神风貌的优秀作品，鼓舞青年学子们以辛勤劳动、诚实劳动和创造性劳动去创造更加美好的新生活。

第三节　大学生劳动教育的现实途径

扭转当前大学生劳动教育淡化、弱化等问题的关键在于全面贯彻落实当前对大学生劳动教育提出的新要求，并找到正确的实践路径。鉴于此，下面主要围绕更新观念，全面提高对劳动教育重要性的认识；建章立制，构建完善的高校劳动教育管理机制；创新载体，实现多维度劳动教育课程体系融合；以生为本，构建以学生获得感为核心的多元化评价体系，从不同方面探索新时代高校劳动教育的实践路径。

一、更新观念，提高劳动教育重要性的认识

在培养德智体美劳全面发展的国家建设者和接班人的总体教育目标要求下，高校必须深刻认识到劳动教育的重要性。劳动教育不仅有利于强化学生的政治素质、增强劳动意识、改变劳动习惯、提升劳动认知水平、培养审美人格，而且有利于实现学生的全面发展。

（一）劳动教育是提高学生政治素质的正向引领

教育学生不只是为了让学生更好地成长和未来的发展，更是为国家的发展储备人才。高校是人才培养的摇篮，肩负着国家未来发展的重担。当代大学生应该有崇高的理想，严格要求自己，形成良好的道德品质，主动向优秀的人学习，争做新时代优秀青年。但是对于刚刚步入大学校门的学生，人生观和价值观还处于形成阶段，对自身定位还有待提升，因此需通过劳动教育改变学生们的不良习惯，帮助他们养成良好的行为习惯。一切美好的事物都建立在辛勤劳动的基础上，劳动教育不只是要让学生具有劳动意识，养成劳动习惯，更是让学生拥有正确的人生观和价值观。

高校应该注重提升学生政治素养，认识到劳动教育对学生人生观和价值观树立的重要性，并通过多种形式的劳动教育，让学生参与劳动，认识到劳动的重要性以及美好的生活要靠劳动获得，只有付出了劳动才能有好的回报，让学生从根本上摒弃不劳而获的想法，认识到要通过自己的双手诚实劳动来获取自己想要的一切，成为脚踏实地的劳动者。高校除了要开展丰富多样的劳动实践引导学生参与劳动外，还要注意引导学生树立正确的劳动价值观，让学生学会处理各种矛盾，当自身利益和集体利益、理想与现实以及当下与未来发生冲突时，仍然能够脚踏实地、勤奋刻苦，同时树立远大的目标。

（二）劳动教育是强化学生劳动意识的重要形式

高校是人才培养的基地，一方面要培养学生德智体美全面发展，另一方面也要注重学生的劳动教育，让学生具备劳动意识，认识到劳动的重要性，尤其是劳动在实现个人价值和理想中的重要性，引导学生在今后的工作中脚踏实地。一名优秀的学生必须具备良好的劳动意识和政治素养。但是，在传统教育的环境下，学校并不重视劳动教育，家庭方面也较多关注学生的学习成绩，于是学生的劳动意识非常薄弱。偏向智力教育和品德教育而忽略劳动教育的现象长期存在。学生没有形成良好的劳动意识，不仅影响到个人未来的发展，而且使国家人才培养的质量下降。对步入社会，走上工作岗位的人而言，要更好地适应社会生活，必须具备劳动意识。在大学校园中，教师担负着人才培养的重任，因此更应该具备劳动意识，为学生做好榜样。通过劳动不仅可以让学生身心健康发展，还可以带动社会形成人人劳动的良好氛围。高校应该认识到自身在培养学生劳动意识方面扮演着重要角色。因此，高校应该改变劳动教育课的形式，更加注重实际，并要长期坚持。无论是学校领导、教师，还是学生，都要认识到劳动的重要性，注重培养学生劳动意识，通过多种多样的形式引导学生参与其中，如劳动模范报告、评比劳动模范等，或者以年级、班级和寝室为单位组成小组，学习劳动有关知识，宣传劳动创造美好生活的理念，在无形中培养学生的劳动意识。此外，学校还应该将劳动意识和参与劳动的情况作为评选奖学金的标准之一，凸显学校对劳动教育的重视，对学生的劳动意识做出明确的要求，引导学生发挥主动性，主动参与劳动，培养自身劳动能力。

（三）劳动教育是改变学生劳动习惯的有效方法

记住知识、理解知识、运用知识三者是一个循序渐进的过程。大学生的学习就是在劳动中将自己记住的知识理解并加以运用，之后再从实践中获得新的体会，加深对知识的理解。学生通过劳动可以加深对教材知识内容的理解，对教材中的概念等理论知识有更真切的体会，将理论化为实践。另外，劳动可以让学生调动所学知识，并在实践中不断反思自己的学习，做到理论和实践相结合，让自己所学的专业课真正学有所用，把知识转化为自己能力的一部分，这样做既可以帮助大学生养成良好的劳动习惯，也可以帮助学生更好地成长，为将来的工作奠定基础。

高校开设的课程有很多都需要学生在实践中完成，因为只有在劳动中才能提高学生的专业能力和专业素养，在劳动中可以让学生不断学习，让所学的知识有锻炼和检验的机会，让学生对知识的认知从外在深入到内在，形成自我认知，在实践中不断锻炼自己的专业能力，为今后走上工作岗位奠定坚实的基础，拥有自我学习能力。劳动的具体形式就是教学中的实践和实习，实践和实习既培养了学生的劳动习惯，又不断提高了学生的专业能力。

劳动教育具有多样性特征，内在也有着千丝万缕的关系，这就将德智体美劳培养体系中的劳动教育和综合实践活动区分开。劳动教育是一个学科概念，是一门独立的课程。高校劳动教育的理念必须要有所转变，高校要将德智体美劳放在一起综合考虑，让学生具有主动劳动的意识，培养学生为社会和国家服务的责任感，激发他们对教育事业的热情。高校要对劳动课程重视，形成完善的教学系统，既要转变对劳动的看法，也要结合实践，把专业课程和劳动课程相结合。另外，对学生核心能力素养的培养不能只停留在表面上，更要深入到系统的劳动教育机制建设方面，进行系统设计，考虑内容规划、资金投入、考核评估等不同方面，让劳动教育在学生品德培养、能力提升、创新思维培养等方面发挥更大的作用。

（四）劳动教育是提高学生劳动认知的重要途径

劳动认知内涵丰富，需要既认识到劳动的重要性，又要在实践中积极参加劳动，不断提升劳动能力。目前，高校最关键的任务就是要提高学生素质，培养合格的人才。对学生的培养要以学生为中心，在实践中不断改进，同时要考虑到社会对人才的需求，培养学生综合素质，全面发展，让学生真正学有所获，学有所成，为将来走上工作岗位奠定基础，重视学生核心能力素养的培养。

首先，在劳动教育的过程中，学生会认识到自己学习的理论知识和实践之间的不同，从而反思自己在学习中的不足之处，更好地提升专业技能，加深对理论知识的理解；其次，劳动教育让学生亲身参与到劳动当中，培养学生的劳动习惯，学会独立自主，在面对问题时能够更加从容，在今后的人生道路上能够更加乐观自信，在劳动中实现自己的人生价值。

此外，要增强学生的劳动意识，高校要不断加强对学生综合实践能力的培养，学生的实践能力通过专业技能体现，因此，高校的实践教学要不断创新教学方法，提高学生的专业技能。具体而言，无论是课程教学大纲的设计，还是课堂教学，教学实践的内容都不仅是实践理论的体现或者某种活动的名称，更是要通过实践改变学生对劳动的看法，培养学生劳动意识，养成良好的劳动习惯，在劳动教育过程中转变教育目标。

（五）劳动教育是培养学生审美人格的有效方式

对于未来要走上工作岗位的学生而言，培养审美人格可以让学生明确自身的价值。高校对学生劳动教育的落脚点应该是对学生审美人格的培养，但是当前高校劳动教育在形式上比较单一，主要通过自上而下的培训。对大学生而言，培养审美人格对今后的生活和工作态度有积极的指导作用，让大学生拥有正确的人生观和价值观，在今后的生活和工作中增强对自我的认同感，收获满满的幸福感，将自己的个人理想与国家的理想相结合。因此，劳动教育对学生具有内在价值，是学生的必备素养。

（六）劳动教育是实现学生全面发展的关键环节

让劳动教育的价值回归，本质上而言就是在现实中如何将劳动教育化为实践，也就是如何将理论化为实践，对理论者和实践者而言都至关重要。高校目前应明确劳动教育在学生教育中的重要地位，在德智体美劳培养体系中融入劳动教育，构成完整的学生培养体系。要想全面认识劳动教育，不仅要认识到它是劳动实践，而且要明确它和德智体美同样重要，且肩负着特殊的教育使命，认识到人才培养体系中劳动教育所处的地位、发挥的重要作用以及本专业的劳动实践活动与其他专业本质上的区别。不同专业的劳动实践活动，让学生在实践中增强劳动意识、培养劳动习惯和提高创新能力，只有这样，学生才能不断提高，并学会总结和反思，成为全面发展的综合型人才。

职业情感体现出人们对劳动的情感，有了职业情感人们的劳动能力才能不断提升。在课程资源建设方面，高校应该把劳动教育课程资源的建设与德智体美教育课程资源建设相结合，特别是智力教育课程资源建设，不断丰富劳动形式，让学生体验真实的教学场景，体验教师职业所带来的满足和幸福。另外，高校教师要当好指导者，引导学生在生活中积极面对各种问题，并想办法解决问题，激发他们对学习的兴趣，更要让他们主动探索，积极实践。高校还可以设置丰富多样的实践活动，如创新创业项目、技能竞赛、为社区提供家教服务等，鼓励学生积极参加，让学生在实践中体会劳动所带来的幸福感，培养对劳动的热爱。学校还可以每学期规定每位学生需要完成的社会服务工作量，作为学生的学业成绩考核标准，并通过讨论和分享的方式让学生分享自己在劳动中的收获和发生的趣事，与教师和同学交流。这样可以让学生在参加实践活动时更加积极主动，并在实践中提高自身的能力，做到知行合一，将理论化为实践。

劳动教育可以加深学生对生活的理解，在今后的生活中具备理论知识和实践能力，更好地适应社会发展。而学生在劳动中也能够培养自己的劳动意识，养成良好的劳动习惯，具备创新能力，在实践中不断反思，成为全面发展的人才。

二、创新载体，实现多维劳动教育课程体系融合

(一) 开设大学劳动理论课，深化劳动认知

现阶段在劳动教育中，偏重实践而缺乏理论知识的学习和提升是主要问题。因此，劳动理论课程的开设具有重要的现实意义，具体可以从以下方

面展开。

1. 推进劳模文化进课堂

在高校劳动教育的内容设置上，可以将"劳动模范进校园""劳动模范进教材"作为重要的组织形式。一个时代的劳动模范是该时代劳动精神的凝聚和代表，本身就具有很大的教育意义。具体形式可以包括以下方面。

（1）劳动模范进校园：由相关部门牵头组织各行各业的全国劳动模范，形成一支劳动教育宣讲队伍，走进各类大学高校的校园，以讲座、常规化课堂教学、课题社会实践项目等的形式，由各劳模结合自身经历，为大学生讲述新时代的劳动价值和劳动精神。

（2）劳动模范进教材：这是指由编写教材的专家学者对中华人民共和国成立以来的最能代表我国劳动价值和精神的历代劳动模范们的事迹进行理论把握、系统整理，将之编写为教材中的典型学习事例，让劳动教师在课堂上组织同学们系统学习，由此提高学生们的理论高度和思想境界。

2. 丰富劳动理论课的内容

劳动活动是人在社会关系中贯穿一生的重要生命活动形式。在不同时期的劳动活动中，人们会遇到各种各样的问题。而大学期间的劳动教育课程就是为了让学生在思想和心灵中形成对劳动的理论认知和思想坐标，形成一系列的认识指导原则，这样在未来的发展中，可以指导学生的具体劳动实践。因此，在课程设计上，要尽可能地根据学生的现实需求，纳入更多实用性课程，如"劳动政治学""劳动经济学""劳动法律学""劳动社会学""劳动心理学"等，为学生建立完整丰富的知识体系，帮助学生应对进入社会后有可能遇到的形形色色的社会、经济、法律、心理问题等。

（二）改革大学劳动实践课，强化劳动体验

尽管一直在强调劳动教育中理论学习的重要性，但是理论学习离不开具体实践，只有经过实践的检验，才能体现理论学习的真理性与最终价值，因此，对劳动实践课程内容的反思和发展也必不可少。重点而言，劳动实践课程作为开放性的课程形式，要求对课程内容和形式不断创新，例如，将校内劳动与校外劳动结合，将劳动实践与志愿服务结合，与时俱进不断丰富劳动实践的课程内容。

1.生活性劳动

大学一方面是学生学习的重要场所，另一方面也是学生生活的重要场所，此外还是一个小的社会系统，在这个系统中，组织学生进行日常化的生活劳动应该被纳入劳动实践教育的重要内容。例如，对宿舍、教室、食堂、学校公共环境的爱护、打扫和日常管理维护等。可以设置不同的劳动实践流动岗位，并以积分的形式鼓励和要求学生参与。

2.生产性劳动

高校的劳动实践教育要以相关理论为基础和指导。在劳动理论中，生产性劳动是具有基础性地位的劳动类型。同样，在对大学生的劳动实践教育中，也要重视生产性劳动的基础地位。一方面，学校要结合当地特色，与当地优势产业、工业或农业开展合作，形成和建立一批优质的生产性劳动实习岗位，让学生通过实习和培训，为就业奠定坚实的基础，形成从学校到社会的良好过渡；另一方面，学校也要发挥理论优势，在教师带领下组建科研团队，涵盖高校教师、企业行业的优秀骨干和相关专业学生，合作开展课题研究，为行业、企业发展提供咨询与指导，同时也让学生能够站在理论高度形成对行业发展现状和个人职业规划的良好认知。

需要注意的是，尽管对高校劳动教育的课程设置提出了较高的要求和期望，但是在具体落实和开展过程中，需要考虑学生的实际情况，循序渐进、因材施教，不能急功近利，也不能对所有学生都按照统一要求来进行，需要充分考虑到学生的智力、性格、身体、知识结构、年龄等各方面的因素，主张帮助学生在劳动实践中产生兴趣、成就感、自信心。

3.服务性劳动

现阶段高校的劳动教育实践课程需要立足现实、立足历史，使实践教育具有时代视野和公共视野，这就要求大学生开展常规性的服务性劳动，例如，在敬老院、福利院、社区、卫生医疗机构、流浪动物救助机构等，学校可以与这些社会机构合作建立公益劳动服务的流动岗位，组织学生参与劳动。由此形成对社会的关怀、奉献的价值观和责任感。

除了传统的公益机构，随着社会的进步，衍生了很多新的产业和工作类型，这些新兴行业、产业和工作包括外卖产业、在线教育和远程教育产业、人工智能、生命技术、自媒体和网红直播、淘宝产业、物流产业等。在大学生真正进入社会前，通过暂时性的劳动实践来体验这些岗位，可以增加对社会和自身的了解与认知，为未来的职业规划和选择提供现实经验。高校应该保持开放、与时俱进的态度，有选择地与新兴产业建立合作，为学生开阔视野，通过丰富的劳动体验帮助学生更好地规划职业。

就劳动实践而言，一方面鼓励学生积极参与社会劳动实践，另一方面也要有意识地引导学生把本身所学的专业与具体的劳动实践结合起来，做到学有所用，知行合一。例如：心理学专业的同学可以借助专业知识开设心理辅导服务，帮助同学应对学业压力等；数据统计和分析专业的同学，可以运用专业知识帮助身边的同学进行数据统计与分析的服务等。各种类型专业的同学可以形成互助服务的劳动实践模式，培养公共服务的意识。

(三) 进行点面结合，推进劳动教育融入其他课程

在倡导高校重视劳动理论教育和实践教育的同时，需要处理好劳动与学校开设的其他课程之间的关系问题。大学教育是综合性教育，注重学生的全面发展。为此，劳动教育与其他类型的教育需要相互结合、相互统一，共同构成一个有机、开放的系统。将劳动教育纳入综合性教育中，这种统一不能落在形式上，应该是内容、本质上的一致与和谐。具体需要做到以下方面。

1. 劳动教育融入专业课程

在大学教育中，一个突出的特点是学科专业的细分，与中学不同，大学期间学生的专业性学习更加突出。因此，劳动教育与其他教育课程的整体性建构，一个很重要的环节就是将劳动教育与专业教育相统一、相融合。一方面，专业教育具有先导性的作用，构成劳动教育的前提；另一方面，劳动教育中要凸显专业特色，根据不同专业的学科特色和未来就业导向，制定与之相适应的劳动教育内容，由此来帮助学生完成理论向现实的知识迁移。因此在这个过程中，不能将劳动教育一概而论，每个专业的学生都上同样的劳动教育课程，而应该分专业开展。

2. 劳动教育融入思想教育课程

大学劳动教育的核心是劳动价值观的教育，在这个价值观的引导下，在高校的劳动理论教育中，需要帮助学生树立正确的劳动价值观，具体包括

新时代中国劳动价值观、新时代劳动精神和劳动价值教育等。在劳动实践教育中，需要引导学生将学习到的劳动价值观用于指导具体劳动实践，进而将之外化为行动，内化为精神追求。更需要引导学生站在国家和历史的高度理解劳动的意义和价值。

例如，在具体的劳动理论教学的课程设置中，可以将劳动价值观的教育与我国核心价值观的教育结合，与中华传统文化结合，深刻挖掘劳动的传统精神内涵和现代时代内涵，为培养新时代具有责任和担当的劳动者提供思想基础。

三、以学生为本，构建以学生获得感为核心的评价体系

（一）制定科学劳动素养评价标准

高校的劳动教育包括很多方面，既包括理论性知识也包括实践性知识，既有主流价值观的引导也有实践能力的培养。高校有很多专业的学生，对于不同的专业甚至是不同年级的学生，也应该以不同的形式开展劳动教育。因此，为了更好地推动劳动教育，必然要制定科学有效的评价标准。面对如此复杂的劳动教育，标准的建立必然是困难的，这需要学校不断地在实践中探索，科学合理地调整。为了劳动教育能够实现最好的效果，能够为国家培养全方面、合格的接班人，在设立标准时应该遵照以下原则。

第一，根据劳动教育的教学目标制定相应的评价标准。新时代环境下，大学生的劳动教育包含了很多教育目标，既有价值观培养，也有劳动能力的掌握，还涉及劳动品质培养。因此，标准的制定应该包含劳动教育的各个方面，既要反映出学生的劳动品质也要反映出劳动技能和劳动成果。只有综合考量大学生劳动的各个方面，才能反映出大学生真实的劳动素养水平。在劳动能力、劳动价值观和劳动品质三个方面中，应该以劳动价值观作为评价标准，如果劳动价值观评价不合格，换言之，大学生对劳动的认识存在偏差，不主动、不积极、不诚实、不热爱、不尊重，在这样的情况下，即使大学生有优秀的劳动技能和劳动能力也不应该评价为合格。

第二，根据劳动教育的教育形式制定相应的评价方式。在新时代环境下，大学生的劳动教育不仅涉及课堂教学，还涉及社会实践教学；劳动教育

不仅仅拘泥于校园，也走向生活和社会；大学生不仅受到学校教师的教育，还受到社会实践教师的教育，因此，大学生的评价应该多元化，既要涉及学生的自我评价、同学之间的互相评价，也涉及所有教师的评价。多元化的综合的评价可以对学生做出客观评价。除此之外，对学生学习效果的评价可以分为两部分：其一，理论教育的评价，理论教育的评价可以通过书面考试的形式开展，如在学期结束后，通过撰写论文的形式简单地整理理论知识，并思考如何应用到具体的实践过程中，从而有效地检查学生对理论知识的理解程度。其二，对于劳动教育的实践教学部分，一是学校的教师应该记录好学生参与实践教学的频率、态度以及完成的质量，并且将出勤率、学习态度、结果质量作为成绩的参考依据；二是通过具体的实践操作展示学到的实践技能。综合以上内容，综合地评价学生的劳动素养。

（二）重视劳动素养评价结果

高校开展劳动教育应该重视劳动素养的评价结果，重视评价结果可以提高师生对劳动教育的参与程度、关注度、重视程度；可以有效地落实劳动教育的各项要求，新时代环境下大学生的劳动素养教育应该纳入学生的综合素质评价中，给予劳动教育独立的地位。

第一，劳动课程应该和其他课程一样有学分的要求。学生只有参加劳动教育的理论课、实践课才能获得学分，如果不参加劳动课，那么学生将无法达到毕业要求。在国内已经有一部分学校完成了劳动理论课和实践课的学分设置，根据实际情况，高校一般针对劳动实践课的学分要求进行设置，但是从劳动教育的综合性角度考量，随着劳动教育标准和规则的完善，学分的设置也应该更加精细化，如对劳动的理论课和实践课分别设置不同的学分。

第二，应该树立劳动榜样，对劳动表现优秀的学生给予精神嘉奖和奖学金。例如，武汉生物学院对劳动表现突出的学生颁发"勤劳奖学金"，这有效地提高了学生参加劳动的积极性、主动性，形成了良好的劳动光荣的校园氛围。除此之外，还可以设置精神嘉奖的方式定期评选校园劳动模范，颁发"劳动杰出个人奖""劳动年级人物奖"等奖项，鼓励大家参与劳动、热爱劳动、培养大家劳动光荣的理念。

第三，学生的日常评奖评优以及在毕业后的档案中应该加入劳动素养评价。日常评奖评优加入劳动素养的评价成绩，有助于学生积极参与劳动，如果成绩不合格，那么学生将无法评选"校三好学生""校优秀干部""学校优秀毕业生"等奖项，也无法申请奖学金，由此，学生会更加重视劳动素养的培养。在档案中体现劳动评价成绩有助于学生就业后，企事业单位将劳动素养作为是否录用学生的标准之一，这也会反向促进学校重视对学生劳动素养的培养。

第四节　大学生劳动教育的价值意蕴

劳动是人类的本质特征，是创造社会物质财富和精神财富的根源，是推动社会进步的根本力量。反观现实，当前的大学生劳动教育存在着被软化、弱化、淡化等困境，更面临消费主义、娱乐主义等意识形态的侵蚀，本节主要阐明大学生劳动教育的价值意蕴。

一、大学生劳动教育的价值观

（一）大学生劳动教育价值观的特性

大学生劳动价值观有多方面的特征，基于新时代的定位认为，大学生劳动价值观培育在依靠劳动实现美好生活的时代突出强调实践性，在弘扬劳动精神以实现现代化强国的时代强调创新性特征，在劳动教育成为思想政治教育有机组成部分的时代侧重为职业引导性。

1. 实践性

实践性是指让学生在参与一个个实践活动的过程中，形成劳动价值认知、价值判断的教育过程。实践是人生命存在的根本特征，人的生命存在正是在人的不断实践中得到生成和发展的。大学生劳动价值观培育的内容来源于实践，大学生劳动价值观的确立也依赖于实践、体现于实践。换言之，在大学生劳动价值观的形成过程中，实践起到了决定性作用。

社会生活的本质是实践，教育的根本目的在于引导人们实践，过上更有意义的生活。对大学生开展劳动价值观培育，并不是喊口号式地告诉他们劳动是有价值的，而是要引导他们如何实现劳动价值，如何能够用价值观念和理想指引自己向上、求真、务实，切切实实为国家建设服务。要求高校在开展劳动教育时注重让学生参与到劳动实践中，即组织学生走出课堂、走向实践，通过开展实习实训、专业服务、社会实践、勤工助学等，增强学生诚实劳动意识，积累职业经验，提升就业创业能力。劳动价值观培育，是知行合一的引导，要做到理论与实践有效结合。一方面理论要深入浅出、结合实际、易于理解；另一方面，实践要形式多样、丰富、印象深刻。只有这样，才能让学生真正理解劳动的真正意义，逐渐形成崇劳、爱劳的优秀品质，才能成为新时代的劳动价值践行者。

2. 创新性

思想教育是培养人的工作，是塑造心灵的活动。随着我国把劳动教育课纳入必修课，意味着对新时代大学生的素质提出了更高的标准，意味着要求高校在思想教育工作上做出创新，致力于研究新问题、解决新问题。因此，在思想教育视域下开展的劳动教育，不能把劳动教育简单地理解成"劳动"加"教育"。劳动的目的在于创造财富，而劳动教育则强调劳动育人，劳动是育人的载体，最终目的是教育。当前，高校劳动教育的重点是使学生能够在劳动实践中创造性地解决问题，换言之，新时代加强大学生劳动价值观培育，除了在于让学生对劳动意义、劳动者有正确的价值认知、价值判断之外，还强调激发他们的创新意识，培养其创造性劳动的能力。新时代大学生有新特点，这就要求高校在加强劳动教育、进行劳动价值观培育时要革新教育方式。新时代的大学生更加具有自身特性，因此，教师在培育大学生的劳动价值观时，既要脚踏实地、求真务实，又要涵养创新精神。在开展劳动价值观培育时要勇于打破陈规，创新劳动价值观培育的内容、方法、手段，以提升劳动教育的实际效果。

3. 职业引导性

职业引导性是指大学生劳动价值观对大学生在将来进行职业选择时有一定的价值引导作用。大学，是大学生们走出校门、迈入社会的最后一个站点，这个时期的劳动价值观教育对他们的职业选择具有重大影响。诚实守信、开拓创新对于每个大学生来说是潜在教育命题，高校要重视大学生的价值观教育。树立正向的劳动价值观是个人拥有良好的职业道德和创新创造的思想品质的前提，大学生由于对社会了解不深，一方面对未来职业选择出现迷茫，另一方面不是很清楚成为职业人后所需要遵守的职业道德和职业规范，这就要求高校在开展劳动价值观培育时，注意对其进行职业引导教育。

（二）大学生劳动教育价值观的内容

1. "劳动最光荣" 的劳动价值观

"劳动最光荣" 表达了对劳动意义的至高赞赏，是新时代劳动者对劳动的全新定义。在过去的社会中，劳动者的劳动是 "异化" 的劳动，而今，劳动的色彩是亮丽的、光荣的。劳动是社会的本质要求，劳动是每一个成员所必须具备的。国家实行按劳分配制度，就是承认劳动的价值，尊重劳动的价值。劳动创造价值，是新时代劳动者秉持的朴素道理，"劳动光荣" 成为植根于劳动者内心深处的真诚信念。当前对大学生的劳动价值观进行培育，就是在新时代中国凝聚形成热爱劳动、崇尚劳动的主流价值观，帮助大学生们通过自身的劳动满足物质和精神需要，通过劳动获得社会地位和人格尊重，靠自己的双手实现青春梦想、实现家国梦想。

2. "劳动最崇高" 的劳动价值观

"劳动最崇高" 是对劳动者地位的最佳肯定，是对劳动者吹响的号角。劳动之所以崇高，是因为劳动人民在劳动的过程中所展现出来的中华民族的 "精气神"，即劳动人民披荆斩棘的勇气、牺牲小我成就大我的奉献精神和忠诚团结的可贵品质。对大学生的劳动价值观进行培育，就是要求大学生懂得尊重各行各业的劳动者，要求大学生能够传承劳动人民身上展现出的 "精气神"，积极投身到劳动者的行列中去书写人生篇章。

3. "劳动最伟大" 的劳动价值观

"劳动最伟大" 是对劳动和劳动者的双重褒奖。劳动在人与社会发展过程中发挥着巨大作用，是当前劳动作用的鲜明标识。劳动是人类有意识地运用体力和智力改造世界的过程，在人类诞生以来的历史长河中，劳动具有不可替代的作用。新时代劳动者可以通过劳动充分探索与发挥自身潜能，凭借劳动创造与创新，开掘实现个人价值的通道，同时为社会建设积蓄蓬勃伟力。中华民族的繁荣发展必须通过劳动实现，建设国家伟大工程必须通过劳动来实施，全面深化改革的伟大事业必须依靠劳动进行。但需要注意的是，当前部分大学生劳动价值观受到网络信息碎片化、社会思潮复杂化的影响与干扰，出现劳动价值的动摇。新时代对大学生的劳动价值观进行培育，就是要求培育大学生坚定优良的劳动价值观不动摇，以勇立潮头、走在前列的勇气，以打开绝壁、夺隘而出的锐气投身改革创新的实践中，通过伟大劳动激发社会创造生机，让中国迸发出时代活力。

4.“劳动最美丽”的劳动价值观

“劳动最美丽”是对劳动过程与劳动结果的壮美赞歌。劳动之美在于过程虽曲折但结果却甘甜。劳动的过程或许是艰辛的，但是劳动终将收获美丽的果实。对大学生的劳动价值观进行培育，就是呼唤大学生发扬最美劳动者身上所展现的最美精神，能够克服劳动过程中的难题，创造出更美好的世界、更美丽的心灵，不辜负时代所赋予的使命与担当。

(三) 大学生劳动教育价值观的培育

1.切实将劳动教育融入高校人才培育的全过程

(1) 促进劳动教育与思想政治教育融合，发挥“主渠道”作用。切实将劳动教育融入高校人才培育的全过程，要促进劳动教育与思想政治教育融合，发挥“主渠道”作用。

第一，明确劳动价值观的学科归属。劳动价值观培育应归属于高校思想政治教育，但当前高校在开展劳动价值观培育中遇到的较大问题便是学科归属问题、课程依托问题。劳动价值观培育缺乏确切的依托课程，培育也就无从说起。高校要围绕立德树人这一根基，根据国家劳动教育的相关精神，结合学校实际与办学特色明确劳动价值观培育的依托课程，以满足大学生对劳动价值观培育的需要。

第二，将劳动价值观培育渗透到专业课程内容中。通过深度挖潜，进一步拓展与开发劳动价值观培育资源，在专业知识的传授中注重劳动主流价值观的引导，实现专业课程内容与劳动价值观培育的有机融合。

第三，加快高校劳动教育教材建设。明确了劳动教育的依托课程，将劳动价值观培育渗透到专业课程内容之后，还要完善劳动教育的教材建设。当前部分高校劳动教育教材建设的步伐是相对滞后的，劳动教育缺乏相关教材的支撑，便缺乏一定的教育依据，培育效果就不尽理想。

（2）创新劳动教育与社会实践融合，发挥实践锻炼的养成作用。切实将劳动教育融入高校人才培育的全过程，要将创新劳动教育与社会实践融合，发挥实践锻炼的养成作用。大学生劳动价值观的培育，不应是囿于四面墙壁的课堂理论灌输，而应重在实践中养成。劳动价值观的生命力也在于实践，在于每一位社会成员的自觉行动。因此，创新劳动教育与实践锻炼融合，就是要求劳动教育与专业实习、创新创业和社会实践、志愿服务的有机融合。

第一，创新劳动教育与专业实习相融合。大学生劳动价值观培育具有职业引导性特点，创新劳动教育与专业实习相融合，有利于引导大学生树立崇高的职业理想，锤炼高尚的劳动品质。专业实习是指学生在与所学专业相关的实务部门从事长期或者短期的工作，以增进对课题讲授知识的了解。创新劳动教育与专业实习相融合，要求高校积极搭建校企合作的育人共同体，运用企业文化育人。高校在为学生推荐实习单位时，要深入考察对方单位的文化底蕴情况，要选择与劳动价值观端正、劳动观念正确和劳动态度积极的单位展开校企合作，让学生在实习中受其优良的文化熏陶，养成良好的职业素养和职业道德。

第二，创新劳动教育与社会实践和志愿服务相融合。大学生劳动价值观培育具有实践性，大学生主体的劳动价值实践和体验是其劳动价值观形成的现实依据。创新劳动教育与社会实践和志愿服务相融合，是培育学生的奉献精神和社会责任感的有效方式。志愿服务不仅能使大学生深入社会、了解社会，而且能够使大学生服务和奉献社会，增强自身的服务意识，培育其奉献精神。因此，要将创新劳动教育与社会实践和志愿服务相融合，发挥实践活动在大学生劳动价值观培育过程中的重要作用。创新劳动教育与社会实践和志愿服务相融合，要注意使大学生的实践活动常态化，要改变以往短期性的偏于形式化的教育行为。因此，高校要有计划地建设一批质量较高、稳定性较强的劳动教育实践基地，将劳动实践活动纳入教学计划，建立长效机制，采用科学的考评方式，充分考虑到社会实践活动的复杂性和层次性，要注意成果与过程考评的结合。

（3）加强劳动教育与校园文化融合，发挥校园文化的熏陶作用。切实将劳动教育融入高校人才培育的全过程，要加强劳动教育与校园文化融合，发挥校园文化的熏陶作用。校园文化具有教育导向、引领师范、积极凝聚、文娱调节、开发创造等功能，对加强大学生劳动价值观培育、促进学生全面发展具有重要的现实意义。

第一，在系统性的校园文化活动中加强劳动价值观培育。校园文化活动是大学生学习生活的重要内容，丰富多彩的校园文化活动可以拓展学生的视野、提高学生的劳动实践能力。校园文化活动的开展要以育人为导向，带有明显的教育目的性。因此，开展校园文化活动时，要精准依托特色鲜明的文化资源。

要以重要节庆日为契机，提高劳动教育的针对性。各个国家都有各自的重要节日，不同的节日蕴含了独特的价值观念。因此，高校要找准重大节庆日的精神内核与劳动价值观之间的衔接点，以恰当的方式展开活动，有利于精准传播价值观，增强劳动教育的针对性。一方面，高校可以有效利用中国历史上的重大事件、重要人物纪念日、国际性节日，定期开展相关的主题展览，并辅之以相关文化活动。高校对大学生进行劳动价值观培育，可以依托的节日、纪念日有许多，如"五一"国际劳动节，在这样特殊的时间里开展特殊的劳动教育，有利于提升学生的思想境界和精神素养。通过开展"爱祖国，爱劳动"活动，举办演讲比赛、绘画、展览等形式多样的校园文化活动，吸引学生参与其中，让学生在这个过程中领悟劳动的深刻内涵和重要意义。另一方面，要在中华传统文化中寻找力量、寻找资源、寻找动力。

另外，还可以以专题教育活动为补充，促进大学生劳动教育日常化。以重大节庆日为契机的活动，因其规模的宏大，在一个时期内对学生的劳动价值观培育起到了很好的作用。但也因其规模的盛大，高校不可能经常性举办。因此，高校还需要补充定期的专题教育活动，以促进大学生劳动价值观培育的日常化、常态化。但需要注意的是，专题教育活动不等于单一的理论学习活动，而是强调这些专题活动要与学生的实际生活相结合，只有这样才能起到真正的教育作用。

第二，将我国核心价值观融入校园精神文化建设中。我国核心价值观是国家共同的理想道德基础，是全体人民的共同价值追求，同时这也是新时代大学生劳动价值观培育的重要内容。我国核心价值观与劳动价值观有着密切的联系，个人的劳动价值观正确与否，影响着对国家核心价值观的践行情况。当前大学生劳动价值观受到网络信息碎片化、社会思潮复杂化的影响与干扰，而我国核心价值观则是破解这些错误认知的重要聚合力。就我国核心价值观而言，劳动价值观是其基础，大学生如果缺失劳动价值观认同，那么其核心价值观认同与践行是难以进行下去的，高校对大学生开展核心价值观培育也是表面的。因此，国家核心价值观的精髓不可缺，大学生劳动价值观培育便是践行国家核心价值观的应然要求。

2.开辟大学生劳动价值观培育的网络阵地

信息网络在为新时代大学生劳动价值观培育提供了新的途径和方式的同时，也弱化了其可控性。高校加强劳动教育与校园文化融合，不能忽略网络阵地的坚守，要高度重视积极健康的网络环境的构建，积极发挥网络的群体自发育人效用。高校要善于利用网络强化舆论的引导功能，大力宣传集体主义、全心全意为人民服务的精神，弘扬主旋律、传播正能量以提高大学生的劳动价值认知水平，进而使他们树立正确的劳动价值观。

工作的内容包括三个方面：一是建设能够培育大学生劳动价值观的网站。网站的内容要富含服务性、知识性、思想性和趣味性，应尽可能与学生的生活和实际相贴近，与大学生内心真正的需求相适应。二是应用的手段为新媒体。在信息时代，高校在大学生劳动价值观的培育方面要充分发挥微信和微博的便捷优势，让学校的专任教师、辅导员和优秀的学生模范通过微博和微信发布优秀文化作品，让大学生产生主动制作微软件、微课堂、微电影等内容的兴趣，让劳动价值观通过微信和微博传播开来。三是对网络舆情进行掌握和引导。将学生骨干、教师和干部组织起来，让他们担任评论员，从而更有针对性地培育大学生的劳动价值观。

3.拓展劳动价值观培育方法

高校在对大学生开展劳动价值观培育时要拓展培育方法，具体而言要善用典型示范法。

（1）充分利用杰出校友资源树榜样。高校要充分利用好杰出校友的榜样教育资源，举办"劳模讲堂""大国工匠进校园"等活动，善于运用校园网、官方微信公众号、宣传橱窗等宣传阵地推送劳模先进事迹，大力弘扬劳模精神和工匠精神，让学生有机会近距离接触劳动模范，聆听劳动模范故事，感悟劳动模范精神。一次真实的劳模在身边的体验，对学生的思想政治教育效果也许胜过教师的十堂课。

（2）教师率先垂范，做学生楷模。高校要加强教师队伍的师德师风建设，把国家核心价值观作为师德师风建设的重要内容，严格要求广大教师学为人师、行为示范，用自己的模范行为影响和带动学生。

二、大学生劳动教育的价值体现

（一）大学生劳动教育的时代价值

"中国梦"的实现，需要大学生的努力，时代新人的养成和教育体系的完善，都要依靠新时代大学生的劳动教育。

首先，"中国梦"的基础为劳动教育。马克思主义劳动观的进一步体现就是坚持劳动教育，劳动教育在中国人民的民族基因中深深扎根，对社会接班人和社会主义建设者的劳动精神、素养与价值取向等起决定作用，对于"中国梦"的实现来说，也是强大的助推力。

其次，育人体系被劳动教育所完善。对于中国教育来说，时代新人劳动素养方面的培育价值十分重大，这是由新时代的教育性质决定的。教育制度本身包含劳动教育，它会影响高校人才培养的目的以及取向。对大学生劳动教育的加强主要体现在：让大学生在情感方面尊重劳动者、热爱劳动且珍惜劳动成果；对劳动教育进行深入理解；获得劳动品德方面的塑造；能够自觉进行劳动；等等。所以，让大学生尽可能多地参加服务和生产劳动，能够让大学生更有能力适应社会，同时，还能将人才培养体系的水平拔高，使教育现代化的进程加速。

最后，劳动教育培育新时代人才。传播劳动价值观是劳动教育的核心，大学生走入社会后的责任感与就业取向直接受劳动价值观的影响。目前，一些青年大学生的思想存在错误，他们只想展现自己，而不想出力。因此，对大学生劳动精神的培育至关重要，应当让他们在精神状态上保持足够高的水准。让大学生在劳动教育中了解劳动"四最"的价值，对劳动尊重与崇尚，养成劳动的习惯。

学农、学工和学军在我国历年的劳动教育中都留下了深刻的印记，中华民族自古崇尚勤劳奋斗，然而，在社会变迁的过程中，在劳动教育方面，逐渐变得淡化和弱化，许多大学生对劳动成果没有敬畏之心，不劳动，对底层劳动者也不够尊重，这对于社会的未来发展来说是重大的隐患，"中国梦"的实现和社会主义事业的发展都可能受到阻碍。新时代国家在对人才培养的过程中，应当始终贯彻劳动教育，对大学生进行积极引导，让他们热爱劳动，并且懂劳动。产业的门类在生产力和社会发展的过程中更加细化且多元化，大学生也因此获得了更大的发展空间。

（二）大学生劳动教育的人文价值

培养德智体美劳全面发展的社会主义建设者和接班人是对新时代育人规律认识的不断深化，不仅具有鲜明的时代价值，更涵括丰厚的人文价值意蕴。

1. 创设劳动氛围，焕发个体劳动热情

环境的营造和理论的灌输确保大学生劳动理性的树立，高校为了使大学生更有热情投入劳动，应当对劳动环境进行正向设置。为了让大学生沉浸在劳动教育中，高校可以给学生讲劳动故事，传播劳动话语。一方面，这种教育方式与大学生的兴趣相适应，在对学生实践内生动力的激发方面，劳动氛围的积极创造和劳动话语的传播都是重要途径。所以，要想将主流声音更好地传递到大学生的教育中，就必须要进行创新。我国思想政治教育传统使中国教育的话语系统中融入了中国特色。学校的劳动教育氛围在劳动话语的传播过程中变得更加有正能量，劳动话语也让人们的内心深深认同正确的劳动观念。另一方面，通过劳动故事的讲述对劳动精神进行锻造。故事的讲解能力十分重要，可以讲解雷锋在社会主义建设时期为人民全心服务的故事，抗日战争时军人艰苦奋斗的故事，中国最美奋斗者们的优秀事迹等，这些振奋人心的故事，都真真实实地向人们展现了亿万中国人民的艰苦奋斗史。同样，许多劳动者形象在新冠肺炎疫情的对抗战役中也脱颖而出。例如，日夜工作的医疗工作者、大爱无私的志愿者等，从这些劳动者的故事中，人们得以了解新时代劳动者的担当与使命，这些与劳动者相关的故事，将养分灌输到大学生的心中，使大学生的劳动热情被激发出来，更有关心民生的大爱。

2. 提升劳动审美力，旨在成就美好生活

要使大学生获得人文情怀与劳动理性，就必须要从学生的劳动审美力上着手，以此来使学生获得更美好的精神生活。劳动并不仅仅是为了获得产品，也不仅是为了达到目的，而是生而为人拥有能力的一种体现，因此它是自然而享受的。新时代大学生劳动教育的重要任务是，提升学生欣赏劳动的能力，让学生能从劳动中感受到艺术的美感。激发劳动中内蕴的"采菊东篱下，悠然见南山"的田园之美，"谁知盘中餐，粒粒皆辛苦"的感恩之美，"采采芣苢，薄言采之。采采芣苢，薄言有之。采采芣苢，薄言掇之。采采芣苢，薄言捋之。采采芣苢，薄言袺之。采采芣苢，薄言襭之"的诗性之美，"大儿锄豆溪东。中儿正织鸡笼，最喜小儿亡赖，溪头卧剥莲蓬"的童趣之美，"诗意地栖居"的悟性之美等，是更深沉、更持久的劳动美学滋养。构建劳动话语、讲好劳动故事，旨在激发劳动正能量；提高劳动审美判断力，旨在生成持久、深层的力量，实现自由自觉的劳动。

第三章　新时代大学生劳动教育的崇尚维度

新时代，对大学生的劳动教育必须提升到新的思想高度，本章围绕现在热门的三个维度进行介绍，具体包括劳动精神及其大学生的践行路径、大学生劳模精神及其科学价值、大学生工匠精神及其培养。

第一节　劳动精神及其大学生的践行路径

一、劳动精神的认知

劳动精神的内涵是崇尚劳动、热爱劳动、辛勤劳动、诚实劳动。其中，崇尚劳动是指树立正确的劳动价值观，充分认识到劳动最光荣、劳动最崇高、劳动最伟大、劳动最美丽，劳动创造物质财富和精神财富，劳动创造美好生活，尊重普通劳动者。热爱劳动是指培养正确的劳动态度，促进劳动者自觉劳动、积极劳动、主动劳动。辛勤劳动是对劳动过程及其强度的充分肯定，表明要充分遵循劳动的客观规律以及要达到的劳动强度，体力劳动要付出辛劳和汗水，脑力劳动要付出智慧和心血。诚实劳动是对劳动者品德的客观规定，表明劳动要踏踏实实、求真务实、真抓实干、实事求是。崇尚劳动、热爱劳动、辛勤劳动、诚实劳动，包含了劳动价值观、劳动态度、劳动过程、劳动品德四个方面的丰富内涵。基于此，劳动精神就是正确的劳动观、劳动态度、劳动过程、劳动品德。

新时代大学生劳动精神培育是指以塑造大学生劳动观念、端正大学生劳动态度、锤炼大学生劳动品德、培养大学生劳动习惯、培育大学生劳动情怀等为主要内容，旨在提升大学生的劳动素质，促进大学生德智体美劳全面发展的教育活动。新时代劳动精神培育主要针对的对象是大学生，他们正在接受高等教育，还未毕业走进社会，可塑性很强。只有引导大学生从本质上关注劳动、认同劳动、参与劳动，才能使他们在劳动中增长见识、收获成长。

新时代的劳动精神蕴含着深刻而丰富的思想内容，它以西方学者的劳动观为理论借鉴，以中华优秀传统文化中的劳动观为思想积淀。

二、大学生劳动精神的践行路径

(一) 大学生劳动精神践行的必要性

劳动精神的培育对一个人的发展很重要，对一个国家的发展也极其重要。新时代培育大学生的劳动精神能够促进大学生德智体美劳的全面发展，劳动精神的培育能够为大学生综合素质的提升提供必要的前提条件。劳动精神于大学生而言是一种不容忽视的宝贵精神品质，是一种可贵的精神力量，是中国精神的精髓和要义。对于高校而言，劳动精神的培育能够为立德树人根本任务的实现提供重要的精神支撑。高校的根本任务在于立德树人，要始终不忘立德树人的初心和使命。劳动精神的培育有利于培养出具有更高道德素质的人才，从而促进高校育人目标的实现。对于国家而言，劳动精神的培育能够培养出更多具备良好身体素质的人才致力于祖国的现代化建设，有利于现代化强国目标的早日实现。总而言之，劳动精神的培育不论是对于大学生自身，还是对于高校和国家而言，都具有不可忽视的重要作用。因此，在新时代的背景下，要大力加强大学生劳动精神的培育，发挥劳动精神强大的鼓舞作用。大学生劳动精神践行的必要性主要表现在以下方面。

1. 促进大学生全面发展的必然要求

培养德智体美劳全面发展的建设者和接班人是新时代教育的根本任务。对于大学生而言，人的全面发展的必然要求就是德智体美劳的和谐发展。劳动精神的培育是高校德育、智育、体育、美育的重要内容。我们强调德智体美劳的全面发展，恰恰反映出长期以来忽视"劳育"的问题，凸显了"劳"对于大学生全面发展的重要意义。新时代是一个全新的时代，人才培养目标也相应地发生了变化。新时代要加强对大学生劳动精神的培育，把他们锻造成德智体美劳全面发展的人才。劳动精神的培育使大学生能够不断培养自身的综合素质，使自身越来越接近全面型人才的目标。要以劳育促进德育智育体育美育。

首先，以劳树德。劳动精神的培育可以使学生锤炼优良品质，养成尊重劳动的可贵品德。其次，以劳增智。劳动精神的培育不仅能锻炼大学生的生活技能，培养学生的创新精神和动手能力，而且能促进大学生的智力开发。再次，以劳强体。劳动精神的培育能够使大学生具备顽强的意志力和坚韧不拔的毅力，使大学生拥有强健的体魄和健康的内心。最后，以劳育美。劳动精神的培育有利于促进大学生树立"劳动最光荣、劳动最崇高、劳动最伟大、劳动最美丽"的劳动观念，让大学生在劳动的过程中主动发现美、体验美、鉴赏美、创造美，从而有利于提高学生审美能力和审美情趣。就大学生的健康成长成才而言，德智体美劳五个方面缺一不可，哪一个方面缺少了，都不能称之为一个全面发展的人。因此，加强对大学生劳动精神的培育刻不容缓。

2.落实高校立德树人的必然要求

（1）坚定理想信念，就要加强劳动。价值观的教育，使学生树立正确的劳动观念，并且有信心用劳动托起梦想。

（2）加强劳动态度培育，教育大学生热爱劳动，对劳动有正确的态度，不要轻视体力劳动，将一切劳动一视同仁。

（3）培养大学生养成良好的劳动品德，尊重劳动和劳动者，珍惜劳动者的劳动成果，自身要注重劳动品德的塑造，成为拥有高尚劳动品德的人。

（4）增长知识见识，尤其是与劳动相关的知识，使学生了解与劳动相关的法律法规，提高劳动素质，拓宽知识面。

（5）培养奋斗精神，需要大学生具备勤奋刻苦的宝贵品质，加强劳动实践锻炼，用奋斗书写青春华章。

（6）提高综合素质，发挥劳动的综合育人功能。其中尤其要注意对大学生的德育，以德为先，使大学生真正成为全面发展的高素质人才。

高校的根本任务是立德树人。对大学生进行劳动精神的培育，有利于高校更好完成立德树人的根本任务。一个热爱劳动的人，很大程度上会是一个注重自己品德培养的人。在对大学生进行德育的过程中，劳动精神的培育起着重要作用。可以使大学生养成良好的劳动习惯，磨炼劳动的意志，锤炼劳动的品格。高校在对大学生进行立德树人的教育过程中，要积极引导他们认识新时代进行劳动精神培育的重要性。此外，要培养大学生的劳动品德，强调劳动具有的价值，大学生不仅要具备劳动精神，形成尊重劳动、崇尚劳动的价值观，而且要养成自觉劳动的习惯并积极弘扬劳动精神。

（二）大学生劳动精神践行的路径优化

1. 突出学校的主导功能

高校肩负着培育时代新人的职责使命，是青年大学生劳动教育的重要阵地，是传播知识的殿堂和培育人才的摇篮，应该在培育大学生的劳动精神方面担负起更多的职责，为新时代中国特色社会主义事业培养更多的合格人才。学校要发挥劳动精神培育的关键作用，明确劳动精神的培育主体，拓宽劳动精神的培育平台，丰富劳动精神的培育内容，创新劳动精神的培育形式。学校对学生的教育不应该仅仅局限于课本知识的教学，而是应该引导学生进行综合发展，即在德智体美劳各方面得到全面发展。

大学里开设劳动课程，主要是引导学生有参与劳动的意识，因为真正的劳动存在于我们日常生活的点滴中。劳动对于每一个人而言，都是人生必修的一门课程，任何时候都不能荒废。我们要加强新时代大学生劳动精神的培育，让劳动精神存在于人人心中，并主动弘扬劳动精神，使其在社会上蔚然成风。为此，高校的教育工作者必须要转变传统的教育理念，合理引导大学生树立正确的劳动价值观，要积极营造有助于劳动精神培育的校园环境。

校园环境对于大学生的成长成才具有重要的意义。高校要积极开展各类丰富多彩的校园活动，通过这些活动弘扬劳动精神，激发大学生热爱劳动的积极性和热情，最终使劳动精神在大学生心里开花，结出累累硕果。要加强对社会正能量的宣传，通过宣传大学生身边的劳动模范和先进人物事迹，传颂好人好事，让大学生打心底里认识到劳动的重要性，使得在全校形成人人热爱劳动，人人乐于劳动，人人忠于劳动，最终具有高尚劳动精神的校园文化氛围，使劳动精神在校园里蔚然成风。突出学校的主导功能需要注意以下方面。

（1）明确劳动精神培育主体。当前，学校要切实承担起劳动教育主体责任，明确实施机构和人员，开齐开足劳动教育课程，不得挤占、挪用劳动实践时间。根据学生身体发育情况，科学设计课内外劳动项目，采取灵活多样形式，激发学生劳动的内在需求和动力。统筹安排课内外时间。组织实施好劳动周，高等学校要组织学生走向社会，以校外劳动锻炼为主。基于此，学校先要明确劳动精神的培育主体。所有高校教师都承担着大学生劳动精神培育的职责和使命，辅导员和班主任更是责无旁贷。辅导员和班主任在学生的日常管理过程中要注重对大学生进行劳动精神的培育。

（2）拓宽劳动精神培育平台。劳动精神的培育平台可以而且应该多样化。目前而言，高校进行劳动教育的平台还相对较少，不能完全满足学生的需要。高校应该一改传统的教学模式，围绕学生的实际特点开展差异化教学，依托网络等平台构建以学生为中心的劳动精神培育模式。例如，让学生参与社会志愿服务活动，参加校园环境卫生打扫等，可以利用"两微一端"(微博、微信、新闻客户端)等新媒体，通过音乐、视频、漫画等多种大学生喜闻乐见的方式传播好劳动精神，特别是善于运用身边劳动模范的故事感染大学生，提升大学生对劳动和劳动精神的理解，并进一步主动弘扬劳动精神。

高校要明确劳动教育所依托的课程，高校课时数要有一定的规定，这样才能满足对大学生劳动精神的培育，可以设置劳动教育必修课程和选修课程，大学生在修完必修课程后，可以根据自己的喜好自由选择选修课程，这样就满足了不同学生的需要。高校还可以结合本校不同的专业、学科，为大学生开设专业化、特色化的劳动课程，使劳动精神自然地融入大学生的学习生活中，使他们潜移默化地接受劳动教育，培养他们崇高的劳动精神，最终影响他们的劳动行为，使他们在自觉不自觉中主动弘扬劳动精神。可对大学生、硕士生、博士生分专业分层次进行劳动精神培育。

（3）丰富劳动精神培育内容。高校要注重细节培养，从细处培育大学生的劳动精神。高校各学院应加强劳动主题教育，弘扬劳动精神，开展与劳动相关的宣传与教育工作。高校要根据大学生现阶段的特点开设劳动教育课程。每学年可以设置劳动周活动，给大学生创造劳动机会，让大学生有更多的劳动机会锻炼自己。劳动周的具体时间可由高校根据需要统一安排，既可以安排在每学期内，也可选择性地安排在寒暑假进行社会实践活动。建议多采取集体性劳动的方式，这样可以使大学生们相互学习，相互鼓励，体会集体劳动的乐趣。

当前，较多开设劳动课程的高校往往以思想教育课的方式进行，而且劳动教育的内容比较陈旧，这样必然难以达到新时代培育大学生劳动精神的要求。针对劳动精神培育的重要性和必要性，有条件的高校可以设置专门的劳动课程，并且将劳动教学纳入整个教学考核体系中。同时，高校还必须要改变传统课程设置的方法，将劳动课程设置为校内外活动结合的课程，将社会实践活动纳入劳动教育体系中，进而依靠体系增强大学生的劳动精神，激发他们积极参与劳动实践的积极性。高校大学生劳动精神的培育要根据当前大学生的实际特点、生理心理发展需求和教育教学开展情况进行，要使学生真正明白劳动精神的特定内涵，搞清楚劳动精神所包含的具体内容。学校要有组织、集中地开展服务于生活的简单体力劳动、教学社会实践、社会公益活动等，并吸引学生参加，使他们在力所能及的劳动实践活动中体验劳动、掌握劳动的基本技能、享受参与劳动的过程、领悟劳动创造价值的深刻内涵，从而激发大学生的责任和担当意识，从而有利于达到对大学生进行德智体美劳教育的目的，从而真正达到教育的实效。

（4）创新劳动精神培育形式。学校要不断优化劳动精神的教学内容，创新教育教学的形式。培育劳动精神的形式可以是多种多样的，除了传统的课堂教学以外，还应综合运用多种方式开展劳动精神的培育。高校在开展劳动教育时要不拘一格，围绕大学生的实际特点来开展差异化的教学。例如，高校可以利用新媒体，通过多种形式，讲好有关劳动的故事、有关劳动模范的故事，提升大学生对劳动和"劳动精神"的理解程度和对于劳动者的亲切感，尤其是要利用好身边的真实案例，以情动人。运用身边优秀劳动模范的先进事迹影响和感染大学生，如邀请他们到大学来做公益讲座，讲述自己身上发生的真实故事，让大学生有更直观的感受，更容易引起他们的共鸣。

学校还要善于利用校内外的各类资源，例如，校内的学生组织、学生会、学生社团，借助他们的力量发展丰富多彩的校园活动，提高大学生的参与度。要加强校企合作，利用校外实践基地和教育基地对大学生开展劳动教育。高校要定期带领大学生参与到劳动过程中，使他们亲身体会劳动，感受劳动，明白劳动的难能可贵，珍惜劳动得来的一切，并且学会传承劳动文化，弘扬劳动精神。

总而言之，劳动形式的创新有利于大学生更积极地参与劳动。在新时代的今天，劳动教育的方式可以并且应该多样化，劳动精神的培育方式有待进一步的创新，高校应当对这个问题引起重视，劳动教育不容忽视。

2.重视社会的环境影响

社会在大学生劳动精神的培育过程中，应尽力发挥好必要的支持作用。社会虽说不是大学生劳动精神培育的主体，但可以为大学生劳动精神的培育提供必要的条件支撑。例如，调动各方面的社会资源，为大学生参与劳动实践提供场所。有些机构可以起到作用，如利用相关部门的力量，协调高校、企业、公司、工厂、家庭农场之间的合作，调动他们互动的积极性，互帮互助，这些机构或单位为高校提供实践场所，高校为这些机构输出大量人才，这样就能实现共赢。

(1) 为学校组织劳动实践提供场所

社会可以为大学生劳动精神的培育提供外力支持，如为学校组织劳动实践活动提供场所。高校如果仅仅依靠校内力量，难以达到对大学生劳动精神的全方位培育，必须要依靠社会力量进行综合培育，才能达到实践育人、协同育人的最终目的。社会各界力量应该支持学校组织学生参加他们力所能及的生产实践活动，参加一些新时代的新型劳动，让他们在参与劳动的过程中体味劳动的艰辛，知道劳动的不易，这样在他们日后的工作中能够正视工作过程中遇到的困难，并运用劳动中坚韧不拔的精神克服困难，这种体验对于大学生们来说是必要的。因此，社会可以为劳动精神的培育提供必要的场所，支持学校开展大学生实践教学活动，更好地培养新时代大学生的劳动精神。

(2) 为大学生劳动实践提供技术支持

社会除了能为大学生劳动精神的培育提供必要的场所，还可以提供一定的技术支持。例如，有的学校没有相关的技术，但有些社会机构具备，此时可以加强校企合作，互通有无。尤其是一些高新企业可以为大学生们体验现代高科技提供服务。对于一些学习智能制造专业的学生，如果有机会接触最前沿的发明，更有利于激发他们的想象力和创造力。他们可以体验到劳动的最新形态，体会劳动的新方式。尤其是在新时代，如果大学生们能够从这些实践活动中找到灵感，这无疑比他们在实验室里埋头做实验要更加有趣，也更加吸引他们。可见，通过社会提供技术支持，高校才能有更多的方式培养和锻炼学生的劳动能力。

（3）鼓励大学生参加志愿服务活动

社会的向前推进，离不开每个人的奉献，社会上的一些福利组织为大学生开展无偿劳动做出了表率。学校的共青团应该积极组织大学生多参加一些公益性质的劳动，社会的福利组织也要主动为大学生搭建相关的劳动实践活动平台，带领大学生深入到福利院、敬老院、孤儿院、残疾人活动中心等地参加志愿服务活动，开展一系列的公益劳动，参与社区的一些福利活动。多参加这些活动能够更好地培养大学生的奉献意识，让大学生体会劳动给他们带来的快乐，这种快乐是发自内心的。

（4）构建劳动精神的培育机制

一是建立高效统筹协调机制，为劳动精神培育提供顶层设计保障。新时代劳动精神的培育作为一项系统工程，要构建政府主导、企业参与的全员化、全过程、全方位的统筹协调机制。例如，为劳动者入职提供技能培训，对保护劳动者合法权益提供有效引导；完善就业创业联动机制，为劳动者创造更多工作岗位，消除就业障碍和歧视；建立公平公正的社会保障制度，整合养老保险和医疗保险，实现城乡统筹和平等共享；健全社会救助体系和保障性住房制度，完善最低生活保障机制。

二是建立劳动产权保障机制，为劳动精神培育提供制度依据。劳动人权是劳动者真正占有劳动成果的权利，也是作为劳动主体实现体面劳动、充分劳动的权利。劳动产权是劳动者的剩余索取权。随着产权明晰化推进、劳动用工制度和工资制度的变革，将从财产关系上保障劳动者的合法权益，调动劳动者的积极性和主动性。劳动产权制度是劳动者各项合法权益的重要保障，对新时代劳动精神的培育有着重要作用，并进一步促进劳动者从体面劳动走向共同富裕。

三是完善按劳分配薪资机制，为劳动精神培育提供科学合理支撑。分配制度事关广大劳动者的切身利益和劳动积极性的有效发挥。因此，应完善收入分配机制，提高劳动报酬在初次分配中的比重；完善再分配调节机制，建立公共资源出让收益合理共享机制；在具体政策、劳动报酬制度等方面不断提高劳动者的地位，使劳动者获得应有的劳动报酬和劳动保障，努力使劳动者的根本利益得到最大限度的实现，促进和谐劳动关系的形成。

3. 发挥家庭的熏陶作用

父母对孩子的影响是终身的，在劳动精神的培育过程中，家庭的作用同样不可忽视。家庭是培养大学生劳动精神的重要场地，必须重视营造优美的家庭环境，良好的家庭氛围，充分发挥家庭环境对大学生劳动精神培育的熏陶作用。例如，作为家庭成员，每一个人都要养成自觉打扫卫生的良好习惯，不能将保洁的任务固定地落到某一个家庭成员的身上。一家人都要主动清洁卫生，将物品摆放整齐，注意美化、绿化、亮化家庭环境，让家庭环境常看常新。

营造干净舒适的家庭环境不仅有利于培养一家人的劳动观念，还有利于一家人互相体贴，相互尊重，使一家人都能保持心情舒畅、身体健康。因此，家长要注重抓住衣食住行等日常生活中的劳动实践机会，鼓励孩子自觉参与、自己动手，随时随地、坚持不懈地进行劳动，掌握洗衣做饭等必要的家务劳动技能。要鼓励大学生利用节假日参加各种社会劳动。此外，家庭要树立崇尚劳动的良好家风，家长要通过日常生活的言传身教、潜移默化，让大学生养成爱劳动的好习惯。发挥家庭的熏陶作用需要注意以下方面。

（1）身先示范弘扬劳动精神。身教胜于言传。父母是子女的启蒙老师，对子女的行为具有潜移默化的作用。教育子女不是学校单方面的事情，家庭教育也是不可缺少的。在家庭教育中，父母应该起到带头的作用。在家里，父母可以安排子女进行适当的家务劳动，这从教育的角度而言，在一定程度上，能够培养孩子做事独立自主的意识，可以增强孩子对待人和事的责任感。从大学生身心健康的角度而言，做家务一方面可以帮助大学生保持清醒的头脑，通过劳动锻炼身体，强健自己的体魄。另一方面，做家务还有利于大学生的心理健康。孩子在日常紧张学习后，参加适当的体力劳动能够使他们的大脑得到一定程度的休息，保证他们有更充沛的精力和脑力，后续能更好地进行学习，这样学习效率才会更高。

让大学生参加适当的体力劳动，还能够锻炼孩子的逆境商，提高大学生对抗挫折的能力，这样他们在以后的学习和工作生活中不会遇到挫折就想到要放弃，劳动一定程度上可以磨炼他们的意志力，提高他们的受挫力。

言教不如身教，父母应该发自内心地热爱劳动，在平时的工作和生活中，要学会给子女做榜样，起好模范带头作用，帮助子女培养良好的劳动习惯。只有让劳动的种子在每一个家庭当中生根发芽，劳动精神才能蔚然成风。只有每一个家庭都崇尚劳动、热爱劳动，才能使每个家庭更加幸福和美满，整个社会也才会因此而更加和谐。

（2）创设条件培育劳动精神。家长应该尽可能地为子女创设劳动条件，不要总是认为子女的学习负担重，没有时间参加劳动，这样的观点是不正确的，劳动也是一种学习，而且通过劳动学到的东西是书本里面学不到的。父母应该把子女从事家务劳动当作对孩子勤劳节俭品德培养的一种方式。当子女在家的时候，可以每天安排一些家务活让其当作固定任务去完成。通过让子女做一些家务，培养他们热爱劳动、崇尚劳动的观念，使他们在这种观念的驱使下以一种积极乐观的态度开展劳动。可以通过制定适当的家规，对孩子的劳动行为进行引导。毋庸置疑，家长主动营造一定的客观环境有助于大学生更好地培育和践行劳动精神。毕竟劳动精神的培育既需要主观条件，也需要客观条件。也只有主观和客观条件都具备了，大学生才能更好地在劳动的过程中发光发热。

（3）巧用家风培育劳动精神。家长应该充分利用每次劳动的机会对孩子进行劳动精神的培育，培养孩子的劳动习惯，让孩子掌握一些必要的劳动技能，使他们树立起劳动光荣、劳动伟大的理念，培养他们勤劳俭朴的高尚品质。要想营造良好的劳动精神培育环境，家长必须与时俱进地转变劳动教育观念。由此可见，在传统教育观念和升学竞争的现实压力下，多数家庭都注重孩子的学习成绩，这也在很大程度上影响了学生的观念。这显然是一种错误的教育方式，孩子参与劳动不仅不会耽搁学习，反而会让他们懂得更多书本里没有的知识，这种将理论与实践结合的学习方式更有助于学生的健康成长，也更契合国家和社会需要的人才的目标。

4. 增强大学生的自育作用

内因是基础，外因是条件，外因要通过内因才能起作用。要想培育大学生的劳动精神，必须要发挥大学生的自我培育作用。大学生要树立正确的劳动观点，养成良好的劳动习惯，培养自身热爱劳动和热爱劳动人民的思想情感。同时还要具备遵守劳动纪律、爱护劳动工具和尊重劳动成果的优良品德。大学生要树立科学的劳动理念，秉持正确的劳动态度，培育优良的劳动品德，养成良好的劳动习惯，塑造高尚的劳动情怀。大学生只有综合自身进行自育，才能达到更好的培育效果。

（1）树立科学的劳动理念。劳动理念就是指对于劳动的认识和看法。培育大学生劳动精神必须要依托高校优质的劳动教育资源，通过教师们的合理引导，让大学生形成良好的劳动精神。大学生劳动精神的自我培育首先要从劳动观念入手，大学生必须要树立正确的劳动教育理念。劳动精神培育的关键之处是要让学生树立尊重劳动、热爱劳动、积极参与劳动的劳动意识。意识具有能动的反作用，对于人的行动具有一定的指导作用。理念具有先导性和前瞻性，正确的理念能够指导人们进行正确的活动，而科学的劳动理念能够指导大学生做出正确的劳动行为。

（2）秉持正确的劳动态度。劳动态度是指劳动者对于劳动所持有的评价和行为倾向。大学生要端正劳动态度，要明白不管从事哪个行业，每个劳动者都在以自己的方式为社会的进步做出自己的贡献。职位没有高低贵贱之分，平凡的岗位上也能创造辉煌。大学生在未进入社会前要端正自己作为未来劳动者的态度，将来有一天自己走向工作岗位时，无论从事的是哪一种职业，都要自觉按照社会所要求的职业道德准则来规范自己在日常工作和生活中的行为。可以预知的是，秉持正确的劳动态度能够使大学生在未来的职业生涯中更容易收获成功。大学生要本着正确的劳动态度参与劳动，在劳动中发现快乐，挖掘劳动背后隐藏的价值，探寻劳动的奥秘，揭开劳动的神秘面纱。态度决定一切，正确的劳动态度能够使大学生在实际劳动过程中不至于偏离航向。

（3）培育优良的劳动品德。劳动品德是指热爱劳动的优秀品德，大学生良好劳动品德的养成有助于给他人留下良好的印象，有助于大学生更好地参与劳动，有助于大学生为今后的幸福生活创造良好条件。品德的力量是无穷的，一旦大学生形成了优良的劳动品德，就能引导其正确的劳动行为，从而积极从事劳动。但需要了解的是，品德不是一蹴而就的，必须要经过长期的劳动实践才能塑造出来。而且一个人的劳动品德一旦形成了，将具有稳定性的特征，它能够反映出一个人的整体道德素质，影响人的后续发展。劳动品德作用于劳动行为，使其劳动具有正确的价值和意义。因此要注重大学生劳动品德的培育，使大学生在劳动的过程中修炼自身德行，完善自身的素质，体现高尚的人格。

（4）养成良好的劳动习惯。劳动习惯是指一个人长期劳动形成的一种身体的本能。劳动习惯具有相对的稳定性，良好的劳动习惯能够使大学生在日常的生活中将劳动看作一种自然的行为，而不是被动发生的行为。因此，要想成就优良的学业和辉煌的事业，拥有一段幸福且美好的精彩人生，必须养成良好的学习、工作和生活习惯。往往较为优秀的人，多半是拥有良好学习和生活习惯的人。良好劳动习惯的养成，有助于培养吃苦耐劳的劳动精神。一个人要想获得成功，不仅需要有远大的理想和伟大的志向，丰富的知识和扎实的技能，更重要的是，还需要有脚踏实地、吃苦耐劳的劳动精神。良好的劳动习惯教育对一个人的成长和成才具有不可忽视的重要作用，因此大学生要注重自身良好劳动习惯的习得，让良好劳动习惯贯穿自己生活的始与终。

（5）塑造高尚的劳动情怀。劳动情怀是指对于劳动的特殊情感。劳动情怀是建立在对劳动的正确认知的基础上的，并且经过长期的社会实践而形成的。通过调查可知，由于受到来自社会、家庭、学校的影响，一些大学生中还存在劳动情怀淡薄的现象，因此，培育大学生的劳动情怀，引导大学生树立正确的劳动价值观刻不容缓。高校可以通过勤工助学、校园绿化、整理图书，以及设置助教、助管、助研、助理等岗位给予大学生勤工俭学的机会，从而强化对大学生劳动情怀的培育，以实现高校立德树人的根本任务。对于大学生自身而言，要主动培养自身的劳动情怀，培养自身对于劳动的特殊的情感。劳动是我们人类特有的，我们有必要将劳动代代传承下去，形成一种热爱劳动的情怀，这种情怀一旦形成，就将具有持久的生命力，会指引着我们不断前进。

第二节 大学生劳模精神及其科学价值

一、劳模与劳模精神概述

中华民族是热爱劳动、善于创新的民族。几千年来，中国人民用勤劳的双手创造了辉煌的历史，取得了辉煌的成就。中华人民共和国成立后，"两弹一星"、三峡工程、南水北调、西气东输、载人航天、月球探测、杂交水稻等激动人心的辉煌成就背后，凝聚了无数劳动者的心血，而在这些生产劳动活动中涌现出来的劳动模范则发挥了主力军的作用。他们身上所体现出来的爱岗敬业的主人翁精神，争创一流的进取精神，艰苦奋斗的拼搏精神，勇于创新的开拓精神，淡泊名利的"老黄牛"精神，甘于奉献的忘我精神，激励着一代代劳动者奋勇前行，努力争先，发挥了良好的榜样作用。

（一）劳模及劳模精神的概念与内涵

劳模是劳动模范的简称，有广义和狭义之分。广义的劳动模范是指劳动的楷模和榜样，一切用辛勤劳动推动人类社会发展的人均可称为劳动模范。狭义的劳动模范是指中国共产党在革命、建设和改革的各个历史时期评选出来的在社会主义生产实践中做出巨大贡献并被授予"劳动模范"光荣称号的先进分子。本书所讲的劳模是指狭义的劳模。

劳模是我国社会主义建设事业中涌现出来的佼佼者，为经济发展和社会进步做出了巨大贡献，他们的优秀品质和思想行为体现出了"爱岗敬业、争创一流，艰苦奋斗、勇于创新，淡泊名利、甘于奉献"的崇高的劳模精神。劳模精神是劳模世界观、人生观和价值观的精神升华，是国家和人民极其宝贵的精神财富，是推动时代前进的强大精神力量。劳模精神的内涵包括以下方面。

1. 爱岗敬业争创一流的责任意识

爱岗敬业体现了劳动者对自身从事工作的热爱和对工作岗位虔诚而执着的理想信念。广大劳动者应把使命扛在肩上，把责任刻在心头。爱岗敬业是一种良好的职业道德，是每一位劳动者都应该遵循的基本原则，更是每一位劳动者都必须具备的基本品质，因此它是成为劳动模范的先决条件。

争创一流所表达的内涵不仅仅指"十一行，爱一行"，还要求"专一行，精一行"，力求在平凡的岗位上做出不平凡的业绩。因此，争创一流就是要求劳动者在风险丛生、挑战不断的工作环境中保持乐于学习和提升自己的状态，不断淬炼劳动技能，具备干事创业的本领，提高解决问题的能力，扎实练就应对各种风险和挑战的基本功，力求在自己的岗位上做出成绩，争做创新技能发展生产力的标兵。人是在社会的劳动实践中改造世界和自己的，只有在劳动实践中不断锤炼自己的本领，才能完善自我进而带动身边的其他人。

2. 艰苦奋斗勇于创新的拼搏精神

艰苦奋斗既是中华民族延续至今的优秀品质，更是劳动模范所具有的优秀品质的核心。中华民族的奋斗精神一直延续至今，中华民族的发展史就是中国人民的艰苦奋斗史，艰苦奋斗就是在极端恶劣的环境下也坚持不懈，攻克艰难，正是这种精神在我国工人阶级身上的传承与发扬，才使得国家的发展迎来了曙光。艰苦奋斗的精神与时俱进，推动国家的发展。中华人民共和国成立之后，我国工业化建设如火如荼，以很多先进人物为代表的中国人民用汗水浇灌着中华人民共和国的建设。当前，我国各项事业的发展和科技方面所取得的成就都离不开敢于创新、敢为人先的劳动模范的辛苦付出。

（二）劳模精神的主要特征

劳模精神丰富和发展了我国的民族精神和时代精神，具有鲜明的特征。归纳起来，劳模精神主要有以下特征。

1. 时代性

任何理论都是时代的产物，都具有鲜明的时代性。在特定的时代背景下产生的劳模精神同样具有时代性。长期以来，广大劳模以平凡的劳动创造了不平凡的业绩，铸就了"爱岗敬业、争创一流，艰苦奋斗、勇于创新，淡泊名利、甘于奉献"的劳模精神，丰富了民族精神和时代精神的内涵，是我们极为宝贵的精神财富。

劳模精神的时代性主要体现在两个方面：一方面，劳模精神不是凭空产生的，也不是一成不变的，它是中国共产党在探索民族独立、人民解放和社会发展的时代背景中，开展大生产运动寻求经济独立的过程中产生和发展的，它随国家意识形态、经济社会发展和时代变迁而不断发展；另一方面，劳模精神在不同的时代被赋予了不同的内涵，劳模精神是时代的标杆，是自觉地引领时代前进的旗帜，劳模精神丰富了时代精神的内涵，是推动时代向前发展的重要精神力量。

2. 先进性

劳模精神的先进性体现在劳模精神具有与时代的发展相一致的价值取向，它是劳模身上所折射出来的优秀品质和优良作风的集中体现。劳模是广大劳动者中先进分子的代表，他们身上所承载的劳模精神具有先进性。如今，劳动者的结构发生了显著变化，知识分子、民营企业家等都为中国社会经济建设发展贡献出了各自的力量，他们中的先进分子身上也闪耀着劳模的光辉。劳模精神作为一种先进的思想，其先进性也是与时俱进的。

3. 教育性

劳模精神的教育性体现在它是一种可以被广泛推崇和学习的价值取向，能够教育和引导人民。广大劳模在平凡的岗位上艰苦奋斗、努力工作、服务人民，是值得人们学习的。劳动模范本身是平凡的，但凝聚在他们身上的劳模精神与社会提倡的社会主义核心价值观是伟大的。因此，要大力弘扬劳模精神，传承好中华优秀的传统文化，发展好中华民族最傲人的独特品质，充分发挥劳模精神教育引导作用，让其深入人心，受人尊崇，形成人人争当劳模的好风尚。

二、大学生践行劳模精神的现状

劳模精神是随着时代的变化而不断发展的中国的先进文化，能够在引导大学生成长成才的过程中发挥重要作用。当前我国大学生劳模精神培育已经取得了一定的成绩，但由于各种因素存在的不足以及社会部分思潮的影响，使得劳模精神在培育过程中仍面临着一些困境，需要进一步改进与完善。了解大学生劳模精神培育的现状及成因对探索其培育路径有重要推动作用。

当前，新时代劳模精神培育发展态势趋好，教育者持续注重劳模精神培育，使劳模精神在大学生群体中的认同度也有所提高，其教育效果取得了一定的进步。但与此同时，受社会环境、家庭氛围以及高校教育相关因素的长期影响，现阶段一些大学生仍存在劳动认同弱化、劳动观念淡化、劳动态度消极化、劳动能力退化等现象，为大学生劳模精神培育和践行带来了一定难度。只有正视问题，积极探究问题产生的原因，才能有效发挥劳模精神的育人作用，促进大学生实现全面发展。

（一）部分大学生对劳模精神认知不足

劳动认同是指对劳动活动和劳动社会关系的价值认同和行为趋同。当前我国大学生中存在着劳动认同弱化的现象。劳模及劳模精神是以前时期的产物，随着我国经济的快速发展带来了劳动工具的改进，机器承担了大量重复的烦琐的体力劳动，部分大学生难免产生劳模精神在新时代是否适用这样的疑问。

一方面，部分大学生忽视了劳模精神的时代性和发展性，让劳模带有专属的时代标签，这种对劳模的刻板印象直接影响了他们对劳动价值的认知。不置可否，劳模精神是伴随我国经济社会发展应运而生的，在一定程度上承载着特定历史时期的时代烙印。中华人民共和国成立初期，整体经济水平和物质文明发展都需要进步，在这样的社会背景下，大批劳动者埋头苦干，致力于提高社会生产力，这就使得肯吃苦的劳模形象在人们心中根深蒂固。另一方面，当前网络上不乏劳动者权益难以保障等案例，因而成为劳模对大学生而言并不具备吸引力的现象，这些问题使大学生的劳动认同不断被弱化，难以对劳动价值及劳模精神形成正确认知。

（二）部分大学生劳动意识有待强化

劳动意识是指在思想层面对于劳动的认识，它涵盖了一个人在日积月累的影响下对劳动产生的主观与客观的系统化认识，与大学生成长过程中所接受的来自家庭、学校、社会等各方面的教育密不可分。新时代部分大学生存在劳动意识淡化的现象，具体表现为轻视劳动价值和向往不劳而获的扭曲心态。劳动意识的加强需要家庭、学校和社会的共同参与，任何主体的缺位或重视不足，都会对教育效果产生不利影响。在长期以来传统教育大环境的影响下，我国家庭和学校教育普遍存在重智轻劳的现象，缺乏劳动意识的培育和劳动价值的渗透，对大学生劳动观念和劳动意识的养成没有起到积极作用。此外，在价值观念日益多元的今天，当代大学生更加倾向于从自己的经历和立场出发，去评判一种文化带来的价值。

（三）部分大学生尚未养成良好劳动习惯

良好的劳动习惯需要通过长期的学习和动手实践来培养和练就。当前，我国部分家庭单方面注重孩子智育方面的培养，鲜少有家长关注孩子劳动意识的培育和劳动价值的渗透。此类思想致使大部分父母对大学生的自理能力以及基本劳动能力等方面并不做过多要求，较少让大学生参与简单的家务劳动。导致我国大学生欠缺基本劳动技能、动手能力较差、缺乏生活自理能力的现象普遍存在。

三、大学生践行劳模精神的路径

劳动模范作为推动我国各行各业发展的重要力量，他们身上所体现的坚守岗位的责任意识、坚定不移的爱国情怀、艰苦奋斗的不屈意志、勇于创新的进取精神、淡泊名利的崇高品质等构成了劳模精神，不仅成为人们的旗帜与标杆，更是大学生思想教育的生动教材。因此，探究新时代大学生劳模精神培育的基本路径，帮助大学生重构劳动认同，塑造劳动观念，激发创新潜能，提升劳动能力，助力国家现代化建设，具有重要的现实意义。

(一) 营造劳模精神的文化育人氛围

以文化人，以文育人，这是结合新时代大学生特征进行隐性思想教育的一种新思路，因此在劳模精神培育过程中，家庭、学校、社会要共同发力形成协同育人格局，在家风塑造、校园文化建设和社会宣传方面融入劳模精神元素，营造浓厚的育人氛围，使大学生在潜移默化中强化劳动认同。

1. 塑造劳动光荣的优良家风

家风作为社会风气的组成细胞，是一个人精神成长的重要源头，在人的道德修养和崇高人格形成方面起着不可替代的重要作用，具有难以磨灭的持久影响。良好的家庭风气是一个家庭或家族的核心和精髓，扮演着促进家庭和谐、推动社会发展、服务国家治理的重要角色，与此同时，也能对大学生的教育和发展带来积极影响。家庭成员里面每个人的修为和德行，体现了一个家庭的家风。良好的家风的塑造要通过父母的身体力行，率先垂范，对孩子进行耳濡目染的熏陶。因此，家庭教育应重拾祖辈留下来的传统家风家训，注重传承其间所蕴含的优秀精神品质，树立正确的劳动观念，形成劳动光荣的优良家风家训，营造良好的家庭教育氛围。

清代窦克勤在《寻乐堂家规·习仪节》中这样敬告后人："至四五岁时，便教以出入、起居之常，洒扫、应对、进退之节，言语、饮食、衣服之正，尝举古人孝弟等事，与为讲说化导，此后渐渐长大，不可不早加拘束也。"

意思是家长必须利用关键时期，在子女早期启蒙中就要注重锻炼其基本劳动技能，塑造其良好的劳动观念，使其形成优秀的劳动素养，提倡用劳动光荣的优良传统家风感染子女，引导他们养成良好的劳动习惯和端正的劳动态度，提升子女的精神境界和文化素养。

2. 加强劳模主题的校园文化建设

当下，高校应立足新时代育人特点，秉承以文化人、文化育人、服务学生可持续发展的宗旨，充分发挥文化育人的功能，线上线下齐发力，打造融入劳模精神元素的特色校园文化和网络文化双阵地，使热爱劳动、崇尚劳动在整个校园蔚然成风。

（1）把劳模精神渗透到校园文化建设之中，形成以"劳动"做底色，以"创新"为核心，以"奉献"为境界的"传承劳模精神"校园文化。良好的校园文化氛围在大学生的培养过程中能够起到陶冶情操、启迪心智的重要作用。因此，高校要抓好顶层设计，着力将劳模文化有机融入大学生培养的各个环节，形成全方位、多角度的文化育人格局。例如，在学校建设劳模精神教育基地，在寝室文化节中加入劳模精神元素，举办简单的劳动技能比赛，校园文化墙等设施建设发挥校园人文环境的育人功能，在可利用可实施的校园文化载体中传播劳模精神，在劳模精神培育的校园文化氛围中潜移默化地感染大学生，巩固大学生在课堂教育和实践教育中的教育效果。

（2）高校要积极响应网络时代呼唤，占据网络文化主阵地，通过自媒体平台积极宣传劳模精神内涵，发挥学校官方微信平台、官方网站的主渠道作用，创新宣传方式、加强宣传力度，让校园文化成为劳模精神培育的新时代沃土，在让大学生了解劳模事迹的同时主动在生活实践中发扬劳模精神。

3. 优化劳模故事的宣传策略

我国网络传播速度快、受众多、信息庞杂。因此，新时代大学生劳模精神培育要占领舆论宣传阵地，充分发挥网络媒体的正向引导作用，旗帜鲜明地弘扬新时代劳模精神，不断增强新时代大学生劳模精神认同感。

（1）创新主流媒体的宣传理念方法，我国主流媒体在意识形态领域占据主要位置，对大学生的思想意识影响也最为深远，如今主流媒体的宣传方式越来越深入人心，如《中国诗词大会》《朗读者》等正向电视节目内容在青年群体中引发热议。主流媒体应增加此类创新型的电视节目弘扬新时代劳模精神，使主流媒体的宣传贴近大学生青年，引起大学生共鸣。

（2）加大自媒体宣传力度，利用各大网络平台讲好劳模故事。新时代大学生的课余生活基本被网络自媒体占满，抖音、微博、微信公众号等自媒体平台已成为部分大学生网络生活的全部。特别是短视频的宣传方式更容易让大学生接受，社会要抓住自媒体时代带来的宣传便捷，增加新时代劳模事迹的短视频制作，使大学生能在富有趣味的短视频和短文中了解劳模事迹、感受榜样力量。

（3）媒体宣传应坚持客观真实的原则，当前媒体对劳模事迹的宣传倾向于"理想化""英雄化""完美化"，这会使大学生对劳模精神望而生畏，难以效仿。因此，对劳模故事的讲述要平易近人，以朴实的故事吸引人，用深沉的情感打动人，唯有这样才能引起大学生的情感共鸣。

因此，媒体要积极优化劳模精神传播策略，适度宣传、抓住关键、丰富形式，增强宣传内容形式的创造力、感召力、公信力，使大学生产生共鸣，努力开创劳模精神宣传教育工作新局面。

（二）优化劳模精神的培育课程体系

高校作为大学生思想教育的主阵地，承载着立德树人的使命，对大学生劳模精神的培育起着重要作用。因此，高校需旗帜鲜明地唱响劳动奋斗主旋律，在大学生内心深处注入"劳动最光荣"的信念；切实铸牢劳动育人理念，使劳动成为大学生的自觉意识；注重劳动教育课程体系建设，重塑大学生的劳动价值观念。

1.将劳模精神融入不同课堂增强教学的系统性

理论是行动的先导，也是正确认知形成的重要条件。因此，培育大学生劳模精神，要从理论学习入手，使大学生系统掌握劳模精神的理论体系，对劳模精神的内涵、特点、形成过程及发展情况有一定的了解，消除大学生对劳模精神的偏见和刻板印象，激发大学生对劳模的崇尚之情，为大学生劳模精神的践行奠定基础。加强劳模精神理论知识的学习要利用好课堂教学的主渠道，因此，应重点推进劳模精神进教材进课堂，加深大学生对劳模精神的真实认同感，将劳模精神内涵纳入自己的态度体系，进而转化为内在精神力量。

具体而言，劳模精神融入相关原理课程，加强学生对劳动观的学习，进而理解劳模精神产生的哲学内涵；劳模精神融入中国近现代史纲要课，通过对劳模产生发展的过程的溯源使学生感受劳模文化在中国革命、建设和改革的各个阶段发展的不同形态，对其历史传承与时代流变以及新时代劳模精神的核心内涵产生深刻的理解；劳模精神融入思想道德修养与法律基础课，教师可以通过讲述生动鲜活、打动人心的劳模故事，让学生领悟劳动创造价值的真谛，做到认知劳模，认同劳模，励志争当劳模。

此外，教育者在劳模精神融入其他课堂过程中应强化责任意识，在深入研究劳模精神理论的基础上，拓展教学内容，寻找鲜活案例，挖掘有益材料，探究合理的切入点，促进大学生对劳模精神理论知识的内化，升华对劳模精神的系统认知，从而树立起正确的劳动价值观。

2. 将劳模精神融入专业教育提升教学的针对性

由于劳动教育不同于德智体美教育的特殊性，在具体实施过程中必须注重其实践性和可操作性，其因地制宜、因人而异的发展特点也不容忽视。因此，劳动教育探索进入新时代，高校劳动教育发展思路理应紧跟新时代发展步伐，不断丰富和拓展相关教育主题，主动推进"劳动教育"与"专业教育"和"职业教育"相融通，充分发挥劳模精神的育人价值。

（1）高校应注重创新课程设计，针对不同层次、年龄和专业的教学目标，科学升级和开发课程，将劳模精神培育融入各类课程体系，使劳模精神培育不仅存在于思想教育课堂的灌输中，更要加强相关课程有效实践，这样才能使劳模精神深刻内化于心，外化于行。例如，鲁美视觉传达设计学院在2021年的五一劳动节，组织研究生创作了《劳动路上，我们一起奋斗》系列插图，生动刻画了不同城市劳动路上的劳动者和劳动场景，以艺术形式向无数在平凡岗位上默默付出的劳动者们致敬，这正是劳模精神融入专业教育的真实案例。将专业教学和劳动主题实际项目相结合，在有效提升学生专业能力的同时唤醒大学生们的劳动热情和担当意识，值得我们借鉴和学习。

（2）在开展不同专业职业教育的过程中，应深入挖掘相关教育素材和案例融入劳模精神价值引导。例如，理工科大学生专业课程中的理论、原理、成果的背后都是科学家经过一定程度的脑力和体力劳动、坚持奋斗在工作岗位上进行创新创造的结晶，那么教师在进行教学的过程中就可以拓展思维挖掘案例，以大学生所修专业领域的专家学者作为劳模精神培育的鲜活教材，以他们艰苦奋斗、勇于创新的工作作风对学生进行价值引导更具备说服力和感召力，大学生自然乐于践行，争相效仿，为中国建设事业做出贡献。

3. 将劳模精神融入实践教育增强教学的实效性

大学生劳模精神培育是一项复杂系统的教育工程，需要高校教育发挥全员育人机制的作用，共同对大学生劳模精神培育做出贡献。实践教育是大学生劳模精神培育的重要环节，一方面，人的全面发展是在劳动实践中获得的，劳模精神的实践教育直接影响着新时代大学生是否能在成长成才中获得全面发展；另一方面，实践教育是大学生劳模精神培育的基础，只有将实践教育与课堂教育有机融合才能达到培育效果，提升教学实效性。

（1）高校要提高劳模精神实践教育的重视程度。发挥全员育人动能，学校全体教职工必须结合自身工作内容强化责任意识，自觉将劳模精神培育融入日常实践教育活动当中。尤其是高校辅导员队伍，要强化劳动实践育人意识，在大学生实践活动中渗透劳模精神培育，使大学生劳模精神贯穿大学生的大学学习生涯，配合课程教师共同使新时代劳动观念深入大学生内心。

（2）在大学生就业实践中融入劳模精神培育内容。随着我国社会的大发展变革，国家各项事业的发展都离不开具有综合素质的人才，大学生就业压力增大，因此，高校高度重视大学生就业指导，就业实践平台和实践活动丰富多样，这就为劳模精神实践教育提供了天然的发展温床。可将劳模精神培育内容融入就业指导当中，在就业实训基地中设置劳动技能训练的课程，在就业实习考核内容中加入劳动实践考核。

（3）搭建劳动实践平台，增加实践活动。一方面，高校要积极为大学生搭建劳动实践平台，与社区、支教平台、志愿服务平台建立联系，使大学生在社区服务中、支教活动中、支教教学中获得劳动体验，获取劳动收获。另一方面，增加劳动实践活动。大学生的实践活动多种多样，开展劳动实践活动有利于大学生在活动中展示自我，增强劳动能力。例如，开展劳动技能大赛、趣味运动会、就业能力比赛，让大学在心智和体力上得到有效的历练，激发大学生劳动热情，有效地巩固教育效果。

（三）细化劳模精神的培育考评机制

建立科学有效的教育考核评价机制是检验学生短期学习成果的重要途径，教学实践以教育者与教育对象为主要构成，因此，应注重加强教育主体与客体的双向考核。一方面，对教育客体的考核有利于明确学生自身在学习过程中的短板和弱项；另一方面，对教育主体的评价有利于了解教师在教学过程中存在的问题和不足，以便对教学手段和方法进行进一步的改善。劳模精神培育评价机制的缺失导致了部分大学生对学校开展的劳动教育实践缺乏积极性，因此，高校需要建立健全劳模精神培育评价机制，从而改善部分大学生敷衍的消极劳动心态。

1. 科学建设大学生劳动课程考核体系

将新时代劳模精神纳入大学生课程考评体系，是提高大学生对劳模精神养成重视程度的有效途径。科学的课程考核评价体系建设有利于掌握大学生对新时代劳模精神认知和劳动素养养成的总体情况，改变教育流于形式化的现状，进一步增强大学生劳模精神培育的实效性。

（1）强化课堂考核机制。大学生劳模精神培育大多是通过大学课堂进行的，因此，完善的课堂考核机制是检验大学生对劳模精神的认知及学习效果的重要手段。现今的高校思想理论课考核大多采取开卷形式，大学生打开手机浏览器即能找到考试答案、完成考试考核，这使得部分大学生在平时的教师授课过程中放任自流，难以将劳模精神内化于心。另外，对劳模精神的培育考核模式不应被其他课程考核同化，以试卷分数作为衡量结果的唯一标准实际是不科学的，要适时改变以往的终结性学期末教学评价模式。

因此，各高校要强化日常课堂考核机制，增加随堂测验比例，以施行问卷调查的形式进行有效考核，重点关注学生劳模精神的认知度和践行度的养成过程，形成养成性的认定，从而使教师能够针对认定结果进一步改进教学手段和完善教学内容。另外，考核内容要贴近大学生生活，使理论知识潜移默化地走进学生精神世界。

（2）建立大学生劳模精神课程评估系统。注重学生的教育反馈，实时对大学生劳模精神认知程度进行监测，学校对学生的反馈应实时掌握给予答复。学生也可对劳模精神培育课程提出意见，使劳模精神培育成为一种贴近学生实际、加强人文关怀、以人为本的教育。

（3）将劳模精神融入大学生就业实习考核。作为劳模精神实践教育主渠道，就业实践和实习考核环节要增加劳动教育的考核内容，配合课堂考核，使大学生在就业实践中检验自己的劳动认知和劳动技能，把就业实习环节是否达标作为大学生劳动实践是否达标的主要评价机制。这有利于大学生提升劳动积极性，练就扎实劳动技能，使劳模精神外化于行，真正在日后工作中发挥劳动模范作用，为中国现代化建设贡献青春才智。

2. 将劳模精神纳入高校教师评价机制

高校教师作为大学生学习生活中的引导者和日常生活中的知心朋友，对学生的教育能渗透到各个方面，教师的一言一行对大学生观念形成过程中的影响是不言而喻的。因此，在劳模精神培育的过程中教师要充分发挥积极的榜样引领作用。

教师的日常言行常常能够润物细无声地成为学生的行动指南，换言之，教师不仅要有高超的学术水平，更要有良好的道德修养，在学习和生活方面都要成为学生的榜样，发挥榜样引领作用，对学生的言行方面给予积极的引导。因此，教师在培养大学生劳模精神的过程中要起到良好的示范作用，这就需要高校进行整体规划，将劳模精神纳入教师考核机制，积极建设"劳模＋教师"的双师型队伍，使教师成为劳模精神的践行者和领路人，形成榜样示范效应。

高校可以通过开展评比"教师职工先进模范"等活动，为取得良好教育效果的模范教师颁发荣誉证书和奖金，通过考核激励制度增强高校教师作为教育主体的责任意识。另外，高校应多组织教师队伍开展劳模精神理论学习和专业培训，进一步提高教师的理论水平和职业能力，使教师对大学生劳模精神培育能够深入理解并加强重视，将劳模精神融入日常教学活动中，对大学生进行隐性渗透。

另外，高校教师要发挥榜样引领作用，需要以"德艺双馨"的高标准严格要求自己，在进一步提升个人教学能力的同时，在职业道德修养方面以劳模精神为标杆，主动向劳模看齐，用自身行动感染学生，有意识地结合自身工作去培养全面发展的新时代青年，成为新时代合格的"教书人"。

（四）强化劳模精神的实践教育环节

劳模精神培育并不仅仅是一种德育，更偏向于劳育的范畴，仅仅依靠理论的学习是不够的，只会让大学生劳模精神停留在浅层认知，必须融入实践环节，让大学生切实感受到劳动创造的乐趣进而提升劳动能力。任何成果都不是一蹴而就的，大学生的劳动能力也绝非一朝一夕能够养成的，需要家庭、学校以及社会的通力配合，为大学生广泛提供劳动平台和劳动机会，让学生在实践中感受劳动乐趣，切实提升劳动参与感，提高劳动能力。

1. 家庭转变观念为大学生提供劳动机会

家庭教育贯穿大学生成长的全过程，对大学生观念、能力的形成起到不可忽视的作用，因此，家庭成员的修养素质、教育观念以及方式方法都会对大学生劳模精神的养成造成影响。父母作为家庭教育的主要角色，应对自身在子女成长中的作用有相对清醒的认识，应成为子女的启蒙者和领路人而非旁观者，所以家长首先要树立正确的教育观念。

因此，就家长自身而言，主动改变对劳动的刻板印象是首要的。家长应切合当前我国的教育方针和培养目标，积极转变教育观念，孩子的智育和劳育两手抓，从幼年启蒙阶段就为他们开好劳动教育的第一课，为推动大学生日后成为全面发展的时代新人奠定良好基础。在具体实践方面，家长可以利用工作空余时间多陪伴孩子，带动子女一起做家务，但需要注意的是让子女劳动并不是主要目的，要在劳动的过程中适时对孩子进行价值引导，使孩子在锻炼劳动能力的同时也能深刻感受到劳动的乐趣和价值。

另外，劳动场地不仅仅可以是家里，还可以去户外。例如，植树节带子女参与种植活动，让大学生感受种植的辛苦和劳动的乐趣，使其体会到自己的劳动赋予了一棵树生命，也为大自然献上了一份礼物。很多节日都能够成为家长带子女参与劳动实践的契机，家长要有意识地把握教育时机，切实提升子女的劳动能力。

2. 高校创新方式积极开展劳动实践活动

实践是理论的来源，要促进大学生形成对劳模精神的认同，自觉践行劳模精神，高校要注重创新教育理念和方式方法，开展学生们喜闻乐见的实践活动是其中的重要一环。因此，高校在劳模精神培育中应坚持守正创新，善于打破传统教育方式，积极拓展劳动实践的新形式。在当前高校开展的实践活动中，我们比较熟悉的有组织学生参与"三下乡活动"。但高校应深刻认识到劳动实践并不应该仅仅局限于田间地头，还可以通过访问劳模故乡，参观教育基地等形式使学生近距离挖掘学习劳模精神，将思想教育课堂搬到劳模故乡，切实提升大学生的参与感和仪式感，使学生深入了解劳模先进事迹，深刻感悟劳模艰苦奋斗作风，认同并自觉传承劳模精神。

此外，除了丰富校外劳动教育实践活动形式，还应将劳模精神培育融入学生日常实践活动当中，组织学生积极参加日常生活劳动，提升学生的劳动积极性，使学生树立正确的劳动观念，有意识地锻炼自身的劳动能力从而乐于在服务中学习，在学习中服务。例如，引导学生参与校园保洁卫生服务、校内志愿服务、科技创新训练等劳动实践项目，加强学生日常劳动体验，扎实练就基本劳动能力。高校要致力于打造既接地气又可持续的劳动实践教育模式，使劳模精神培育贯穿学生日常生活中，改善"间歇性"劳模精神培育导致的收效不良现状，形成劳模精神常态化教育机制。高校发挥顶层设计作用，积极创新大学生劳模精神培育的方式方法，开展多样化劳动实践教育活动，使学生能够在校园中得到良好的职业技能训练，切实提升大学生的劳动能力，使其毕业后能够加速融入工作岗位当中，为建设现代化国家汇聚力量。

3. 社会整合劳模精神教育资源丰富实践载体

将新时代劳模精神培育与实践相结合，切实提升大学生的劳动能力，其中不仅要发挥家庭和高校的教育引导作用，更需要社会各界的积极配合，整合劳模精神教育资源，丰富劳动教育实践载体，形成家庭、学校和社会三管齐下的协同育人模式，形成教育合力使劳模精神融入大学生日常生活的各个层面，促使劳模精神培育常态化。社会是大学生劳模精神培育的生动课堂，有助于大学生更好地了解民生民情，要不断整合劳模精神教育资源，满足大学生对于农业、工业、服务业、科研产业等方面的各类系统化劳动实践需求。

一方面，相关部门需要在加强劳模精神融入社会实践的过程中发挥顶层设计作用，推进各部门的积极沟通、密切配合、通力合作，对各地建设劳模宣传场所提供宏观指导和政策激励。进一步加大对劳动教育基地建设的扶持力度，因地制宜利用好现有的公共文化资源建设劳模精神宣传阵地，探索社会化运营劳模宣传场所，为大学生劳模精神培育提供有效社会教育载体。另一方面，要加大力度不断整合农场、企业、社区街道等社会资源，推进企事业单位设立大学生就业实践基地，为大学生提供志愿服务的机会和公益劳动岗位，使大学生在亲身实践中感受广大平凡劳动者的艰辛与不易，体悟劳模精神的深刻内核。此外，还可以联合各方力量举办劳模精神分享会，邀请当地先进劳模代表参与其中，使大学生通过聆听劳模先进事迹的讲述，追忆光辉历史，唤起劳模文化认同，感受身边的榜样力量。

第三节　大学生工匠精神及其培养

一、工匠精神概述

匠人及匠人精神是一个古老和不断发展的概念。究其历史渊源，早在《周礼·考工记》中就有相关描述："知者创物，巧者述之守之。"《韩非子·定法》中也有相关描述："夫匠者，手巧也。"我国历史上也出现过许多技艺高超的工匠，如木匠鲁班、玉匠陆子岗等。

根据《说文》中的表述，工巧与文饰，就像人手中持有工具。《论语·卫灵公》中"工欲善其事，必先利其器"，在此"工"的词义扩大，指使用工具的劳动者。"匠，木工也；从匚，从斤。""匠"由"匚"和"斤"组成，匚是用来放工具的筐，斤是斧，筐里放着斧头等工具，表示从事木工。后来"匠"的使用扩大，有"瓦匠""剃头匠""鞋匠"等，其实就是各种手艺人。那么"工"和"匠"合在一起的意思就是"手工艺人"。古时，用"百工"指代工匠，是所有与手工劳作相关的总称。《考工记》中就提到了国家的六种主要职业，百工为其中之一，系统介绍了轮人、舆人、辀人等众多工职与匠人。《论语·子张》中有百工在作坊里完成他们的工作的说法。《墨子》中除了"百工"，多提及"巧工"与"匠人"。《庄子》的《马蹄》篇里写到分解原木做成各种器皿，这是工匠的过失。直接出现了"工匠"一词。《逸周书·文传》中写道，山上长出大树，工匠把树木制成家具。这里的"工匠"就是指从事手艺的人。"工匠"一词在《辞海》里明确释义是"手工艺人"。所以工匠的概念就是工艺专长、手艺高超的手工劳作者。

"工匠精神"来源于每个工匠，是工匠内在品质的集合，是对工匠的升华和发展。"精神"来源于物质，指人的意识和思维活动，代表着向往与执着。工匠精神就是凝结在具有高超手艺的匠人身上，不把工作看作赚钱的手段，而是在工作中表现出的吃苦耐劳、持之以恒、认真负责、精益求精等精神。工业革命之后，随着机器化生产代替手工劳动，手工作坊的生产方式被淘汰，但是新时代人们对美好生活的需要，要求我们必须传承工匠精神来打造高质量产品，以满足人们的高水平需要。任何时代都需要工匠精神，它应该成为人类灵魂的一部分，尤其是在以高新技术为主导的社会里，工匠精神更应该被弘扬。新时代鼓励我们学习工匠精神，是希望我们在传承的基础上把它用在学习、工作、生活的方方面面，成为中华文化的传承者和新时代的建设者。

工匠精神的内涵主要体现在职业精神、职业道德、组织文化、价值取向等层面。

在职业精神层面，工匠精神是个人在工作中对职业的态度和精神理念，是一种尊师重道、爱岗敬业、精益求精、求实创新、止于至善的工作态度和敬业精神，涵盖职业敬畏、工作执着、崇尚精品、追求极致等内容。

在职业道德层面，工匠精神主要包含爱岗敬业、履行职责、无私奉献、踏实工作等道德规范，是工人作为工程共同休成员的职业伦理的重要内容，是凝结职业之上反映出的职业品格，是职业道德的最高境界。

工匠精神也是组织文化的体现，它以个体的知识、技能、能力、个性特征等为依托，历经多断面、多层面的学习程序，发展成为以组织共识、管理标准、核心能力等为构成要素的组织文化图式。工匠精神是该体系的核心主旨，集中反映工匠心理特质、价值观念及思想本质。

在价值取向层面，工匠精神是对人生止于至善的价值取向的表现，包含职业敬畏、专注、追求精益求精、崇尚极致和完美等内容，是为把事情做好的目的性和欲望。具有工匠精神的人，能够在可感知的现实中找到归宿，并为自己的工作而骄傲。工作对于具有工匠精神的人而言，已经远远超过了谋生的需求，而是人生价值的实现和追求。

（一）工匠精神的发展历史

1. 工匠精神的起源

原始社会后期，随着铁质工具的使用和生产技术的进步，手工业渐渐地从农业中分离出来，成为某些人承担的专门行业。这些有技术、有手艺的专门从事手工业的匠人，就相当于现代的技术人员。到了春秋战国时期，最早出现了"工匠"一词，主要指专门从事手工业生产活动的木匠群体。随着社会的进步，到了东汉时期，"工匠"的内涵进一步丰富，几乎可以涵盖全体的手工业者。

中国传统的工匠精神具有以下特点。

（1）忠于职守的敬业精神。古代的工匠群体，非常尊敬自己所从事的职业。再加上中国传统文化又十分注重"敬"这一概念，由此形成了具有丰富内涵的"敬业"观念。

（2）精益求精的工作态度。精益求精的工作态度，不仅出神入化地刻画了古代工匠的真实劳动场景，而且是对他们追求卓越品质的由衷敬重与赞叹。

（3）与时俱进的创新意识。精美的陶瓷、绚丽的丝绸，还有数不胜数的发明创造，都彰显了古代工匠们的心血和智慧，以及对完美的孜孜追求。

2. 工匠精神的发展

著名教育家聂圣哲先生最早提出"工匠精神"一词，其精神内涵为敬业、精益、专注、创新。

工匠精神产生于工业经济时代，来源于精细化生产的要求，同时也适用于农业生产。从农业生产来讲，其工匠精神的表现，实际上就是从源头开始保证食品安全，使它具有良好的品质和产量。

曾几何时，工匠是中国老百姓日常生活中非常重要的职业。正是有了工匠们的精湛技艺，日常生活的图景才能够如此绚烂多彩。随着社会的发展与进步，工业文明取代了农业文明，一些老手艺渐渐淡出我们的视线。尽管如此，传统手工业的迅猛发展，仍是我国工匠精神形成的经济前提。

在中国悠久的历史发展长河中，制造技术和工艺制作以及建筑艺术等方面都非常发达，并且始终处于世界领先地位。如以鲁班、蔡伦、陈春、黄道婆、杜康等为代表的一代代能工巧匠，以他们精湛的技艺、敬业爱业的操守、精益求精的品格展现出灿烂的工匠文化、师徒传承和匠心精神。

中国工匠精神的形成并非一蹴而就，而是经历了漫长的演变过程，大体上可以分为四个阶段：①孕育阶段：注重简单质朴、相互切磋。②产生阶段：崇尚德艺兼备、以德为先。③发展阶段：主张师徒相承、心传身授。④传承阶段：提倡兼容并蓄、勇于创新。这四个阶段紧密衔接、层层推进，共同构成了我国工匠精神的发展脉络。在新时代，我们要继续践行并传承工匠精神，朝着实现中华民族伟大复兴"中国梦"的宏伟目标奋力前进。

3. 工匠精神的成熟

工匠精神由行业话语转为政府政策话语的过程，实际上反映了我国经济发展战略的重大调整，也就是由中国制造向中国创造转变、中国速度向中国质量转变的过程。

"中国制造"是世界给予中国最好的锻炼机会，一定要抓住它。"中国制造"成熟了，就可以逐渐过渡到"中国精造"，"中国精造"稳固了，"中国创造"也就指日可待。脚下的路，需要一步一个脚印走出来。自动化的前提和基础是人动化，只有秉持着工匠精神不断前行，才能真正地从"匠心"过渡到"匠魂"。

(二) 工匠精神的特性

中华民族历经数千年的历史演变和中华人民的辛勤创造，汇聚成一种内容丰富、源远流长的传统文化。在中华民族优秀传统文化的影响和浸润下，中国精神不断发展和丰富，其中新时代工匠精神就是中国精神在新时代的生动体现。中国传统文化中忠于职业、精益求精、勇于创新、无私奉献的精神，构成了工匠精神的源泉，对新时代大学生传承民族优秀文化、展现中国精神力量具有重要意义。工匠精神体现了传统文化中忠于职业的精神。春秋时期，墨子主张一个人想要获得成功，需要拥有坚定的志向，而只有意志坚定的人，才能充分挖掘自身的潜能和智慧，其实就是强调要在实践中磨炼个人的品德、意志和技能，形成忠于职业的精神。

工匠精神的特性具体如下。

第一，实践性。工匠精神产生于匠人的实践活动，同时又被匠人运用到制作过程中，通过匠人的生产活动表现出来，并不断地发展和丰富其内涵，因此具有鲜明的实践性。工匠精神只有在用于推动匠人用高超的技艺去进行生产劳动时，它的作用才能发挥出来。工匠精神是一种正确意识，所以需与实践相统一，始终与匠人的实际工作相结合。现在纯手工制作受到大家的喜爱和好评，手工作坊也越来越多，如制陶、编制等，人们都想自己亲手去参与物品的制作过程，体验动手制作的快乐，其实在此过程中人们也可以深刻体会并践行工匠精神，也是对于回归物质本身的追求。

第二，发展性。大部分人对工匠群体的印象可能就是在重复做同一件事情，不懂变通、没有活力，这其实是对工匠的误解。工匠精神的发展性包括两个层面的意思：一是内涵的与时俱进。传统工匠精神所包含的爱岗敬业、精益求精、一丝不苟的基本内涵并没有变，但由于每个时代都有自身的特点，工匠精神的内涵也在丰富，开拓创新、诚信意识、团队协作也成为工匠精神内涵的一部分，同时工匠精神已不只是表示工匠们所具备的价值取向，而是社会中任何人在工作中的行为追求。二是实践的不断创新。不同历史时期的产品都是根据所处时代的需求生产的，但都是工匠精神在实践中的发展结果，如春秋战国时期鲁班为了让人们从繁重的劳动中解放出来，提高劳动效率发明了木工农具；在东汉时期地震时有发生，张衡为准确掌握震情发明了地动仪；再到现在为了便捷人民生活，更好服务大众出现了中国"新四大发明"，这些鲜明的变化就体现了工匠在实践中的创新。

第三，人本性。精致化、专业化、创新化是工匠精神的主要特征，其中精致化不仅是在产品生产过程中对匠人提出的有关产品质量方面的要求，更体现了重视匠人自身价值的发挥。因为匠人若有对待自身产品精益求精的精神理念，则产品就凝聚了匠人对产品品质的执着追求和无私奉献精神，匠人的高超手艺就会在卓越的产品上体现得淋漓尽致。所以工匠精神的另一个特征就是对努力工作的劳动人民的一种价值肯定。工匠精神在信仰层面就是每个匠人追求自我价值的实现。在经济与科技再创新的背景下，人们的个体意识逐渐增强，倾向于追求个性化，更期待得到别人的认同和欣赏，以增强自身的成就感和满足感，体现自身的价值。因而，新时代工匠精神应该尊重劳动者成果的个性化和充分肯定个人的价值。

（三）工匠精神的内容

第一，新时代工匠精神之"德"。爱岗负责、敬业奉献。爱岗就是对自己从事的工作充满兴趣，把工作当成一种精神享受；敬业是对自身所从事的工作满怀热爱与敬畏之情，保持勤恳谨慎、尽心竭力的态度。爱岗敬业是一种职业精神、一种职业态度、一种追求境界与内在美德，它更是一种默默的奉献、一种高尚的理想、一种强劲的力量。敬业是中华民族的传统美德，也是新时代所有人必备的品质之一。工匠们对待自己的职业认真、恭敬、谦逊，从不怠慢与懈怠，他们认为职业都是平等的，没有高低之分，在工作的过程中他们会凭借对工作的热情全身心投入，吃苦耐劳，把职业当成一生的事业，践行劳动最光荣的理念，同时也培养了自己的奉献精神。在实现中，工匠用自己对工作的热情和敬畏之心，推动中国制造到智造，使中国发展进步的步伐从未停止，让工匠自身的价值得到体现，也为世界的文明进步做出了贡献。总之，爱岗敬业是一种能力、一种精神、一种品格，是时代的需要，也是奋斗者所必备的第一素质。

第二，新时代工匠精神之"道"。德艺兼修、道技合一。德艺兼修是指工匠在提高自己技艺水平的同时，也要加强自身的道德素养。对别人起正面影响的事要积极去做，起负面影响的事要坚决阻止，这些对职业道德的评价标准也适用于工匠。工匠们不仅专业技艺高超，还得具有高尚的道德素质。《左传》记载"正德、利用、厚生谓之三事"，这就是对工匠们道德品质方面所提出的要求。工匠不能只追求技艺的精湛，而且还需要追求超越技能的"道"，即"做人之道"。新时代科学技术的迅猛发展，在给人带来便捷的同时，也会间接导致人的自我膨胀、内心浮躁，因此，更需要每一个工匠在发挥自己专业优势的同时，提高道德修养，保持一颗沉静的心，把实现德与艺、道与技并进作为自己的追求目标。

第三，新时代工匠精神之"至"。精益求精、追求卓越。工匠对于自己产品品质的追求只有持续性，没有终结性。

第四，新时代工匠精神之"信"。信仰坚定、协作共进。工匠在产品制作的过程中追求品质的精益求精，那就需要具有无比坚定的信仰。匠人们相信自己打造的产品是独一无二的，他们之所以可以坚持十年如一日地做同一件事情，就是因为内心的信仰坚定、不动摇，这是对精工细作的信仰，更是对工作的信仰。同时由于生产方式的改变，大机器生产已取代大部分手工作坊，在生产过程中每个人所承担的工作只是工序多少的问题。如"复兴号"列车，经过3.7万多道工序才能完成一个车厢的制造，所有的工序不可能由一个人全部完成，需要团队共同协作完成。新时代的我们需要学会协作共进。信仰是融于心灵深处的动力，协作是来自外部的推动力，在坚持信仰的前提下，加强团队协作，可以激发自身的潜力，达到共同的奋斗目标。在信仰坚定的基础上继续保持协作共进的团队合作意识是新时代工匠精神的要意。

第五，新时代工匠精神之"行"。勤于钻研、勇于创新。工匠精神包括敢于突破、钻研创新的内蕴。执着与勤奋是匠人成就自身所必备的精神特质，他们一心扑在工作上，心无旁骛。此外匠人们还热衷于创新和发明，体现了"匠心独运"的理念，"匠"是基础，反映的是对于工作的基础本领和专业知识，"心"是提升，反映的是在工作中的创新创意。

第六，新时代工匠精神之"继"。薪火相传、与时俱进。工匠精神大多来源于传统艺术或传统非物质文化遗产，要想更好地延续其精神，就需要年轻一代学习行业里具有高水平专业技能人才的宝贵工作经验和专业技术，使精湛的技艺得以薪火传承。传承就是指在继承上一代技艺的基础之上，培育新生代延续上代的辉煌，体现出与时俱进的品质。传统的工匠精神把继承作为侧重点，而新时代的工匠精神是把继承基础上的创新作为侧重点。新时代工匠精神不止步于传承传统工匠精神，还要吐故纳新，是工匠精神在新时代的一种新的实现形式，所以就必须与时俱进，随着时代的发展而发展。

(四) 工匠精神的表现

新时期的工匠精神，不仅要学习和借鉴国外的工匠精神，还要传承中国传统的工匠精神；不仅要适应建设现代化强国的发展需要，还要发扬新时代的劳动精神。它与劳动精神、劳模精神等是一脉相承的，共同构成了激励中华儿女的强大精神力量。新时期的工匠精神具体表现在以下方面。

1.品质追求：精益求精、追求完美

在品质上精益求精、追求完美的工匠精神，体现为生产过程中的精益求精、追求细节完美，对消费者品质需求的满足，以及对产品品质的不断优化和性能的不断改进。

简言之，"品质追求"作为个体的工匠对所在行业及工作领域内产品和服务质量的"精益求精""追求完美"的极致追求，体现了"工匠"及"工匠精神"的终极目标。

2. 履职信念：业精于勤、尽职尽责

履职一词常见于公职和高管方面的研究，表示主动勤勉地履行岗位职责，强调要"有所为"；信念具有个性化的特征和强烈的主观情感，可以视为规范的内化和行为的动力。履职信念，即个体对待工作的态度以及愿意为之付出努力的意愿。组织层面的工匠精神还包括高度负责的职业态度。

"业精于勤"是工匠精神的基本写照，"尽职尽责"是每一位工匠对自我最基本的要求。例如，德胜洋楼的创始人聂圣哲在创业初期就确定和贯彻了"不走捷径"的基本价值观，培养员工"我要干"的乐干精神。以新生代技术工人为代表的工匠，其工匠精神的核心是对工作的专注，表现在履行职责、无私奉献、踏实工作等方面。

3. 职业承诺：自我认可、实现价值

"职业承诺"即个体对职业身份高度认同，对职业充满热爱，长期坚守在职业领域，并在职业领域内追求职业成功并以此实现人生价值等。

对自我身份的认可是工匠精神形成的首要条件，要对自身从事的行业充满热爱和敬畏；工匠精神的本质是现代企业人的信仰及对信仰的坚守，是把平凡的事情都做到最好的信念。

4. 能力素养：知行合一、专注专业

专业能力是工匠精神行为表现的维度之一。个体的能力素养是工匠精神形成和发展的基础，是工匠精神所应包含的重要内容之一。工匠精神的能力素养可以理解为个体完成工作需要具备的能力和素养，强调"知"与"行"的统一。

长期以来，德国的工匠培育模式在全世界都首屈一指，为了培养出更加专业的技能人才，德国非常重视理论和实践的结合，学生往往需要在学校学习两年理论知识，然后再去企业或者门店进行为期两年的实习。这种理论与实践相结合的培养模式在很大程度上奠定了其工匠大国的地位。基于该模式培养出来的技能人才不仅技能水平一流，专业程度高，而且对企业非常忠诚。

5. 持续创新：终身学习，永不满足

创新是工匠精神在行为层面的表现。工匠精神的时代内涵需要更重视创造创新，创新精神是技能人才工匠特征之一。持续创新就是从这个方面强调的个体通过学习、省察、创新等活动培养创新意识、提高创新能力的动态的自我提升过程，强调学习、省察、创新的意识和能力。

例如，日本的工匠型企业在创新驱动下曾做出"不会破坏食材细胞组织的 CAS 冷冻机""屋顶菜园的特殊土壤""不会发出噪声的牙石清洗器"等，将对产品美的追求发挥到极致，这种创新不止的精神令人敬畏。同样，华为的创新也带领企业从跟跑者成为领跑者。我国的大国工匠们也是在持续学习和创新中创造着许多意想不到的奇迹。"创新"已经成为 21 世纪企业和个人的必备素质，成为工匠精神的核心内容之一。

6. 传承关怀：关注传统，关怀后人

"传承关怀"强调的是具有工匠精神的人对技能技艺、优良传统、从业理念延续的关注，还包括在传递过程中代际辅助的意愿和行为等。在更高层次体现的是对所在行业、所从事职业或所在组织未来发展前景的高度关注，以及为此付出的努力。

"传承关怀"体现了工匠在工匠精神传承中的积极作用，属于社会责任的范畴。这种社会责任体现在两个方面：一是在时间维度上对工匠精神能够延续下去所具有的责任及作为；二是在空间维度上对所在组织、所在行业和所从事职业的关怀，即让工匠精神在时间上得到延续，在空间上产生积极影响。

具有工匠精神的个体会主动担任"师父"的角色，自主履行"传承人的义务"。传承精神是技能人才工匠特征之一，"尊师重道"也是对传承的另一种阐释。例如，东来顺涮羊肉制作技艺的第四代传承人、切肉大师陈立新被视为东来顺传统技艺的灵魂和核心，他很早就意识到技艺传承的重要性，主动承担起传承技艺和培养接班人的重担，并定期为合适的"继承人"举办"投刀收徒"仪式，展示了非遗传承人对传统技艺和文化的传承关怀。

二、大学生工匠精神的培养

（一）大学生工匠精神培养的对策

工匠精神对于塑造大学生脚踏实地、精益求精、追求卓越的品质具有重要意义。在高校践行工匠精神，是时代赋予的职责和使命。因此高校必须提升思想认识，在组织师生共同参与实践活动的基础上，充分整合社会各方资源，共同形成培育工匠精神的合力。

1. 将工匠精神纳入高校人才培养方案

高校人才培养方案是学校为了实现人才培养目标而设计的蓝图，主要包括课程体系设计、课程定位及培养目标等内容。要想将工匠精神内化于心，外化于行，就要将其融入高校的人才培养方案中，纳入具体的人才培养目标和课程设计中。从宏观上讲，高校应该在深入理解工匠精神内涵的基础上，以其为指导来重构人才培养目标，即高校要培养精益求精、勇于创新、追求卓越、恪尽职守、德才兼备的人才。各高校需要将工匠精神渗透到教学实践、学风建设、思想教育中。从微观上讲，将工匠精神贯穿教学环节始终，包括课程体系的设计、课程的具体设置、教学内容的安排、教学方法的实施等环节。将工匠精神融入高校的人才培养方案中，不仅有利于贯彻落实学校领导的决策，而且有利于教师明确教学方向，将工匠精神落实到具体的教学实践中，还有利于学生明确学习目标和方向，将工匠精神内化为一言一行，不断提升自我。

目前，很多高校都开设了劳动教育课程，同时设置了具体的学分。通过不断学习与工匠精神相关的课程，来做好职业启蒙，树立个人职业操守，培养职业道德，最终实现由大学生到社会人的身份转变。

2. 优化课程体系并增加工匠精神的课程比重

课堂教学是高校人才培养的主渠道和主阵地，如何将工匠精神带进课堂，是个值得深入探究的问题。当前，一些学校已经开设了与工匠精神相关的课程，如工匠精神培养与传承、大学生创新创业教育等，但总体上来看，将工匠精神单独设置成一门课程的还是少数。将工匠精神融入课堂，已经成为高校普遍的共识，难点在于所占比重的把握，太多或是太少都不合适，因此要坚持适度原则，做到合理安排、统筹规划。由于工匠精神的内容与思想教育课程的培养目标高度契合，因此可以适当增加思想教育课的课时，在具体章节中加入工匠精神的内容比重。

3. 搭建利于学生体会工匠精神的实践平台

集中实践设计在高校各大专业人才培养方案中普遍存在，如毕业论文、毕业实习、创新创业实践、职业规划实践、专业技能实践、专业调研实践和专业认知实践等。作为培育工匠精神的核心环节，多样化的社会实践活动为学生更加真切地感受工匠精神提供了一个良好的平台。因而，从学校的角度来讲，要为学生的实践训练提供实习基地、实训室、实验室等环境保障，以实现知行合一的教育目标。除此之外，还应对实践方法进行改革，要在模拟、仿真的基础上，打造实战式、学徒式等"实战课堂"。比如，为了提高学生的动手能力，教师可以为学生实践、体验和服务搭建与其专业相关的真实场景，如服务中心、工作坊等，使学生在解决现实问题的过程中，收获学习的满足感、成就感和自信心，从而对工匠精神的实质有更深刻的体会。

4. 在学生业余生活中拓展工匠精神培育阵地

课堂学习是大学生的主要学习渠道，但这并不影响其课余生活的丰富多彩程度，大学生群体是青春与活力的代名词，他们对多元信息的接收程度和包容程度也会对其课余生活产生影响。因而，在对大学生业余时间进行开发利用时要贯彻因势利导的基本原则，依托于互联网途径，进一步培育大学生的工匠精神，如其学习方式可以增加线上课程学习、在线视频直播等多种形式。比如由山东管理学院劳动关系学院组织的"工匠云讲堂"系列活动，就在2020年对"大国工匠"人物发出邀请，来组织生动的"云端"课。以线上直播的途径搭建起了与师生互动交流的网络平台，通过工匠故事的共享，引导学生们明确自身服务与奉献于祖国建设的重大职责，激励学生们逐渐培养自身不怕苦、不怕累、精于钻研、甘于奉献的精神。

除此之外，在对工匠学习氛围的宣传和营造上，要充分发挥互联网平台（如学校微信公众号、学校网站等）的媒介作用，通过加大网站、广播站、宣传栏等媒介的宣传力度，以及对校园工匠文化建设（如专题讲座、邀请工匠走进校园等）的进一步强化，来实现良好工匠氛围的营造。以山东管理学院为例，为了强化学生对充满工匠元素的校园工匠文化的切身体会，该学院在校内建设了"匠心苑"，并赋予其一系列工匠元素（主要表现为反映工匠精神的雕像），以激发学生的学习兴趣，提升学生的参与感。除此之外，为了实现引导大学生感受技艺、创新之美的教学目标，学校还可以积极组织多元化的实践活动，如校园技能大赛、大国工匠人物故事宣传活动、学生合唱诗歌比赛活动、宣传工匠精神的社团活动等。整体上来讲，这些活动的组织，既使大学生拥有了多姿多彩的业余生活，又强化了其头脑中的工匠精神思想认知。

5. 打造工匠型的高校教师队伍

工匠式人物在社会的各个领域广泛存在，作为教育领域的工匠式人物，教师除了是工匠，还应当努力成为新时代的"工匠之师"。"工匠之师"通常是那些对职业技能和工匠之道进行传承的职业教育教师群体的统称，他们既是技术技能人才的培养者，更是工匠精神不可或缺的传承者。对于新时代的教师而言，他们应当逐渐培养自身工匠精神的优秀品格和职业技能，以确保工匠精神能够在大学生中得到更好的传承和弘扬。

第一，教师要以高尚的职业道德为标准，对自身的道德修养进行强化，通过发挥模范带头作用来带动学生职业道德的养成。与普通人相比，教师的道德素养应当更加崇高。一方面教师应当对其自身的道德品质和德行不断陶铸和修炼，从而夯实教师德行尊严得以实现和提升的核心基础；另一方面，教师应当对教育事业和教学活动倾注全部心血，以为师之道、为人师表的高标准来严格要求自己和规范自身的教学行为。除此之外，还要坚决杜绝物质至上、功利主义的糖衣炮弹，全身心投入到教学上。

第二，教师应当具备过硬的科研和教学基本功，要不断提升自己的专业知识和职业技能水平，更要精准地掌握专业领域的前沿知识。只有教师具备较高的教学水平，学生才会尊重教师、信任教师，而教师也只有做到不受外界因素干扰，专心致志地服务于教学事业，不断提升自身的教学技能，才能以工匠精神为指导来提升教学效率和教学质量。教师不仅是专业知识和技能的传授者，其本身也扮演着讲师、审计师、会计师、律师、工程师等多重角色，因而更要积极履行其培养更优秀审计师、会计师、律师、工程师的教学使命。

第三，教师要积极创新教学方法。在全面兴起的"互联网＋教育"的影响下，教师的有效创新要符合现阶段的教学实践和学生的现实发展需要，在个性化教育趋势下，践行以学生为本的教学理念，利用混合式教学模式、翻转课堂等全新教学模式来有效调动学生在教学情境中的主动性、能动性和创造性。

6. 聚合社会力量形成工匠精神培育合力

培育新时代的大学生工匠精神是一项长期的、艰巨的任务，需要综合调动学校、企业和多方社会力量，通过校企合作的深度化带动培育工匠精神的深化。

第一，学校下沉到企业，充分调研各类合作企业的人才培养方案，在人才培养方案和课程体系的制定上，充分参照企业对专业人才的要求，特别是对企业对应岗位"工匠"需求的充分考虑。

第二，积极探索以校企为支撑的多样化合作模式，以充分保障学生更多元、更真实的实践机会和体验，如共建实习基地，共同培养学生，教师和学生与企业员工共同开展横向项目研究等，从而使学生能够通过实践加深对工匠精神的感知。与此同时，从技术层面来讲，学校教师也要积极加强与企业之间的合作，引导学生积极参与科技合作研发攻关活动，从而构建新时代产业与专业的互通关系，进而形成企业、教师、学生的三方共赢局面。

第三，在学校教育中引入企业的工匠式工程师和技师，由其担任学生的授课教师，并对学生的实践创新进行亲身指导和经验共享，以对学生专注严谨、精益求精品质的形成发挥重要的作用，从而使学生对未来职业的认知得到进一步加深。某种程度上来讲，工匠进课堂，也就是在校园和课堂中导入了工匠精神。

第四，高校教师严格落实"走出去"的理念。从学生实践学习的角度来讲，实践能力有限的高校教师往往无法更好地发挥其应有的指导作用，这就使教师走进企业尤为重要。以山东管理学院为例，近年来，该校相继开展了企业赴其他高校助课进修、赴企业实践等进修活动，并分期、分批次渗透到企业以及著名的高校课堂。一方面对教师的视野进行了开拓，使其获得了丰富的经验；另一方面也实现了打造应用型教师队伍的教师培育目标。

第五，基于对专业的认知以及与企业工匠们的交流互动，教师要鼓励学生体会职业自豪感，通过调动其学习主动性（如鼓励学生主动考取职业证书等）来提升学生就业的核心竞争力。就现阶段而言，依托企业来推动高等教育人才培养、依托高校来全面推动地方经济发展已经成为高校人才培养的重要趋势，也是实现双赢局面的重要保障。可以说，通过紧密结合高校和企业，同时加强二者之间的深度融合，对于培育学生的工匠精神具有重要意义。

（二）大学生工匠精神培养的建议

1. 发挥高校工匠精神教育的重要作用

（1）营造工匠精神培育的文化环境。培育大学生的工匠精神，不仅要提升其"匠技"，也要提升其"匠德""匠心""匠规"。要提升其"匠德""匠心""匠规"，营造良好的校园文化环境是十分有必要的。把工匠精神关于"匠德""匠心""匠规"等元素融入校园文化建设中来，不仅让高校的大学生走到校园的每一角落都能感受到工匠精神的魅力，受到工匠精神的熏陶，也能够提高大学生的工匠精神认知，激发大学生的工匠精神情感认同，坚定高校大学生的工匠精神意志，最终使高校大学生把工匠精神自觉转化为自身行为，并终其一生把工匠精神作为自己的人生信仰和职业操守，不断去践行工匠精神，传播工匠精神，弘扬工匠精神。

①将"匠德"融入校园的物质文化建设中。当前，要把德育工作放在首位，全面推进素质教育，坚持育人为本，突出以诚信、敬业为重点的职业道德教育。工匠精神其本质上是一种职业精神，它体现着匠人的职业品德，这就是人们经常提到的"匠德"。"匠德"是从匠人身上表现出来的一种价值取向和行为表现。好的"匠德"是无私奉献、淡泊名利，有时需要花费匠人一辈子或是几代人的心血用心去做一件事情，单纯地把一件事做到极致，这种行为来自匠人内心的热爱，源于内心的本真，只为了心中的热爱和坚守。"匠德"从本质上而言属于一种精神状态或者是一种意识形态，它看不见摸不着具有一定的抽象性，但是它可以借助一定的物质形态来表达。

例如，建筑学家或者是艺术家可以通过一个作品把中国文化和中国精神以非常自信和非常友好的方式进行充分的表现，最终展现在大众的面前。最具有代表性的如世博会中国馆，里面的作品和建筑加入了中国文化的元素，把中国精神表现得淋漓尽致。所以，在某种程度上可以巧妙地借助一定的物质形态把意识形态进行完美的转化和表达，从而达到育人的效果。对于高校而言，要培育大学生工匠精神，也要充分发挥物质文化育人的功能，可以将"匠德"融入校园的物质文化中。

第一，将"匠德"融入校园的物理空间。校园类似一个小城市，如果从功能上对学校来进行区域的划分，有学习区、活动区、休息区等。从整体上来看，校园设计属于一种群体设计，它有一定的功能区分，但这种功能区分不应该太严格，而是应该更讲究生活化、人情化、色彩化，从而发挥环境育人的重要作用。例如，除了可以在教室、教室走廊、实训室、工作室、图书馆悬挂"匠德"的标语外，还可以在体育馆、食堂、宿舍走廊等公共区域进行展示，除此之外，可以在校园主干道宣传栏上制作关于"匠德"的展板、橱窗，在校园人流比较密集且醒目的位置陈列大国工匠的雕塑及其作品，使学生在耳濡目染中提高对工匠精神的认知和激发对工匠精神的情感认同。同时，要把"匠德"融入校园的建筑设计中。校园建筑除了实用功能外，它还能给学生带来哪些优势，这是一个有价值且有必要去思考的问题。通过建筑设计师的作品在很大程度上能够说明这个时代这片土地的特质以及说明生活在这片土地上的人是怎样的人。而这个"说明书"一旦"写成"，就会在很长的一段时间里成为别人"阅读"的对象且很难被改变。因此，高校校园建筑的设计要更加重视文化内涵的表达，特别是对"匠德"的表达。

此外，建筑的设计应该具有一定的时代性，这种时代性可以通过科学技术来体现。例如，建筑上的一些新材料、新技术、新工艺的应用不仅能够体现人们的生活以及工作方式的改变，也能够很好地体现新时代的绿色、节能、低碳等新思想和新理念，从而把"匠德"表达得更好和更具有时代性。除了校园建筑外，校园景观、设施构成、一草一木都应该充分体现出校园的精神文化气质。但是，科学技术最终无论如何发展，它都只是一种工具和手段，内容还是从人的大脑里面产生出来的。

第二，将"匠德"融入校园的虚拟空间中。要培育高校大学生工匠精神，除了通过校园物理空间设计体现和表达"匠德"，让高校大学生认知、理解"匠德"外，还可以通过校园虚拟空间的设计激发"匠德"。校园虚拟空间的设计主要是依托科技手段来建立。虚拟校园是虚拟现实重要应用场景之一，是智慧校园建设的基础。虚拟校园主要通过建立与真实环境近似的虚拟环境，让体验者以非常自然的方式沉浸到虚拟的校园环境中，从而产生真实感。虚拟校园不仅能够展示学校的整体风貌，而且能够打破时间和空间的限制，让不同的人在不同的时间和地点都能得到体验。但虚拟校园的设计不应该只是追求校园表面风貌的展示，而是更应该注重内涵的表达。

例如，校园的一些重要标志性的建筑和重要场馆的设计理念以及灵感来源要有所展示和说明，特别是一些重要标志性建筑和重要场馆所使用的新技术和新材料，是新时代的新理念和新思想的重要体现。而普通的物理空间设计体验者更多地只能够看到外表的诸如色彩、造型、线条和结构，但是通过虚拟空间的设计就能够突破视野上的局限性，看到更多内部的一些被隐藏的新思想和新理念。而这些很难从物质表面看到的而又能够与时代发展相契合的新思想和新理念，正是"匠德"的完美体现。总而言之，通过校园虚拟空间的设计让高校大学生产生真实感和沉浸感，从而激发对"匠德"的情感认同。

第三，要发挥好校园网络育人的功能。校园网络平台不仅是师生认识学校窗口，也是学校师生进行交流和沟通的重要平台。在校园网络平台的主页可以加入与"匠德"相关的一些标语以及图片，从而提高吸引力和宣传效果。还可以设置有关"匠德"的专栏，推送一些比较优秀的有关"匠德"的文章供学校师生阅读和学习。除此之外，要发挥微信平台的作用，可以依托微信平台建立一些以"匠德"为主题的小程序或者公众号，方便学校师生关注和学习。

第四，要加强网络的维护和监管。对于那些过时的内容和信息要及时更新，对于那些不利于学生身心健康发展的信息要及时加固防火墙并进行阻拦，减少病毒的植入和黑客的入侵，从而保障网络能够正常运行。总而言之，高校要发挥好校园网络育人的功能，用校园网络平台传播工匠精神进而培育学生工匠精神。

②将"匠心"融入校园的精神文化建设中。精神文化是人的精神食粮，孕育着人的精神家园，决定着人的精神状态、精神生活和精神实质。培育高校大学生工匠精神不仅要重视校园物质文化建设，也要重视校园精神文化建设。校园精神文化建设是校园文化建设的核心内容，也是校园文化的最高层次，它体现学校人员的精神面貌，体现在学校干部的作风、教师的教风、学

生的学风等方面，还存在于学校的各种事物和环境中。而"匠心"是高校校园精神文化建设不可忽视的一个重要元素，对于高校大学生工匠精神培育起着重要的作用。因此，要培育高校大学生工匠精神必须要培育其"匠心"。

第一，用作风示范"匠心"。作风是指在思想、工作和生活等方面表现出来的比较稳定的态度或行为风格。具体表现为领导者的思想作风、工作作风和生活作风。对于一所学校而言，校长是学校的组织者和领导者，校长的作风在很大程度上决定了学校的校风。简而言之，有怎样的校长就会有怎样的校风。校风一旦形成便会产生向心力和凝聚力，从而释放出强大的生命力。最终使教者诲人不倦，呕心沥血；学者学而不厌，精益求精。因此，以校长为首的领导集体的思想作风、工作作风和生活作风对于教师的教风和学生的学风起着重要的导向作用。高校培育大学生工匠精神要培育其"匠心"，"匠心"从哪里来，最终要回归到哪里去，是必须要回答清楚的问题。

"匠心"首先来源于学校厚重的历史文化底蕴的积淀和教育先辈们的精心努力和艰苦付出。其次"匠心"也来源于当下教育领导者的传承、坚守和创新，这就要求教育领导者不仅要守住"匠心"、传承"匠心"，还要创造"匠心"。为了最终实现"匠心"的回归，学校各级领导班子要充分发挥"匠心"的榜样示范作用，用求真务实的思想作风、爱岗敬业的工作作风和崇高圣洁的生活作风去感化学生教育学生。此外可以定期组织开展有关的系列思想教育活动，对各级领导干部进行世界观、权力观、事业观、道德观等方面的教育。让教育领导者守住"匠心"的同时为广大的学校师生示范"匠心"，让"匠心"在学校蔚然成风。

第二，用教风传递"匠心"。教风是指教育机构在教学精神、教学态度和教学方法等方面形成的长期的、稳定的教育教学风气。教风是凝结在教学过程中教师队伍在道德、才学、作风、素养、治教等方面的集中反映。从某种意义上而言，好的教风就像一面精神旗帜，它对学生的成长可以起到潜移默化的引领和熏陶作用。要培育高校大学生工匠精神，铸造其"匠心"，就是要充分发挥教师队伍良好教风对学生的引领和熏陶作用，用教师高尚的职业道德和思想风尚感染学生，以及用教师高超的教学水平和严谨的治学态度教育学生。不断以"己之心"触动"彼之心"。在学生心中播下"匠心"的种子的同时，引导学生走好人生的关键一步。总而言之，高校要培育大学生工匠精神，培育其"匠心"同样需要培养学生顽强拼搏、不屈不挠、无私奉献、爱岗敬业的优秀品质。高校的教师要以身作则，把这些优秀的品质贯穿整个教学过程的始终并形成良好的教风，在润物细无声中把"匠心"传递给学生。

第三，用学风激励"匠心"。学风即学校的学习风气。学风有广义的学风和狭义的学风之分。广义的学风包括学习风气、治学风气和学术风气三个方面的内容；狭义的学风特指学生的学习风气。此处所探讨的学风主要是狭义的学风。学风不仅是一种学习氛围，还是一种群体行为。在好的学习氛围和群体行为中，学生能够受到潜移默化的感染和熏陶，从而把一些良好的思想品德、价值观念、意志情感、行为方式内化为向上的精神动力。高校培育大学生工匠精神、培育其"匠心"，也需要受到好的学风熏陶，最终把工匠精神内化为大学生向上的精神动力。

如今，随着社会经济的发展，在追求"短、平、快"的情形下，很多高校大学生深受其影响，无论是在学习方面还是在生活方面都表现出浮躁，这样的学习风气很明显是不利于高校大学生"匠心"的养成的。因此，高校要采取有效措施来净化这些不良的风气。例如，加强理想信念教育、社会核心价值观教育等，使大学生在树立正确的人生目标的同时形成正确的学习态度和遵守严明的学习纪律，让"匠心"在良好的学习风气中被激发出来。而且使高校的大学生无论是在学习还是在生活中都能够少一些浮躁，多一些脚踏实地和实干精神，努力培养严谨、专注、执着、坚持的工匠精神品质。

此外，也要正确引导大学生学习百年老工匠那种对天地自然和手中之物的敬畏感，努力养成耐住寂寞、下得苦功的精神。

③将"匠规"融入校园制度文化建设中。校园制度文化作为校园文化建设的另一个重要组成部分，既是校园精神文化的产物，又是校园物质文化的工具。学校制度文化主要指学校中特有的规章制度、管理条例、学生手册、领导体验、检查评比标准，以及各种社团和文化组织机构及其职能范围等。校园制度是一所学校正常教育、教学工作得以顺利进行的条件和保证。

学校制度文化是作为一种外部约束力对学校成员施加影响的。培育高校大学生工匠精神，将"匠规"融入校园制度文化中，它的目的不仅仅是约束大学生的行为，而是通过大学生对这些规章制度、行为标准、管理体系的认可和遵循，来形成他们基本一致的工匠精神认同和工匠精神行为规范。

对于高校而言，在制度文化建设的过程中要把"匠规"融入进来，把"匠规"融入学校的规章制度、管理条例、学生手册、领导体验、检查评比标准中，以及各种社团和文化组织机构及其职能范围内等。让高校大学生在实际操练的过程中习"匠规"、守"匠规"。让高校大学生在遵守学校各项规章制度的同时，提高工匠精神认识，养成良好的工匠精神行为习惯，培养他们对所学专业的情怀和未来所从事职业的敬畏感。

（2）拓展工匠精神培育的有效形式。随着职业教育的发展，各个高校开放性与合作性的办学理念日益显现。要培育好大学生工匠精神，要丰富培育的内容，在培育的形式上也应追求多样化，充分发挥多方主体协同共育的作用。一方面，相关部门在重视培育大学生工匠精神的同时要搭建广阔的平台让工匠精神走出去；另一方面，要发挥好企业的作用，激发社会力量的参与，共同培育高校大学生工匠精神。

①加强政校合作。高校是培育大学生工匠精神的主要阵地，要重视培育高校大学生的工匠精神。特别是对于高校刚入学的大学生而言，优质的平台不仅有利于技能的提升，在精神上也会得到鼓舞。因此，高校要培育大学生工匠精神，要努力创造条件搭建工匠精神培育的平台，让大学生站在更大的舞台上实现自己的人生价值。高校加强与相关部门的合作，共同搭建平台也是工匠精神培育重要的举措之一。

一方面，鼓励高校和相关部门合作共建工匠精神培育的教学实践基地。地方相关部门要充分发挥政策、资金以及教育资源方面的优势，结合高校的人才优势共同构建和创新工匠精神培育的教学实践基地。在实践基地内，高校的教师可以充分利用基地内的实训设备开设工匠精神培育的相关课程，开展工匠精神培育的实践教学活动以及举办与工匠精神相关的讲座、论坛、年会等，并且让高校大学生积极参与进来，让大学生在极其浓厚的氛围中感受和培养工匠精神。与此同时，要充分利用实践教育基地的师资、设备资源，对校内外相关专业的教师进行培训，从而提升其工匠精神素养和实践教学能力。

随着教育的发展，师资培训是非常重要的环节。特别是对于相对年长的教师而言，在教育观念、意识和能力方面都需要不断提高。要培育好大学生工匠精神只有先在教师层面把好关，培育出来的人才才能够更加优秀。此外，可以利用实践教育基地的实训设备和职业技能鉴定资质对职业院校的学生开展相关工种的职业技能培训和鉴定工作，让大学生在技能培训和鉴定中展现工匠精神。

另一方面，可以由相关部门牵头联合实施中外学校合作办学项目，共同培育高校大学生工匠精神。培育大学生工匠精神不仅要实现本土化培育，而且要让工匠精神朝着国际化标准的方向迈进。随着经济全球化、文化多样化、社会信息化的深入发展，各国相互联系和相互依存日益加深，各国之间不仅要加强经济合作也要加强教育方面的合作，实现教育资源共享和优势互补。如可以由相关部门组织具有一定规模且规格较高的有关工匠精神的国际交流活动和技能大赛，让我国大学生与不同国家的大学生同台竞技，在切磋展示技艺的同时培养合作精神和领悟工匠精神。

②加强校企合作。高校要培育大学生工匠精神不仅需要高校自身的努力，还需要企业的帮助。学校在积极为企业提供所需的课程、师资等资源的同时，企业也应当依法履行实施职业教育的义务，利用资本、技术、知识、设施、设备和管理等要素参与校企合作，促进人力资源开发。校企合作中学校可从中获得智力、专利、教育、劳务等报酬，具体分配由学校按规定自行处理。

校企合作协同育人，一方面，可以实现学生在校所学与在企业实践有机结合，有针对性地培养与市场接轨的实用型技术人才；另一方面，能够为高校引入大量的企业优势资源，将企业文化带入校园，高校和企业合作的过程在很大程度上就是大学生近距离理解和践行工匠精神的过程。

校企合作协同育人培育高校大学生工匠精神，一方面，要建立高校教师和企业导师双责任制。高校可以挑选当地知名度较高且工匠文化浓厚的企业合作。在高校和企业达成共识的条件下，高校教师、企业导师和学生有权自由挑选指导的学生或导师。在教学过程中高校教师要加强对大学生工匠精神理论知识的传播，使大学生知道工匠精神的概念及其价值。企业导师要创造更多的机会让高校大学生走进企业、工厂、培训基地进行观摩、学习并做到手把手地示范教学和学生自己动手实训锻炼。让大学生在真实的环境中掌握专业技能的同时感受大师的德技双修。在这一过程中领悟敬业、专注、精益、创新的工匠精神，从而使得高校大学生不仅在专业技能方面有所进步，在工匠精神素养方面也有所提升。

另一方面，企业导师在指导学生掌握专业技能的同时要有目的地创设学习环境，把工匠精神渗透到教学的各个环节，使高校大学生在学习的过程中十分自然地领悟工匠精神的精髓。例如，企业导师可以带领大学生参观企业的发展史，观摩工匠优秀的作品并介绍其先进事迹，企业举办的系列文化活动，企业导师可以邀请学生参加，让学生在企业文化活动中感受到从工匠职业素养中所散发出来的工匠精神的魅力。此外，高校教师和企业导师之间要加强教学技能的切磋。高校教师大部分教学时间在进行理论宣传且面对的主体是人，而大部分企业导师则相反，更多的时间面对的主体是机器。由于所处的环境不同面对的主体不同，在思维方式、教学方法等方面就会有所不同。所以，高校教师和企业导师之间要加强教学技能的切磋，这样不仅能促使双方能力得到提升，还可以增强教学的针对性和实效性。总而言之，要把高校与企业紧密地联系、交织、融合在一起，既发挥高校教师教书育人的作用，又发挥企业导师技能育人、精神育人的作用，共同培育高校大学生工匠精神。

③加强校社合作。高校大学生工匠精神培育离不开社会的支持，特别是一些社会组织或团体，其教育内容丰富且教育方式灵活多样，若引导得当，必然会对大学生工匠精神的养成产生广泛而积极的影响。通过社会组织或团体的教育，学生可以在复杂多变的社会环境中不断提高自己的应变能力和分析能力，在社会大课堂中体验各种不同的社会角色，学习社会规范，扩大社会交往，从而培养良好的职业素质和道德素质。学校加强与社会各组织的相应配合在很大程度上会让大学生工匠精神培育更加有效。

一方面，高校可以挑选当地知名度较高的行业协会、商会、市场服务组织等机构进行合作。在高校教师有序组织和引导下让高校的大学生进入行业协会、商会、市场服务组织等机构进行实践锻炼，让大学生提早走进社会适应从学生到社会人之间的角色转换。在这一角色转换的过程中培养大学生良好的职业观、劳动观、道德观。让大学生体悟工匠的使命和信仰不仅是服务自身追求个人价值，更重要的是服务社会实现社会价值。培养工匠精神不仅要培养专业、高超的技能，而且要培养社会责任感和担当精神。

另一方面，各行业协会、商会、市场服务组织等机构在对高校大学生进行一段时间的锻炼之后，要对大学生的表现进行阶段性的评价和最终评价。评价的目的在于发现高校大学生自身存在的问题和不足之处。并针对大学生自身存在的问题和不足进行分类指导，引导大学生结合自己的专业特长找到自己的定位并及时调整职业规划，使大学生明白要想成为一名好的工匠应该具有的就业观和择业观，从而进一步培育高校大学生的工匠精神。

（3）加强师资建设和相关课程建设。教师是高校工匠精神培育的主要实施者，教师水平直接影响到学校教学质量、学生整体素养以及教学工作的整体推进。培育大学生工匠精神必须要加强师资队伍建设提高教师队伍的整体素质，同时加强工匠精神培育的相关课程建设，这样才能够更有针对性地培育高校大学生工匠精神，让工匠精神厚植校园，在学生心中发芽，真正落实立德树人的根本任务。培育大学生工匠精神加强师资建设和相关课程建设，可以从以下 3 个方面着手。

①多措并举加强职业教育"双师型"教师队伍建设。推进高校大学生工匠精神培育，培养符合国家现代化发展所需要的高质量、高水平的"工匠"，提升高校教师的综合素质是关键。要提升高校教师的综合素质，就要多措并举打造"双师型"教师队伍。所谓"双师型"教师队伍是指，不仅具有丰富的教学理论知识，较高的科研能力和教学水平，同时也具备丰富的实践教学经验，具有一定的操作能力的高素质的教学工作队伍。要加强"双师型"教师队伍建设，应该主要从以下方面着手。

第一，提高高校教师培训的质量。高校不仅要提供学校教师在企业或实训基地实训的机会，也要落实好教师 5 年一周期的全员轮训制度。此外，高校在条件允许的情况下，要定期组织选派专业骨干教师赴国外研修访学，学习先进的思想和技术，不断提高自身的教学能力和科研能力。

第二，高校要不断优化聘用制度。可灵活聘用不同行业的专家作为学校的兼职教师。如聘用劳动模范、技艺大师、工匠大师、民间艺人等德技双修的人才进校园、进课堂，为各专业的教师和学生传授习艺经验。也可以与各位大师达成合作，在学校开设大讲堂、成立技艺大师工作室等，让这些大师走进学生并用其先进事迹感染学生、熏陶学生。使大讲堂、技艺大师工作室真正成为学生中心中的一个导向，一个标杆，一种激励。

②充分发挥思想教育课程全方位育人作用。高校思想工作是一个系统

的科学体系，其中思想教育理论课是主渠道，是落实立德树人根本任务的核心课程、关键课程。新时代高校思想教育理论课的一个历史使命就是要促进大学生思想道德修养的提升。培育高校大学生工匠精神不仅是落实立德树人的根本任务，也是在完成新时代赋予高校的历史使命。随着中国社会的发展进步，对高校培育大学生的工匠精神提出了新的更高的要求。

一方面，高校教师在思想教育课堂上要有针对性地讲解工匠精神，而不能轻描淡写。思想教育课教师在教学中要善于运用案例教学法教学，注意把学生与周围的世界联系在一起，突出文化浸润和移情的教育价值。所以思想教育课教师在讲解有关工匠精神的内容时，要精心选取典型的工匠精神案例故事，图文并茂地展示大国工匠的风采。从而提高学生的工匠精神认知和情感认同，并在此基础上激发他们的工匠精神意志和促使他们自觉践行工匠精神。

另一方面，在课程设计、教材选取、教育方法上都要加强创新，充分挖掘和运用专业课程所蕴含的工匠精神元素。此外，作为新时代高校思想教育教师要自觉修身修为，努力做到情怀深、思维新、视野广、自律严、人格正。用高尚的人格魅力赢得学生的敬仰，用模范的言行举止为学生树立榜样。

③充实专业课程内容以实现技能和工匠精神的融合。专业课程的学习是高校大学生成为专业领域人才的基础。课堂是学生学习专业技能和工匠精神的直接方式，其优点在于在课程中教师可以对学生进行面对面教学，可以极其自然地把专业技能和工匠精神灌输给学生，并可以实时观察和了解学生学习的程度和状态。课程效果较好的关键在于课程中理论课程与实践课程充分融合。

在理论课程与实践课程融合的过程中，不仅注重学生专业技能的培养，而且还注重精神素养的培养，在一个教学过程中同时进行两种能力的培养，目的是培养学生全面发展的能力，为学生提早适应社会走向未来的工作岗位奠定坚实的基础。当前大学生较普遍出现专业技能和精神素养断裂的现象，为了解决高校大学生专业技能和精神素养断裂的问题，高校教师应该思考除了教会学生专业技能外还应教会学生哪些内容。作为一名高校的教师不仅要把精湛的技艺传授给学生，也要把专业素养特别是工匠精神传递给学生。将价值塑造、知识传授和能力培养融为一体实现全员全过程全方位育人。这样高校培养出来的人才在社会上和职场上才能够有更高的认可度和竞争力。

（4）完善工匠精神培育的评价机制。高校对大学生工匠精神培育的评价也是培育大学生工匠精神的重要环节之一。不同的教育主体由于教育教学价值观不同，对大学生工匠精神培育所选取的评价内容和所采用的评价方式就会有所不同，而不同的评价内容及评价方式在很大程度上又会引领高校大学生工匠精神的知、情、意、行向着不同预设的方向前进。为了引导大学生工匠精神培育朝着更好的方向发展，高校要尽快完善工匠精神培育的评价机制。具体可以从评价主体、评价内容、评价方式三个方面来进行突破和创新。

①评价内容多维化。大学生工匠精神培育的评价内容应坚持多维化，是指在对高校大学生工匠精神培育评价的过程中，要避免单独从某个方面去评价学生工匠精神养成的好坏，而应综合各方面的内容对学生进行评价。评价内容多维化的优点在于使得评价的结果更加具有全面性、科学性及合理性。对于大学生工匠精神培育应尽量涵盖以下方面：大学生工匠精神认知、工匠精神情感认同、工匠精神意志、工匠精神行为的评价；大学生匠德、匠心、匠技、匠规养成的评价；高校培育目标、培育途径、培育方式的评价；高校组织管理和培育成效的评价等。

另外，在对大学生工匠精神培育的评价内容进行评价时需要特别注意和重视隐性内容的评价。隐性内容的评价不同于显性内容评价，显性内容评价具有直观、易操作且可以实现量化的特点，如对培育途径、培育方式等方面的评价。与显性内容相比隐性内容比较抽象，操作起来较困难，如工匠精神情感认同、工匠精神意志、匠德、匠心等方面的评价。因此，对于大学生工匠精神隐性内容的评价，在评价指标的设计上不能过分强调所谓的"客观"和追求量化，必须重视参与者的感受与反馈，这样才能保证评价内容能够覆盖高校大学生工匠精神培育的各个方面。

②评价主体多元化。大学生工匠精神培育的评价主体主要是指参与高校大学生工匠精神培育评价活动并按照一定标准对大学生进行价值判断的个人或团体。大学生工匠精神培育评价主体多元化的目的主要在于发挥众多评价主体的作用，既能发现工匠精神培育过程中存在的问题，也能给大学生

传播更多的正能量，从而提高大学生工匠精神培育的积极性和主动性。要实现高校大学生工匠精神培育评价主体的多元化，这就要求参与大学生工匠精神培育评价活动的主体不仅包括教师、学生、学生家长，也应包括合作企业、合作社会团体或组织等。不同评价主体的评价对大学生的工匠精神的养成所起的作用也存在一定的差异。

第一，教师的评价。高校教师是培育大学生工匠精神最主要的教育者，其教育方面的专业知识在大学生心中有很大的权威性和影响力。教师对大学生工匠精神养成的认可、鼓励、赞扬在很大程度上能够使学生获得成就感、增强自信心，从而激发大学生工匠精神培育的积极性和主动性。

第二，大学生的评价。学生评价包括学生自评和学生互评。学生自评的过程实际上是对自己工匠精神养成情况反思的过程。通过自评，学生能很快意识到自己身上存在的不足，从而有目的地去改进不足的方面。而大学生互评的过程，实际上是学生之间工匠精神相互学习、取长补短的过程。通过这一过程的学习，可以培养学生诚恳对待合作伙伴以及养成良好的团队合作精神。

第三，学生家长的评价。培养学生的工匠精神离不开家庭的支持，既包含物质上的支持也包含精神上的支持。一方面，来自家长物质和精神方面的支持和鼓励在很大程度上能够降低大学生在工匠精神培育过程中所产生的压力和挫折感，从而为大学生培育工匠精神提供动力；另一方面，学生家长参与评价能够帮助家长更充分及时了解子女工匠精神的养成情况，从而引导、监督子女。在这一过程中家长与子女的沟通增多有利于形成融洽的亲子关系，从而为大学生工匠精神的培育营造良好的家庭环境。

第四，参与大学生工匠精神培育的合作企业、合作社会团体或组织的评价也具有重要的作用。合作企业、合作社会团体或组织的评价和高校教师、学生、家长的评价相比更加专业和有针对性，具有很大的参考价值。总而言之，每种评价主体对大学生工匠精神的培育都起着重要的作用，因此对大学生工匠精神培育的评价必须要坚持评价主体的多元化。

③评价方式多样化。大学生工匠精神培育的评价方式多样化是指在对大学生工匠精神培育评价的过程中，要避免单独采用一种评价方式。评价大学生工匠精神养成的标准，应尽量采用多种评价方式。此外，在实际的大学

生工匠精神培育评价实践操作中，很少单独使用一种方法来进行评价，而是将各类绩效考评综合起来，以形成某一种方法为主，付之于其他方法的评价方法体系。采用多种评价方式来评价大学生工匠精神养成的好坏，其优点在于能够提高评价结果的客观性和可信度。下面主要阐述以下评价方式。

第一，单项评价与综合评价的统一。大学生工匠精神培育采用单项评价与综合评价方式的统一是指，既要注重工匠精神培育单项指标的完成情况，也要注重整体的综合效果。一方面，采用单项评价的方式。大学生工匠精神培育采用单项评价的方式是指对大学生工匠精神养成的某一个方面进行的评价。例如，在大学生工匠精神养成和发展的具体环节与效果方面，可以从目前大学生对工匠精神认知、工匠精神情感认同、工匠精神意志、工匠精神行为等方面分别做出评价，也可以对大学生工匠精神培育的要素方面进行评价，如对匠德、匠心、匠技、匠规等方面分别做出评价。另一方面，采用综合评价的方式。大学生工匠精神培育采用综合评价的方式是指把工匠精神培育作为一个综合整体，用统一的标准来衡量各个具体的工匠精神培育活动。综合评价从某种意义上讲更侧重于大学生工匠精神培育的总体效果，而非某一单项的情况。所以对大学生工匠精神培育的评价，单项评价是综合评价的基础，综合评价是单项评价的目的。因此，只有实现两者的统一才能使最终评价的结果更加真实有效。

第二，动态评价与静态评价的统一。大学生工匠精神培育既是某一具体的培育实施过程，又是由多次具体的培育活动构成的系统，因此对大学生工匠精神培育的评价需要把动态评价与静态评价统一起来。大学生工匠精神培育的静态评价，是对一定时空条件下高校大学生工匠精神培育活动、培育效果及条件因素的评价。而动态评价是在一定序列上的时间空间中，对大学生工匠精神培育活动、培育效果及条件的评价。大学生正处于价值观形成和确立时期，工匠精神并不是一旦养成就不会发生变化，而是会随着时间、空间的变化表现出一定的过程性、阶段性、可持续性的特点。

因此，对大学生工匠精神培育的评价，一方面，要进行静态评价。进行静态评价就是要对大学生在工匠精神匠德、匠心、匠技、匠规的养成现状进行阶段性评价。另一方面，要进行动态评价。进行动态评价就是要对大学生工匠精神所能达到的程度、影响程度、发展趋势进行评价。总而言之，在对大学生工匠精神培育进行评价的过程中将动态评价与静态评价相结合具有一定的必要性和可行性。

第三，定性评价与定量评价的统一。对大学生工匠精神培育进行定性评价是指不采用数学方法，而是根据评价主体对高校大学生工匠精神养成的现状进行观察和分析，并结合自身已有的知识和经验，直接对大学生工匠精神的养成做出定性结论的价值判断。例如，评价主体针对大学生在某一时段内工匠精神的养成情况所做出的评价，既可以通过访谈、答辩等形式了解大学生对工匠精神认知情况，也可以通过仔细观察大学生在学习和日常生活中所表现出来的工匠精神行为，了解大学生对工匠精神的养成情况。最终通过评出等级、写出评语等方式呈现出评价结果，从而发现大学生工匠精神养成和在培育过程中存在的不足，并针对其不足的方面及时做出调整和修正。

采用定性评价的方式对大学生工匠精神培育的养成情况进行评价，其优点在于可以更多地关注大学生工匠精神培育在质方面的发展，从而达到工匠精神培育目标和培育结果之间的一致性，是具有实质性内容的一种评价机制。但定性评价也存在一定的缺陷，不同的评价主体由于受到自身所具备的知识、经验的影响，有时所做出的评价可能存在很大的主观成分，而且评价结果有时模糊笼统，弹性较大，难以精确把握。因此，评价主体在对大学生工匠精神培育进行评价的过程中除了采用定性评价的方式外，还需要辅之以必要的定量评价。

对大学生工匠精神培育进行定量评价，主要是对大学生工匠精神培育的效果从范围、程度、数量等方面采用量化的形式来进行评判。例如，评价主体可以制作家长问卷调查表、教师课堂学生表现评价表、学生互评表等方式收集数据，并通过专业的数据处理软件对所采集的数据进行处理和分析，最终输出评价结果。采用定量评价的方式对高校大学生工匠精神培育的养成情况进行评价，其优点在于评价的结果客观、精确、简单，但也存在一定的局限性。工匠精神本身就是一个抽象的概念，在进行量化的过程中存在的很多不可控的因素可能会影响最终的评价结果，也会使有些内容勉强量化后流于形式，把抽象的概念简单化为具体的分数表征与数量计算，从而不能恰如其分地反映出评价结果。因此，评价主体在对大学生工匠精神培育进行评价的过程中，要坚持将定性评价与定量评价相结合，只有实现两者的统一，整个评价体系才能够更加科学、合理。

2. 发挥大学生自我教育的主观能动性

培育大学生工匠精神，不仅要发挥高校等各方主体协同育人的作用，大学生自身也要充分发挥主观能动性，通过提高工匠精神培育的主动性、意志力、实践能力，充分吸收工匠精神培育所包含的精神养料，不断延伸工匠精神强大的内驱力和持久的生命力。

（1）提高工匠精神培育的主动性

第一，坚持教与学的统一。蔡元培先生曾在《教育独立议》这篇文章中说道："教育是帮助被教育的人给他能发展自己的能力，完成他的人格，于人类文化上能尽一分子的责任，不是把被教育的人造成一种特别的器具。"换言之，教育者不能把受教育者当成器具进行灌输和教化，而是要认识到培养受教育者学习的积极性和主动性的重要性，从而让受教育者主动发展自己的能力，完善自己的人格，成就更好的自己，为国家和社会尽一份责任。作为受教育者更应该明白培养自身学习积极性和主动性的重要性。大学培育工匠精神要充分认识到一方面是为了完善自身人格的需要，另一方面也是为了满足国家、社会发展的需要。因此，大学生培育工匠精神需要化被动为主动，教师教得科学、宽广、适用，学生也要学得积极、主动、有效。

当前，要紧密结合新时代的新实践，紧密结合思想工作实际，有针对性地重点学习，多思多想、学深悟透，知其然又知其所以然。大学生要培养良好的工匠精神，首先需加强对工匠精神理论的学习，通过工匠精神理论的学习不断提高自己的工匠精神认知；其次要在工匠精神认知的基础上养成良好的学习兴趣和学习习惯。总而言之，大学生要坚持把工匠精神的教与学统一起来，真正把工匠精神内化于心。

第二，坚持学与思的统一。如果学习只会机械性背诵而不去思考和理解，就会不辨真伪，更不会融会贯通，学以致用。如果只善于思考而没有学习的行动，就不能做到博观约取，标新立异。因此，不仅要善于学习，还要善于思考，不能只学习不思考，也不能只思考不学习。其实，学与思的关系最终是要解决知识积累与认知能力发展的问题。在知识积累方面，大学生通过教师的教和自身的学，在专业知识理论和专业技能方面通过一定时间的沉淀可以获得丰厚的积累，但在认知能力方面要得到很大的提高却十分困难，因为，认知能力在很大程度上需要靠学生自身主动去思考和领悟获得，且与知识积累相比显得更加抽象。

能让一个工匠走得更远的除了技能，更重要的是情怀和创新，技能可能会随着科学技术的发展而被机器所取代，但个人的工匠情怀和创新是无法被机器所复制和取代的。一个在思想上有灵魂的工匠才能够创造出有精髓的作品，才能够不被社会所淘汰。所以大学生在学习专业技能的同时要学会思考，只有在不断的思考中才能够查找出自身在思想境界上存在的不足及在理论认知上存在的误区，切实补好精神之"钙"、纠正认识之"偏"。

第三，坚持知与行的统一。知与行是相互依赖、相互促进的两个方面，只有将两个方面结合起来才会使自己的认知更加接近真理，进步更快。大学生培育良好的工匠精神既是一个思想认识问题，也是一个实践问题，总而言之是一个以知促行、以行促知、知行合一的过程。大学生通过高校教师、企业导师等培育主体的工匠精神理论指导和宣传，对工匠精神的认知在很大的程度上能够得到一定的提高，但学习理论最终是为了指导实践。所以大学生无论是在专业技能的学习过程中还是在日常生活中都要学会用已习得的工匠精神理论指导实践。

例如，在专业技能的学习过程中要体现工匠精神所包含的敬业、精益、专注、创新。对学校举办的各项技能比赛和社会实践活动要积极参加，在展示匠技的同时要守住匠心，遵守匠规。在日常的生活中无论是在校内还是校外，都要时刻注意自己的言行举止并用工匠精神来规范自己的言行举止。通过对工匠精神理论知识的学习与实际行动之间的密切联系，塑造知行统一、脚踏实地的良好形象。大学生做到把工匠精神既内化于心又外化于行，这才是工匠精神培育的初衷。

(2) 提升工匠精神学习的意志力

第一，培养良好的学习习惯增强抗挫折能力。大学生要形成良好的工匠精神不仅需要提高自我培育的主动性，也需要提升自身工匠精神学习的意志力。大学生要提升工匠精神学习的意志力，需要先从培养良好的学习习惯开始。良好的学习习惯使人终身受益，大学生只有养成良好的学习习惯之后，在专业技能水平和工匠精神等方面的提升才会取得更持久的进步。因此，学生在学习的过程中不应遇到困难就轻易退缩止步不前。大国工匠在承担更多责任的同时可能会遇到许多的困难和挑战，无论在怎样的环境下遇到何等的困难坚持不退缩、勇往直前，是一个大国工匠所必须具备的精神品质。大学生只有养成良好的学习习惯不断提高自己的抗挫折能力，才能养成更加敬业、精益、专注、创新的工匠精神。

第二，增强对不良社会思潮的抗干扰能力。当今世界和当代中国都处于大变革之中，这种变革反映到人们的思想观念中，自然会产生多种多样的思想理论和价值理念。由于受各种错误思潮等因素的影响，一些错误的人生观很容易侵蚀大学生的心灵，不利于大学生树立科学高尚的世界观、人生观、价值观，这些社会思潮的不良影响对大学生工匠精神的养成都会形成一定的障碍。因此，一方面，大学生要学会思考、善于分析、正确抉择，认清错误思想观念的实质，警惕和自觉抵制它们的侵蚀，不断增强对不良社会思潮的抗干扰能力；另一方面，大学生培育工匠精神要坚持以我国核心价值观为引领。因为工匠精神是遵循核心价值观个人层面的价值准则的重要体现。

工匠精神落实在个人层面，是一种认真精神、敬业精神，是职业道德的具体体现。大学生要深刻领会我国核心价值观的重要意义和科学内涵，把自己的人生价值追求融入国家，始终站在人民大众立场，同人民一道拼搏、同祖国一道前进，服务人民、奉献社会，努力成为中国事业的合格建设者和可靠接班人。同时，大学生也要认识到工匠精神的养成是一个渐进的、缓慢的过程，不可一蹴而就。世界上万事万物的变化和发展都必须遵循一定的规律，只有量的积累达到一定的程度才会引起质的飞跃。因此，大学生在工匠精神培育的过程中不可操之过急而要脚踏实地、稳扎稳打，培养既专注而又耐得了寂寞、坐得住冷板凳、下得了苦功夫的精神品质。

（3）勤学加苦练铸就工匠真本领

第一，加强专业知识学习。大学生在培育工匠精神的同时也要加强专业知识的学习，专业知识的掌握程度在很大程度上能够促进工匠精神的养成。要成为一个优秀的工匠不仅情怀要深，专业知识、技能也要丰厚、扎实。特别是随着社会的快速发展和知识的更新速度加快，大学生更需要不断加强专业知识的学习从而提高其深度和广度，这样才能够符合时代发展的需要。所以，大学生通过大学的系统教育，要努力掌握所学专业比较完整的知识体系，只有掌握比较专业的知识体系才能够支撑起职业的需求。学习求知是大学生的本分，通过教师的教学，大学生自身也要不断探索适合自己的学习方法使自己学会学习，在学会学习的基础上刻苦钻研、坚持不懈并养成良好的学习习惯，并且可以根据自身的学习情况向更高层次的学校深造。

第二，加强锻炼，提升能力。大学生在大学里所学的知识可能会随着时代的变化而不适用，但是他们在大学期间锻炼出来的能力却具有长久的生命力，如专业技能、沟通能力、外语能力、写作能力、社交能力、组织能力、解决问题的能力等，这些能力在他们今后的学习、工作、生活等各个方面都有可能发挥重要的作用，而这些能力的获得在很大程度上需要通过亲身实践，在参与各种活动、社会实践、专业实践的过程中得到提升。所以对于那些不愿意参与实践锻炼的大学生，要想提升自己各方面的能力是非常困难的。为了能够更好地适应社会的发展和职业的需求，高校大学生要积极参与并认真对待各种实践活动，在提高自身专业技能的同时尽可能不断提升各方面的能力。总而言之，大学生要在学的基础上苦练，不断提高自己的综合实力从而铸就工匠真本事。

第四章　新时代大学生劳动教育的体验维度

大学生劳动教育最终将理论付诸实践，因此深入了解新时代大学生劳动教育的体验维度十分必要。本章从大学生的日常生活劳动、大学生的社会实践劳动、大学生的职业体验劳动三方面对大学生劳动教育的实践体验进行全面介绍。

第一节　大学生的日常生活劳动

一、日常生活劳动概述

劳动是人类有目的的活动，是物质财富和精神财富的创造过程，是人类适应自然和改造自然的独特方式。正如革命先驱李大钊曾讲过，一切乐境都可由劳动得来，一切苦境，都可由劳动解脱。幸福从来不会从天而降，劳动是缔造人类幸福的源泉。

在日常生活中感受劳动之美，体会持家之道，强化劳动意识，能够使大学生积极健康地发展，从而更好地适应社会生活。

（一）日常生活劳动的特点

关于日常生活劳动，其实并无确切的定义。一般来说，日常生活劳动就是指人们在日常生活中经常会接触到的劳作活动，以自助性劳动为主，比如与衣食住行相关的家务劳动、个人卫生以及对日常生活、学习、工作场所的清洁、维护、整理等活动。

日常生活劳动的特性主要有以下方面。

（1）两面性。两面性是指日常生活劳动不仅具有能动性，还具有受动性。能动性主要体现在人们按照自己的意愿来认识世界、改造自然；受动性主要体现在一些规律是客观存在的，无论人们认识与否，都是不以人的意志为转移的，人们必须遵循客观规律来开展活动。从某种意义上来说，能动性和受动性是同时存在的，属于一个事物的两个方面。在劳动过程中，人们发挥能动性取得的成果被称作"自由自在的劳动"，并将其界定为美的本质。也就是说，"自由自在的劳动"能让人产生美的感受。另外，劳动反映了人与自然之间的关系，是人之为人的最基本的存在方式，人类无法摆脱它，只能依靠它来实现自由。因此，人类在自然界中获得自由的同时，还能获得一种超越时空的美感，这正是劳动的目的所在。

（2）季节性。日常生活劳动在不同的季节侧重点是不同的，比如花草种植，春夏秋冬各有不同，夏季气温高，就要对花草勤浇水，但是正午又不能浇水以免烧坏，早起晨练后、晚饭散步后浇水比较好。往往夏季晨练或者黄昏散步之后，容易出汗，就得洗澡，夏天比冬天洗澡洗衣晒衣的次数就会多一些。而夏季干燥、灰尘多，床上一般铺凉席，贪凉喜欢打赤脚，为了自己和家人舒服，洒扫除尘拖地和擦凉席就成了每天的日常生活劳动，而冬天就不用擦凉席，洒扫除尘拖地也不必每天都做。四季分明的地方，普遍"五一"和"十一"就是衣服换季、归纳整理衣橱的时候。

（二）日常生活劳动的意义

1.感受生活之美

在日常生活中不难发现，我们每个个体面对的人、事、物都是不同的，所以我们的劳动形式也是多种多样的。所有创造美的劳动都具有以下特点。

（1）创造美的劳动都应该是具体的劳动。一般来说，个体的劳动是为了满足吃、穿、用、住、行等生活需要。很多人都会抱怨是辛苦的劳动让他变得很累。但是，可以试想一下，如果没有劳动，那么我们会过怎样的生活？因此，劳动于人而言是不可或缺的，人们能改变的是劳动的形式，而劳动本身却不可能被取代。

（2）创造美的劳动都具有自由自在性。我们知道，所有创造美的劳动都应该是具体的劳动，像唱歌、跳舞、绘画、建筑设计，等等。同时，这些具体的劳动还有一个共同点，即都是自由自在的创作活动。美的东西都是存在共性的，那就是体现出了人类自由自在的劳动。

2.传递家人之爱

2020年年初，新型冠状病毒疫情暴发，很多人主动在家隔离，成就了不少会做菜的大学生美食家和中国造"西点师"。当人们照着网上的视频学会了做蛋糕、面包、饼干，对着菜谱炒上几个色香味俱全的，具有"五星级酒店"水平的菜，艺术摆盘后拍图美颜往朋友圈一发，收获一大波"点赞"加"求做法"的时候，是不是感觉美滋滋的？这时候，父母眼中的欣慰是不可忽视的，他们品尝着你做的糕点和饭菜，感受到的是"家有儿女已长成"的幸福，这就是实实在在的天伦之乐。家务劳动在一粥一饭、一饮一食中传递着对家人的爱。

二、日常生活劳动意识培养

日常生活劳动是人类赖以生存的最基本的劳动，也是最琐碎、最简单的劳动，更是须臾不可离的劳动。日常生活劳动对我们身心的影响是潜移默化的，也是最直接的。在日常生活劳动体验中不知不觉形成的劳动观念、劳动态度，将进入我们的潜意识，成为我们世界观的一部分，影响我们的行为模式和我们对待自己、对待他人、对待社会的方式，影响我们的成长，甚至影响我们一生。在日常生活劳动中，我们要发挥主观能动性，有意识地培养正确的劳动意识。

（一）培育积极劳动观

从物质角度来说，劳动是一切物质财富的源泉。生活所必需的一切物品，都是劳动创造出来的。就此，李大钊曾简单明了地阐述过劳动在物质财富创造过程中的作用，在肯定劳动自身价值的同时，也突出强调了劳动对创造幸福生活的积极能动作用。而这正体现出一种积极乐观的生活态度，一种依靠自身劳动创造价值的健康价值观。幸福的生活不等同于物质的富有，物质条件只是幸福生活的基础，获得精神上的愉悦和满足感才是真正的幸福。

（二）体悟自食其力的自我满足感

日常生活劳动大多是家务劳动，是日复一日简单劳动的重复，但是，简单劳动是复杂劳动的基础，日常生活劳动往往是体力劳动与脑力劳动的综合。

马斯洛的需求层次理论告诉我们，人的需求的满足表现出由低到高的层次性，高层次需求的满足以低层次需求得到满足为前提。但是，不同层次需求的满足并不是绝对独立的，某些活动可以同时满足人的不同层次的需求。人的劳动活动，就具有这种特性。人通过劳动获取生活资料，维持人类延续，满足人的生理需要这种较低层次的需求。劳动能使生活更富足，给人带来更美好的生活，使人获得安全保障，满足人的基本生理需求得到满足后的中等层次需求。劳动创造出劳动成果，劳动能力、劳动水平是个体的综合素质的表现。普通的日常生活劳动具有不可或缺性，出类拔萃的劳动能得到社会的承认，推动社会进步，使人获得尊重，从而得到自我满足；人们也只有通过劳动，才能真正做到自我实现，从而满足最高层次的需求。日常生活劳动频率高，劳动强度不大，技术要求不高，耗时不长，劳动成果易于呈现，而且重在分享，又能经常地传达关怀，体悟亲人的认同、肯定。因此，日常生活劳动在满足人的生理需求的同时，还能满足人的多层次精神需求，让人体会到自食其力的自我满足感。我们要在日常生活劳动中有意识地体悟这种满足感，培育正确的劳动意识。

(三) 形成尊重劳动、快乐劳动的劳动态度

从精神角度来说，适度的体力劳动能够带来精神的愉悦，一切苦恼，都可以通过劳动去排解。快乐劳动，健康生活，这是一种积极的劳动观，更是一种乐观向上的生活态度。也就是说，劳动不仅创造了物质财富，也创造了精神食粮。劳动对人自身的发展具有积极作用，有利于我们排解不快、舒缓压力、慰藉精神。在日常生活劳动中，养成快乐劳动的生活习惯，才能不排斥劳动，尊重劳动，享受劳动，进而热爱劳动。

(四) 劳动创造生活之美

劳动也是审美活动。日常生活劳动时时刻刻都在创造美：色香味俱全的菜肴、整洁的居室、富有情趣的家园，都是劳动创造的生活之美的呈现。"春种一粒粟，秋收万颗子"，这个春种秋收的景象就是浸润着人们汗水的劳动。无论是工人还是农民，无论是在城市还是乡村，那些忙忙碌碌的身影，都

是我们对责任与担当、生存与发展、个体与社会的思考与抉择。正是因为劳动，才使我们的生活更美好，社会更和谐。劳动最光荣，劳动最崇高，劳动最伟大！

第二节　大学生的社会实践劳动

一、社会实践劳动概述

(一)社会实践劳动的概念与内涵

社会实践劳动有广义和狭义之分。广义的社会实践劳动是指人类认识世界、改造世界的各种活动的总和。全人类或大多数人从事的各种活动，包括认识世界、利用世界、享受世界和改造世界等，都属于社会实践劳动范畴。狭义的社会实践劳动是指大学生在学校、家庭以外所参加的社会生活中的各种社会性实践活动，主要是指大学生利用课余时间、节假日开展的假期实习或者校外实习、实训活动，如校外实习实训、社会调查研究、假期志愿服务、校外勤工助学、社区服务、"三下乡"社会实践活动、共青团或学生会组织举办的各种活动等。因此，在这里，社会实践劳动和社会实践活动的提法，并没有本质的区别。

高校组织大学生参加力所能及的社会实践劳动，是全面贯彻我国教育方针，推进大学生素质教育的重大措施和不可缺少的环节。

大学生走出校园，利用所学知识参加一定的社会实践活动，不仅能使体魄受到锻炼，劳动观念和劳动技能得到增强，身心健康获得发展，审美情趣得到陶冶，而且有利于大学生认识社会，了解社会，拓宽视野，增强能力，提高人文认识和个人综合素质，为今后步入社会打下良好的基础。

(二)社会实践劳动的特点

大学生社会实践劳动与其他劳动活动一样，都具有体验性、互动性、客观物质性等特点，但与一般人类劳动实践相比，大学生社会实践劳动具有其自身特点。

1. 社会性

社会实践劳动具有社会性的特点。对于大学生社会实践劳动来讲，其开展便是为了吸引大学生广泛且积极参与社会生活。在这一过程中，学生能够切实感知、亲密接触社会中的人和事，以便开阔自己的视野，增加自己的社会阅历，并且大学生也能够通过对社会风俗、社会文化以及社会制度等方面的密切接触，提高自己的感悟、体验、理解和认识能力，从而树立正确的价值观念，促进个人健康全面发展，加速社会化进程。

2. 多功能性

社会实践劳动具有社会功能、育人功能，这意味着学生能够在社会实践劳动过程中提升自己的综合素质，树立正确的社会主义价值观念，促进大学生成长成才。具体来讲，通过社会实践劳动，学生能够将自己所学的理论知识应用于实际生活中，解决遇到的问题，加强学生对理论知识的理解和掌握，从而提高解决问题能力和综合运用能力。社会实践劳动的社会功能还表现在学校、社区以及家庭等方面，通过参与一些社区文艺表演活动，为人民群众带来欢乐。

3. 开放性

社会实践劳动具有开放性的特点。对于课堂教学来讲，其教学形式、教学内容通常具有固定且单一的特点，学生的学习积极性和学习潜能不能得到充分激发，以致不能得到良好的教学效果。而通过社会实践劳动，学生可以接触到书本和学校以外的世界，激发学生的学习兴趣。就社会实践劳动而言，其形式和内容呈现出开放性的特点，不仅活动开展过程具有开放性，且评价过程也具有一定的开放性，没有固定的评价指标。

4. 协同性

社会实践劳动具有协同性的特点。对于社会实践劳动来讲，这一活动的组织开展需要社会、学生、高校以及政府共同参与，协同配合，达成目标。具体来讲，社会应该为社会实践劳动的开展提供相应的实践基地，并对其进行大力宣传，吸引学生积极参与到社会实践劳动中，并为其提供有利的社会环境。对于学生来讲，他们是社会实践劳动的主体，学生应该积极主动地参与其中，充分激发个人潜能，发挥自己的特长和优势，促进社会实践劳动活动顺利开展。对于高校来讲，团委、学生处以及教务处等职能部门是社会实践劳动活动的教育主体，应积极鼓励学生参与其中，充分发挥管理、激励、指导、动员、组织以及规划等职能。对于政府部门来讲，不仅需要为社会实践劳动活动开展提供有利的政策环境，还要提供资金等方面的支持，保证社会实践劳动活动顺利开展。

5. 专业性

社会实践劳动具有专业性的特点。高校、社会应为学生提供专业对口实践活动的有利环境，使学生能够在实际生活中消化并掌握自己所学的理论知识。对于师范类专业的学生来讲，他们可以参与学校的实践活动，文科生参加社区实践活动，而工科生参加技术型企业实践活动。当然，社会实践劳动还可以根据实际情况开展更细致的专业对口实践活动。

6. 基地化

社会实践劳动具有基地化的特点。高校应积极主动地与社会服务机构、部队、企事业单位、爱国主义教育基地、农村乡镇以及城市社区等机构部门联系，遵循双向收益和合作共建的实施原则，根据学生的个人特点和高校的实际情况建立多样化的社会实践劳动基地，使学生能够按照自己的专业和兴趣爱好积极参与其中，得到进益。由此看来，社会实践劳动基地的建设不仅为学生提供实践锻炼的场地，还大大提高了社会实践劳动的质量。

7. 时代性

社会实践劳动具有时代性的特点。对于社会实践劳动活动来讲，其内容与当时的时代特色、社会热点相吻合。因此，社会实践劳动活动的组织者应与时俱进，有规律、有计划、有针对性地开展活动。

除此之外，大学生社会实践劳动也具有国际化趋势、规范化以及信息化等特点。

(三) 大学生社会实践劳动的意义

《关于进一步加强和改进大学生思想政治教育的意见》中提到，大学生思想政治教育内容应包括社会实践劳动活动，从而帮助大学生增强社会责任感，培养优秀的品格，锻炼自己的毅力，了解国情和社会，进而提高综合素质，成为社会主义建设者的接班人。由此看来，我国高校教育应注重社会实践劳动的重要作用。

1. 有利于培养大学生思想道德素质

就社会实践劳动来讲，它具有广泛参与性、普遍认同性和高度实践性的特点，是高校思想政治教育的重要载体。通过参加社会实践劳动，大学生可以加深对思想政治教育理论知识的理解，树立正确的价值观念，进而促进大学生提升道德品质。人的道德品质只有通过行动才能体现出来。大学生只有积极参加各种社会实践劳动，才能切实认识社会、了解社会，才能在社会大舞台中增强自身的使命感和责任感。另外，社会实践劳动还可以帮助大学生培养持之以恒和坚韧不拔的意志，形成脚踏实地的优秀道德品质，提升个人的综合素质，在社会中实现自己的人生价值。

2. 有利于培养大学生理论联系实际的优良学风

社会实践劳动是理论联系实际的重要途径。大学生在社会实践劳动中，通过理论和实践结合的模式，可以达到抽象的理论知识外化为实用的专业技能的目的。大学生在学校以接受课堂教育为主线，在课堂学习中大学生所获得的知识主要是抽象的、间接的书本理论。理论知识对于大学生来讲是非常必要的，然而由于缺少实践训练，许多理论知识无法转化为能够实际运用的技能，难以直接用于现实生活中，在生活中的诸多难题往往也不是依靠单一的理论知识就能解决的。通过参与社会实践劳动，大学生可以将课堂上学到的理论知识应用到实际生活中，从而提高自己的专业技术能力和实践操作能力，真正体现自身的社会价值。

3. 有利于促进大学生的社会化

对于大学生的社会化来讲，它是一个个体由生物人成长为社会人、发展并健全个人性格特点、最后适应社会生活的过程，当然，社会结构和社会文化在这一过程中得到了积累、发展，进而促进了文化传承和社会发展。当然，社会化是一个不断自我定向的过程，而对于大学生社会化阶段来讲，不仅是个人成长的关键时期，也是人格塑造、奠定性格基础的关键时期。由于大学生群体的内在特性和社会影响的原因，许多学生在刚步入大学时出现了学习适应不良、人际交往障碍等情况，这也反映了处于"心理断乳期"①的大学生在社会化中产生的诸多困惑。

作为大学生社会化的重要途径，形式多样、丰富多彩的社会实践劳动

---

① 刘征，颜卫林. 大学生劳动教育教程 [M]. 沈阳：东北大学出版社，2020：104.

有助于大学生迅速、顺利地适应社会、融入社会。大学生在社会实践劳动中，可以深入社会，正确客观地评价自我，调整自我，完善自我。另外，在社会实践劳动活动中，学生还可以提高人际交往能力、社会适应能力，使自己顺利融入社会，最后逐步实现生活目标、行为规范、职业技能以及生活技能等方面的社会化。

4. 有利于引领大学生做好职业规划

大学生只有正确进行职业规划并顺利就业才能真正实现自身价值与社会价值。大学生职业生涯规划，必须基于一定的对社会需要与所学专业的认识，大学生主动参与社会实践劳动正是实现这种认识的快捷途径。对于一些大学生来讲，他们所处的生活环境相对比较封闭，因此自己的思想、行为实践等方面容易与社会脱节，脱离现实，导致其缺乏技术能力的锻炼和脚踏实地的思想觉悟，而通过参与社会实践劳动，大学生可以积极融入社会，了解社会，锻炼自己，检验自己所学的专业知识掌握程度。当然，在这种比较真实的职场情境中，大学生也能够提前对社会和职业有基本的了解，体会职场人才的标准和学校的区别，突破轻能力、重知识的传统观念，积极调整学习态度和生活态度，从而提前做好职业规划。

5. 有利于培养大学生创新意识和创业精神

当前全社会关注大学生的创新创业教育，大学生创新创业开展得如火如荼。创新创业对大学生的职业规划、创新和创业素质、事业心、开拓精神等都有较高要求。社会实践是大学生充分发挥主观能动性与积极性的过程，有利于培养学生的创新精神。在社会实践中，大学生根据自己的专业特点进行选择，自主选择活动方式、控制活动过程，许多富有专业特色的社会实践还要求学生综合运用所学知识与技能，在实际生活中考察并检验自己所学的理论知识，并增加自己的实践经验，调动潜在创造力，实现自身价值。当然，在参加社会实践劳动活动之前，大学生应根据自己的兴趣特点、专业方向来进行选择，或者在与自己专业领域相符合的高新技术企业参加社会实践劳动，及时掌握专业领域的最新研究成果，从而加深自己对本专业前沿知识、科研水平以及专业特色等方面的了解，激发自己的创新意识，提高分析问题能力和解决问题能力，明确就业方向，为日后的创业、就业打下良好的基础。

二、社会实践劳动意识及其培育

随着我国进入社会主义新时代，社会实践劳动也应该呈现出新气象。对于当代大学生来讲，他们应在社会实践劳动中树立正确的价值观念，并且积极主动践行社会主义核心价值观，实现实践价值和青春梦想。当然，通过参加社会实践劳动，学生还可以形成积极乐观向上的心理素质，增强社会责任感。

（一）社会实践劳动意识

对于社会实践劳动意识来讲，它是指学生通过参与社会实践劳动，而培养、形成的马克思主义劳动价值观，也被人们称之为社会实践劳动意识。

人民创造历史，劳动开创未来。只有通过劳动才能进行实践，才能提高认知能力，才能创造美好生活。劳动不分贵贱，只有尊重劳动者，并投身于劳动实践中，才能培养并形成奉献、创新、奋斗以及勤俭的劳动精神，形成良好的劳动习惯。

（二）社会实践劳动意识培育

1. 社会实践劳动意识培育的要点

2020 年 3 月，国务院《关于全面加强新时代大中小学劳动教育的意见》中指出："近年来一些青少年中出现了不珍惜劳动成果、不想劳动、不会劳动的现象，劳动的独特育人价值在一定程度上被忽视，劳动教育正被淡化、弱化。对此，全社会必须高度重视，采取有效措施切实加强劳动教育。"对大学生而言，就是要勇敢地走出校门，参与社会劳动实践，着力从以下方面逐步形成正确的劳动意识。

（1）坚持正确的价值观

第一，树立勤劳苦干的劳动美德观念。勤劳是中华民族几千年贯彻始终的道德倡导。《大戴礼·武王践祚·履屦铭》中写道："慎之劳，则富。"强调勤劳才能够致富。《古今药石·续自警篇》中写道："民生在勤，勤则不匮，是勤可以免饥寒也。"意思是勤劳能够让人避免饥饿与寒冷。诗人李绅在《悯农》中写道："锄禾日当午，汗滴禾下土。谁知盘中餐，粒粒皆辛苦。"

将珍惜食物与辛勤劳动融洽地结合起来，影响和塑造了中国人勤俭节约的美德。通过社会实践劳动，大学生体会到劳动的甘苦，真正认识到勤劳苦干的劳动美，这样才能发扬劳动美德，弘扬工匠精神和坚忍不拔、自强不息的劳动传统，从而与全国人民一道创造伟大的历史，不断开创未来美好生活。

第二，树立快乐劳动的观念。通过参与社会实践劳动，人们可以从中体会到服务社会、奉献自己的人生价值，促进其体验生命意义，实现自我价值。对于劳动来讲，它是中华民族优良的传统美德，也是价值的唯一源泉，人们可以通过劳动感受到生命的律动并从中创造物质、精神财富，实现人生价值。大学生也应该通过参与社会实践劳动体验获得感和满足感，在劳动中发现快乐、寻找快乐、创造快乐，并在帮助他人的情况下体会到劳动带来的享受。

（2）树立科学的实践观

社会实践劳动是大学生服务社会、了解社会和接触社会的重要手段，通过参与社会实践活动，大学生可以将自己所学的专业知识落实到实际生活中，奉献自己的知识、汗水和智慧，并促进自己对社会的了解，通过实践来提升自己分析问题能力和解决问题能力，从而实现自我价值。另外，对于大学生来讲，参加社会实践劳动也可以在一定程度上提高自己的社会责任感，培养职业观念，积极融入社会生活。高校应积极鼓励大学生参与社会实践劳动，同时加强宣传与教育，使得大学生能够积极参与其中，了解其在以后社会生活中的重要作用，从而养成正确的社会实践劳动观念，当然，这也与社会实践劳动的思想政治教育作用相吻合。

（3）增强自觉的劳动意识

对于劳动来讲，它不仅是中华民族优秀传统美德，是人们维持自我生存、自我发展的唯一手段，也是人们适应自然、创造美好生活的源泉。通过参与社会实践劳动，学生可以体会到劳动带来的快乐，激发参加劳动的积极性和主动性，形成尊重劳动的价值观念，并在日常生活中养成良好的劳动习惯。对于大学生来讲，他们通常处于一种较为封闭的社会环境中，缺少对社会的了解和体验，因此，他们必须摒弃"两耳不闻窗外事，一心只读圣贤书"的观念，积极参与社会实践劳动，并从中积极培养自己的综合素质，提高劳动实践能力，转变传统"被动实践"的观念，激发自己的创造潜能。当然，通过参与社会实践劳动可以使大学生更透彻地理解社会实践劳动意义，加强劳动创造财富的认知，增强参与实践劳动的积极性和自觉性，将自己的兴趣爱好、专业特长以及优点优势与实践活动结合起来，切实提高自己的社会实践劳动能力，促进经济社会建设。

（4）培养积极的进取意识

对于社会实践劳动来讲，大学生是重要的劳动主体，也是最直接的受益者。因此，对于大学生来讲，他们应积极参与社会实践劳动，培养主动劳动意识和积极进取意识，学生也应该积极配合高校开展的引导与教育，形成奉献自己、服务他人的道德品质，切实发挥社会实践劳动的思想道德教育作用，完成社会对当代大学生综合能力组织的要求。在具体实践活动中，大学生也应该积极学会与他人合作劳动，体会奉献社会、服务他人的快乐，进而形成劳动习惯。

2. 社会实践劳动意识培育的内容

随着社会的不断进步和发展，劳动意识的内涵和外延在不断地丰富和发展，但劳动是创造一切财富的源泉始终不会变。因此，探寻增强当代大学生的社会实践劳动意识的实现路径，首要的问题是必须明确劳动意识培养所应包括的基本内容。

（1）正确劳动认知的培养。社会劳动意识的培养过程必须先解决的问题就是让我们的大学生形成对劳动的正确认知，增强劳动认同感。拥有对关于劳动的正确认识，进而努力发挥自身的主观能动性，从而促使科学的劳动情感、劳动态度、劳动习惯和劳动精神得以形成和发展。劳动虽然在具体形式的呈现上有体力劳动和脑力劳动、简单劳动和复杂劳动的区分，但是在本质上劳动都是社会财富创造的源泉。劳动是光荣的，创造是伟大的，只要有利于经济、文化、社会、生态文明的建设，有利于人类社会文明的向前推进，有利于国家建设以及劳动者自身的成长和进步的劳动都是美丽的，都应该得到我们的认可和尊重。科学劳动意识的建构，有助于我们更加明确和更加主动地挖掘蕴藏在劳动中的伟大意义和光辉价值。

（2）崇高劳动情感的培养。通过参加具体的劳动，劳动者不仅能够体会到劳动的艰辛和劳动成果的来之不易，消除过去对劳动的错误认识，还能享受到劳动带给人的乐趣。明确劳动不仅是财富的源泉，更是幸福的源泉，从而激发大学生积极投入现代化建设，尊重劳动，崇尚劳动，勤于劳动，与广大劳动人民一道，用劳动托起伟大的"中国梦"。

（3）积极劳动态度的培养。辉煌的历史文明是人们辛勤劳动，努力创造的结果，同样美好未来的开拓也需要每一位中华儿女都能继承和发扬这种优秀品质，建立对劳动的正确认识，端正自己的劳动态度，树立积极乐观向上的劳动理念，勇敢面对劳动过程中的问题和困难，勤于劳动，敢于创新，为国家富强、人民幸福而不懈努力。

（4）良好劳动习惯的培养。劳动习惯能够很好地检验一个人对劳动的认识是否正确以及劳动态度是否端正等。当代大学生的劳动意识比较淡薄，没有养成良好的劳动习惯。因此，必须积极培养当代大学生热爱劳动、艰苦奋斗的优良品质，使其逐渐养成爱劳动、会劳动的良好习惯，进而促进他们劳动意识的提升和身心的全面发展。

（5）艰苦奋斗的劳动精神的培养。劳动创造财富，劳动使人幸福，但这一过程又是极其艰辛的，需要我们每个人都要拥有锲而不舍、驰而不息的顽强意志力和埋头苦干、艰苦奋斗的劳动精神。在艰苦奋斗精神的鼓舞下，不断激发我们劳动的热情，辛勤劳动、诚实劳动，在劳动中敢于打破常规逐渐释放创新和创造的潜能，汇聚起国家富强和人民幸福的强大力量，不断开创更加美好的生活。

3.社会实践劳动意识培育的路径

当代大学生能否充分认识到劳动的伟大和真正价值，能否勤于劳动、诚实劳动和创造性劳动，不仅关乎着自我价值和美好人生理想的实现，同时也关系着国家的兴旺发达的希望。当代大学生劳动意识不强是由多个方面的因素引起的，因此，我们需要从多方面、多角度寻求解决问题的具体思路和途径。下面根据大学生劳动意识存在的问题及产生的原因，分别从社会、学校、家庭和大学生自身四个主要层面来探究相对应的提升大学生劳动意识的具体实施方案和策略，以期形成一股合力，进而在共同力量的作用下，积极引导和强化大学生科学的社会实践劳动意识的形成和发展。

（1）拓宽社会在大学生劳动意识培养方面的渠道。社会是大学生劳动意识培养的主要的外部环境因素，是大学生劳动意识形成和发展的重要渠道，整个社会氛围对大学生劳动意识的培养具有重要的作用。因此，结合当前国际和国内社会的发展形势，坚持一切从实际出发，不断加强大学生劳动意识培养的理论建设，弘扬劳动模范精神，肯定劳动光荣的伟大意义，以"大众创业，万众创新"引领社会风尚，积极营造崇尚劳动、勇于创新的社会氛围。

①加强大学生社会实践劳动意识培养的理论建设。充分挖掘并大力宣传我国劳动模范的光辉事迹，号召全体社会成员学习他们身上所彰显出的高贵的劳模品质和劳动精神，进而树立热爱劳动、尊重劳动以及辛勤劳动、诚实劳动、创造性劳动的思想理念，整个社会都要形成以辛勤劳动为荣。我们必须结合中国国情和大学生的身心发展特点，从相关劳动理论中提取更具体和更有针对性的理论成果，将有关劳动最光荣、创造最伟大的新的观点和论述作为我们当前社会加强大学生劳动意识培养的重要指导思想，一方面丰富和发展了劳动理论，另一方面可以切实提升当代大学生的劳动意识，依靠辛勤劳动为国家发展繁荣贡献力量。

第一，树立平等的劳动意识。当前社会对实践劳动分工存着片面化的认识，一方面长期把劳动与体力劳动对等起来，认为体力劳动是劳动；另一方面体力劳动难以得到人们的重视。显然这样的观点是错误的，缺乏关于劳动的正确认识，将会影响社会经济的健康快速发展以及整个社会环境的和谐。劳动是人类特有的活动，是人充分发挥主观能动性，以消耗一定的体力劳动和脑力劳动为基础，并且能够不断创造物质和精神财富以及逐渐满足人类自身的生存和发展需要的积极主动地改造世界的过程。分工是人类社会进步的一个重要标志，导致了体力劳动和脑力劳动的长期对立，具有深远的历史意义，不仅导致生产的专业化水平提高，同时也促进了人的自由个性发展。劳动是有分工的，它直接体现在人的职业差别上。因此，我们必须认清社会分工的本质，消除劳动差别，建立劳动平等意识。分工是社会历史发展到一定阶段的产物，劳动分工虽然存在着不同，但劳动绝没有高低贵贱之分，一切有助于社会事业发展的劳动——不论是体力方面的劳动还是脑力方面的劳动，不论是简单的还是复杂的劳动，都是光荣和伟大的，值得我们每一个人尊重和学习。

社会经济在不断发展，科技发展日新月异，导致从事体力劳动的人逐渐减少，从事脑力劳动的人在逐渐增多，但这不能表明体力劳动就可以不被重视，甚至被轻视。我们必须始终坚持劳动人民在社会历史发展中的主体地位，引导大学生树立平等的劳动意识，进而逐渐形成热爱劳动、尊重劳动的良好品格，从而凝聚中华民族的强大力量。

第二，树立快乐的劳动意识。劳动是一种艰苦的活动，这种把劳动界定为艰苦的活动的片面认识，偏离了劳动本身所具有的意义和价值。不管体力劳动还是脑力劳动，都需要人们的辛勤付出，需要人们拥有吃苦耐劳和艰苦奋斗的精神，所以劳动确实是艰苦的，但劳动也是快乐的，是一种包含着快乐意义的活动，是一切美好事情的源泉。劳动最大的意义就在于能给人带来享受。即使在社会总体上处于异化状态时，劳动者通过自己的辛勤劳动，在创造财富的过程中也能体会到一种成就感和创新创造的快乐。树立快乐的劳动意识，不仅能够提高人们的劳动积极性和自觉性，而且能够不断激发人的创新潜能，促进创新创造，从而实现自己的人生价值。

第三，树立创新创造的劳动意识。当前的社会劳动被赋予更广泛的时代内涵，成为一种包含智慧、勇气和"工匠精神"的创新创造，它不断激发人们的奋斗热情，不断释放创新创造的潜能，汇聚着推动社会进步的强大力量。长期以来，我国的劳动者被更多地与"勤劳""吃苦耐劳""艰苦奋斗"等标签联系在一起。诚然，正是广大劳动者通过自己的辛勤劳动和艰苦奋斗才不断推动着社会进步，艰苦奋斗的精神品质在任何时候都不会变质，值得我们一代又一代人的传承和发展。时代在进步，社会在发展，劳动技术水平在不断提高，劳动方式和劳动内涵变得更加丰富。因此，劳动者必须不断地提高自身素质，从而能够更好地迎接新的机遇和挑战，劳动者素质的高低直接关系着国家和个人的前途和命运。

劳动者既要实干又要创新。当前我国国内外环境和经济发展方式发生了重大的变化，要想实现经济发展的升级换挡和提质增效，要想在新一轮全球科技革命和产业革命中抢占先机，就需要通过创新驱动发展，这一切都呼唤创造性劳动，需要每一位社会事业的劳动者参与进来。因此，我们必须始终大力弘扬创造性劳动的精神，不断激发广大劳动者的创新热情和创造活力，从而推动大学生劳动意识的提升和创新创造潜能的迸发。

结合国内外的发展现状以及时代给广大劳动者提出的新要求，努力构建具有时代特色的社会实践劳动意识培养内容，不断强化大学生社会实践劳动意识培养的理论建设，引导大学生树立平等、快乐和创新创造的劳动意识，进而提高大学生的劳动自觉，热爱劳动、尊重劳动、诚实劳动、创造性劳动，在劳动中创造属于自己的饱满人生。

②弘扬劳模精神，充分发挥先进典型的示范作用。对于学生来讲，他们应积极寻找、挖掘身边优秀人物的先进事迹，深切体验劳动带给人们的价值和意义，从而使其有更大的精神动力参与劳动，参与实践。对于劳动模范来讲，他们身上通常具有精益求精、敢于创新且热爱劳动的精神品质，大学生应积极学习他们身上所拥有的劳动精神和精神品质，以推动人民幸福、社会进步和国家富强。由此看来，社会应积极宣传劳动模范的先进事迹，以多样的形式鼓励大学生参与到社会实践劳动中，并号召其向那些先进模范学习，向他们靠拢。劳动者的精神，始终鼓舞着人们辛勤劳动、艰苦奋斗、勇于创新创造，它已经成为时代精神的重要内涵。

在新的社会历史发展时期，劳动技术水平在不断提高，劳动方式和劳动精神内涵变得更加丰富，每一位劳动者不仅要踏实苦干、辛勤劳动，还要增强创新自信，具有"工匠精神"，努力推动创新驱动发展战略的实施和创新型社会的建设。面对新的时期改革发展前进道路上的各种困难，急需发挥先进典型的示范作用，以伟大的劳模精神凝心聚力，号召大学生努力学习劳动模范身上迸发出的优秀精神品质，在榜样力量的作用下增强自身的劳动意识，辛勤劳动、诚实劳动，敢破敢立，勇于创新，为美丽中国梦的实现拼搏奋进，让劳模精神和劳动精神代代相传，让尊重劳动的文化成为新的社会风尚。

③以"大众创业，万众创新"引领社会风尚，积极营造崇尚劳动、勇于创新的社会氛围。社会环境对一个人的成长发展具有重要的作用，良好的社会环境有助于当代大学生劳动意识的增强。由于大学生社会阅历不足，思想意识处于不成熟不完善的阶段，很容易受到社会环境的影响而呈现出多变的特点。如果整个社会环境是崇尚劳动、创新创造的氛围，在这样的氛围熏陶和感染下，相信每个人都会逐渐增强劳动意识，形成辛勤劳动、诚实劳动和创造性劳动的理念。

全社会要努力营造崇尚劳动、勇于创新的良好氛围和条件，积极推动各种创新要素的有效融合和众创空间的发展，让新时代的"创客"形象成为创新中国、智慧经济的一道亮丽风景，让大众创业、万众创新成为中国经济持续健康发展的新动力。

一个社会有很多美德值得人们提倡和推崇，美德使多样化的个体价值具有彼此的包容性，美德使我们的社会更美好，人民更幸福，所以我们必须大力倡导热爱劳动、尊重劳动的社会美德。崇尚劳动是实施创新驱动发展的应有之义，要在整个社会范围内形成尊重劳动、崇尚劳动、勇于创新的良好氛围，以"大众创业，万众创新"引领社会风尚，唱响劳动光荣的旋律，促进大学生劳动意识的增强，使其积极建构劳动最美丽、创造最伟大的思想观念，在学习和工作中能够勤于劳动，并且能在劳动中敢于打破常规，实现创新，进而创造出更大的社会价值。

（2）深化学校在大学生社会实践劳动意识培养方面的关键作用。学校教育是国家发展的基础，关系着国家的希望和未来，高等学校教育更是一个国家综合实力的重要体现。凡是世界经济强国，也必然是教育强国。中华文明数千年生生不息，根本在于重视教育尤其是学校教育，改革开放40多年以来，我们始终把学校教育的发展放在首位。面对当前经济全球化的深入发展和新一轮科技革命、产业革命的兴起，学校教育要全面认真贯彻国家的教育方针，要努力促进学生在德、智、体、美、劳等方面的全面发展和进步，不仅要提高学生的科学文化素质和思想道德水平，还要不断强化对学生的社会实践劳动意识培养，提升大学生的劳动意识，从而促进他们身心的健康发展。

①树立全面发展的教育理念。我国高等学校教育必须注重学生的劳动意识培养，努力使其成为全面发展的人才，进而能够为我国现代化建设贡献更大的力量。大学生社会实践劳动意识培养是高校思想教育的一个重要组成部分，是促进大学生全面发展的基础。因此，高校必须转变传统教学理念，突出大学生劳动意识培养在整个学校教育中的重要地位，不断强化对学生的劳动意识教育，引导大学生对劳动意义和价值有正确的认识，培养学生热爱劳动、尊重劳动、努力向劳动人民学习的思想意识，坚持吃苦耐劳、脚踏实地、辛勤劳动的优良传统美德。另外，高校还需要积极培养大学生的社会实践劳动意识，强化立德树人的发展要求，以创新、协调、绿色、开放、共享五大发展理念为引领，深化教育教学改革，树立体现国家和社会发展要求

以及时代精神的全面发展教育理念，切实增强大学生的劳动意识，使大学生具备创新精神和社会责任感，培养更多为国家富强和人民幸福奋斗的优秀人才。

②重视教师的榜样示范作用。教师在教育教学过程中，不仅是科学文化知识的传授者，同时也是受教育者身心全面发展的培育者，在不断挖掘蕴藏在每个学生内心深处无穷的想象力和创造力以及在刻画完美心灵的同时，使我们人类的优秀文化得到有效的传承和发展，也促进了社会发展。教师的最主要的责任是依靠自己榜样的力量来影响学生，因为学生具有向师性的特点，教师在课堂上说过的每一句话、做过的每一件事以及在生活中的为人之道和处世态度，都会在有形或无形中对学生的身心发展产生一定的影响，都有可能成为学生效仿的对象，教师高尚的人格、渊博的科学文化知识和严谨的教学态度等都将成为学生学习的榜样。因此，教师必须加强自身的修养，在工作、学习和生活的细节中透出良好的劳动习惯和品质，学生积极的劳动意识的建构离不开教师的谆谆教诲和良好的榜样示范作用。

高校思想教育理论课在对学生的思想教育过程中起着重要的作用，同时也是培养大学生劳动意识的关键一环，但由于传统教学模式的抽象性，导致学生对其接受度比较低，因此，教师需要对课程进行具体化、趣味化和生活化，这样才能保证良好的教学效果的取得，从而为大学生树立科学的社会实践劳动意识提供系统的理论基础。

教育要使蕴藏在每位学生内心深处的潜能得到极大程度的发挥，注重教育的启发性，不断提高学生学习的自觉性和主动性，点燃他们创新的热情，从而为社会进步注入更大的动力。今天国家的发展需要更多的创新型人才，我们的教师要与时俱进，不断更新教育理念，在工作和学习中树立以辛勤劳动为荣的理念，敢于创新，为学生劳动意识的提升以及各方面素质的全面发展起到良好的榜样示范作用。

③各个高校要深度参与创新驱动发展战略的实施，为大学生社会实践劳动意识培养清障搭台。创新是一个国家经济发展和社会进步的永恒推动力，是在日益激烈的国际竞争中处于有利位置的重大支撑，必须始终放在国家发展的第一位。在新的社会历史发展时期，我国根据国内外形势的变化，提出要着力实施创新驱动发展战略，强调要坚持创新在发展中的重要地位，

增强创新自信，努力打造充满创新力的新的经济发展模式。创新推动发展，契合我国发展的历史逻辑和现实逻辑。我国要壮大创新主体，建设世界一流大学和一流学科，加快我国现代大学制度的建设，引导大学加强基础研究和追求学术卓越，系统提升人才培养、学科建设和科技研发的创新水平，进而提高大学生的劳动意识和创新创造能力，以期在新一轮的产业革命中发挥更大的作用。

高校不仅是创新驱动发展战略的主要参与者，同时也是推动其顺利实施的重要力量，高校在创新创业人才培养以及大学生社会实践劳动意识的建构方面举足轻重。然而，目前很多高校在对大学生进行社会实践劳动意识的培养过程中仍然存在着较多问题，如教学机制僵化，对学生的培养方式单一，创新人才难以脱颖而出；课程设置、教学方式难以满足大学生劳动意识培养和社会实践能力提高的现实要求，学院、学科、专业各自为战，人才培养格局固化，难以形成促进大学生劳动意识提升的合力；教师与学生之间存在着脱节，教师对学生的影响力和感染力越来越小，教师的榜样示范效应没有得到真正的发挥等。针对这些问题，高校必须从学校和学生发展的实际出发，与时俱进，积极主动采取合理的改革应对措施，深入参与国家创新驱动发展战略实施，着眼于制约国家未来经济发展的核心问题，立足当代大学生的身心发展特点，积极创新教育模式和完善教学内容，为大学生社会实践劳动意识培养清障搭台。

第一，深化创新创业教育改革，积极推进高校建设，是提升大学生劳动意识的关键突破口。全体教师、学生都应参与其中，课程、师资、专业、实践教学都能围绕大学生劳动意识培养的实际需要，提高大学生在思想观念、思维方式和实践操作等方面的能力，鼓励教师用新理论、新知识、新技术更新教学内容，切实为大学生劳动意识的建构和创新自信的增强提供有效的保障。

第二，高校要加强与企业的联系和合作，创新驱动知行合一，两者要在科技创新领域和人才培养方面深度合作，既要充分发挥高校在人才方面的优势，又要释放企业在资本、信息等方面的活力，实现教学、科研，以及生产等要素的有效融合，从而助力高校深度参与创新驱动发展战略实施，积极推动社会生产力的快速发展，打造更多的就业机会和创业平台，为大学生劳动意识的提升注入强劲的动力。

第三，高校必须植根于国家和社会的主流价值观，扎根中国大地办特色的高水平大学。高校应始终立足国家的实际发展需要以及国内外现状，准确把握学生的身心发展特点，从办学理念、办学思路、办学体系到学科设立、专业开设、课程设置等必须满足大学生全面发展和经济社会发展的要求，努力培养一批既能埋头苦干又能坚持创新的优秀人才队伍，让大学精神与时代精神相互激荡，从而为国家富强和人民幸福注入更大的动力。

（3）奠定家庭在大学生劳动意识培养方面的基础。一个完整的社会是由无数家庭组成的，家庭是一个人从出生到死亡的一个重要活动场所，父母在子女的成长过程中起着举足轻重的作用，家庭教育是整个人生教育过程的起点。在热爱劳动、勤于劳动、尊重劳动的家庭环境成长的人一般都会有较强的劳动意识，所以我们必须高度重视家庭在子女劳动意识培养方面的基础作用。

①父母要从小培养子女的劳动意识。一个家庭的教育方式以及父母的言行举止对子女在成长过程中正确的思想意识的形成和发展起着至关重要的作用。如果父母能够常常表现出热爱劳动、勤于劳动的良好生活态度，并能坚决摒弃不劳而获的错误观念，以身作则，子女长期在父母的这种精神品质影响下，劳动意识也会不断得到增强。家庭教育既是一门学问也是一门艺术，当自己的子女能够做一些力所能及的家务时，父母要多多给予鼓励，减少子女对自己的依赖，逐渐培养他们的家庭责任感。父母要抛弃功利化的社会观念，要认识到子女劳动意识的培养对其成长的重要意义，以期长大后能够更快、更好地融入社会。父母除了重视子女的成绩外，还要更多地关注他们的劳动意识培养问题，不断强化他们对劳动意义和价值的认识，使他们认识到辛勤劳动、艰苦奋斗最光荣，从而在学习和工作中能够做到脚踏实地、辛勤劳动，用自己的双手开拓创新，在劳动中实现自己的人生理想，在劳动中为国家事业的发展加砖添瓦。

②树立正确的家庭教育观念，重视好家风在子女劳动意识培养方面的作用。家庭教育是中国文化的优势资源，孝文化、君子文化、勤于劳动的精神品质都是中国家庭教育的正面结果。一个人的成长过程与自身所在的家庭环境有着很多的联系，父母的言行和整个家庭氛围都在有形或无形中影响着

子女的快乐成长和全面发展，这种终身性的教育往往反映了一个家庭的家风，家风好坏对子女今后的发展具有重要的影响，因此，我们必须大力推进好家风的传承和发展。好家风既是家庭建设的重要动力和主要内容，同时对于家庭成员优秀人格的塑造和良好社会风气的营造具有极大的促进作用。它承载着我国优秀文化传统和实践智慧，对今天社会的核心价值观培育、精神文明建设以及创新驱动发展战略的实施是非常宝贵的精神资源和思想宝库。家是个人成长的第一空间，父母及长辈的生活态度、处世之道、价值观念等都会成为子女判断是非的标尺，形成一个家庭的行为规范和思想准则，家庭成员从家风中寻找精神归属，家庭文化凭借家风得以延续。家长必须积极营造良好的家庭成长环境，并且能够充分发挥自身的榜样示范作用，子女在好家风的感染下和榜样力量的激励下，积极主动地构建正确的劳动意识，既要脚踏实地，又要勇于打破常规，实现创新，努力发扬光大好家风，为国家富强、社会进步以及家庭幸福而奋勇前进。

（4）发挥大学生自身在劳动意识培养方面的根本作用。自我教育是对社会、学校和家庭教育的一种补充和完善，是促进自身全面发展的一个重要因素，在社会实践劳动意识培养方面起着根本性的作用。因此，在大学生劳动意识的培养过程中，要充分发挥大学生自身的主体性作用，调动其自觉性和主动性，强化对劳动意义和价值的认识，从而不断增强劳动意识。

①大学生要不断进行自我教育，培育精益求精的"工匠精神"。除了社会、学校和家庭教育对大学生劳动意识培养的作用外，大学生不断地进行自我教育也是提高劳动意识非常重要的一个环节。社会、学校和家庭的培养目标是通过学生的自我教育实现的，只有根据自身的身心发展特点将社会、学校和家庭的教育内容内化为自己的需求，并且努力应用于实践中，这样才能更好地实现教育目的和创造真正有意义、有价值的美好人生。大学生要始终坚持自我教育，明确自我认知、自我觉悟才是劳动意识培养的关键，积极主动将劳动观念、劳动情感内化为自我意识，增强劳动自觉，努力培育精益求精的"工匠精神"。

②增强劳动的自觉性和创造性，积极参与就业和努力实现自主创业。劳动自觉是指个体在充分体会劳动的意义和价值后，产生的一种劳动认同感，并且将这种认同逐渐内化为自我意识，使其成为引领自己一生发展的

重要价值指向。劳动过程是艰苦奋斗的过程，需要人们的辛勤付出，在劳动中，人们不仅能够感受到劳动创造的意义和自我实现的意义，而且能从中获得满足和快乐。大学生要不断增强劳动的自觉性和创造性，增强劳动认同感，明确劳动的意义和价值，辛勤劳动，勇于创新，重视个人良好劳动习惯的养成，不断激发劳动创意，积极开拓创新，去除功利化的价值取向，客观认识每一种劳动形式存在的意义，将个人的全面发展和社会的进步作为劳动的目的，热爱劳动，勤于劳动，勇于创新，从而全面提升自身就业创业素质。

创业是更加积极的就业，当前大学生思维活跃、知识技能水平较高、精力充沛，要不断增强劳动的自觉性和创造性，努力成为推动创新创业的强劲力量，以创业实现更加积极的就业。但大学生努力自主创业不是追求一种时尚潮流，它需要知识、科技、专业、资金等众多条件的积淀，需要审时度势、因势利导，认真全面分析市场需求以及市场现状，充分考虑创业的风险成本以及应对风险的策略。要想在市场占有一席之地，要想创业成功，必须树立劳动光荣、创造伟大的思想意识，敢于迎接挑战，增强创新自信，释放创新热情和活力。当今社会，创新是实现一个国家持续健康发展的永恒动力。当前我们大力推进创新驱动发展战略，创新驱动实质上就是人才驱动，大学生既要扎牢科学文化知识的根基，让思想冲破牢笼，拓宽思维，又要多动手，增强社会实践能力，提高解决实际问题的能力，在实践中觉醒，践行知行合一。提高劳动的自觉性和创造性，增强原始创新意识，并使其成为一种习惯和本能，把就业创业当作学问来做，脚踏实地，专注忘我，辛勤劳动，勇于创造，以敢闯敢创的活力冲破守成的暮气，积极参与就业和努力实现自主创业。

第三节 大学生的职业体验劳动

一、职业体验劳动概述

职业一词最早出自《荀子·富国》："事业所恶也，功利所好也，职业无分，如是，则人有树事之患，而有争功之祸矣。"职业在汉语中是指一个人在生活中的主要生活来源、主要从事的工作。首次将工作概念进行界定的是西方学者马克思·韦伯，在他看来，职业是在为个人收益创造连续机会的同时，将个体的专业化、功能性细分并相互结合。由此可见，职业具有双重性：一是个性化和谋生化的劳动分工；二是专业性和连续性的自我实现方式。因此，职业作为持续不断的、有目的的活动，必须面向学生的未来和生活，以达到终身学习的最终目的。

换句话说，职业是具有稳定收入的社会性工作，是人们一生追求的事业、岗位和工作，在职业范畴里，人们可以从中获得相应的报酬，还可以在社会生活中扮演一定的社会角色，参与到社会生活当中，并且，职业还能够实现自身的价值，为社会贡献一份自己力所能及的力量，进而促进社会的共同发展。

职业体验劳动是通过有组织、有计划、有目的地参与与职业相关的实践劳动教育活动，是一种实施认识职业、发现和培养职业兴趣、了解职业倾向、探索体验并选择适合个人职业生涯发展的教育活动，是大学生职业生涯规划与就业指导的实践环节。

对于学生而言，职业体验劳动不仅是工作，更是除了专业文化教育之外一种特殊的教育方式，在劳动中德育、智育、体育、美育相融合，对形成健全人格和健康的社会形态都具有积极的作用。

"教育必须与生产劳动相结合"是社会主义学校教育的一个基本原则，是实现人的全面发展的根本途径和唯一方法。在很长一个时期内，人们都信奉着"工作美丽""劳动光荣"的信条，并在生产和生活中维护之、力行之。可以不夸张地说，中华人民共和国成立后，人们都把工作劳动视为光荣的使命和责任，职业体验劳动更是一种能体现育人价值的劳动实践。

（一）职业体验劳动的特性

职业体验劳动不仅仅是认知职业、感受职业，更是为提早从事职业做好准备和付出的努力。职业体验是强化职业认知、职业兴趣，了解经济社会发展趋势和不同职业的专业素养要求，提升劳动技能的实践环节，具有多元性、教育性、实践性、时代性和个体差异性等特性。

1. 多元性

职业体验劳动主要是通过劳动与职业体验结合起来的实施模式，更好地形成社会协调的劳动教育格局。职业体验劳动有学历和非学历之分，正规和非正规之分，学校和社会组织之分，某类职业和特定岗位之分，知识教育和技能培训之分，职前和职后之分。不同的职业体验劳动对人的影响也不相同，面对不同的职业劳动，需要具备的能力也不相同，所以职业体验劳动的多元性很强。

2. 教育性

生产劳动和教育的结合离不开职业体验劳动的承载，职业体验劳动能够连接学生的现在和未来，在培养学生劳动能力的过程中，引导学生认识和了解职业的概念，不断完善职业知识架构和增强劳动技巧，增强学生的职业意识，从而帮助学生树立正确的职业价值观和具备职业素养，让学生能够尽快地适应社会生产劳动。大学生在职业体验劳动中知行合一，并获得丰富的职业体验感受，升华职业品质，强化就业动力，为实现从学生到职业人的过渡奠定了基础。

3. 实践性

实践性是职业体验劳动的核心要义。通过校内理论教学、课余体验、专业体验等方式，突破大学生的局限性，让大学生获得实际操作技能，培养劳动观念，加强理论联系实际，了解企业组织与生产管理的情况，更是帮助大学生正确地认识专业、职业、个人、社会之间的关系，增强大学生的社会意识，提高参与能力，提高大学生职业劳动技能，提升大学生综合职业素养。

4. 时代性

不同的时代有不同的职业，有着不同的职业体验劳动。随着社会的快速发展、时代的不断变化，新时代职业体验劳动除了需要满足学生的生活世界外，还需要架起连接科学世界与生活世界的桥梁，实现科学世界与生活世界的对接，从根本上帮助学生化解职业定位模糊不清的危机，确立较为清晰的职业理想和目标，"调整个人职业规划，为提升职业素养和职业品质指明方向"[1]。

---

[1] 付晓东，张新安. 新时代大学生劳动教育 [M]. 北京：人民日报出版社，2020：89.

5.个体差异性

不同的职业体验劳动对学生身体素质、意志品质、适应能力等方面的要求是不同的，呈个性化特点；不同专业、不同兴趣爱好的学生在职业体验劳动个性化需求的基础上又有其自身的需求。通过大学生自主参与职业体验劳动，帮助大学生在充分认识自我和社会的基础上，了解目标职业的社会需求、职业环境要求，实现学生的自我教育、自我完善、个性发展，为未来就业创业奠定基础。

(二) 职业体验劳动的意义

1.唤醒就业意识，明确职业理想

不少大学生进入大学后，仍然仅仅以成绩为追求目标，以考取各类证书为学习动力，没有深入考虑自己的职业个性、职业兴趣与动机，对就业意识的重要性知识不足，对就业与自己人生的关系认识不足，甚至有些学生毕业工作后才意识到自己并不适合或适应此专业。因此，学校需要利用职业体验劳动相关课程的开设，来唤醒大学生的就业意识，让学生们在职业体验的过程中，发现、培养职业兴趣，完善职业认知，了解职业倾向，更加明确自己以后的职业理想。

2.充分认识自我，树立职业自信

正确认识自我是一个人拥有自信心的基础。学生对职业的认知是由感性开始，逐步上升到理性的过程。学校通过职业体验劳动课程的开设，使学生从兴趣、性格、能力和价值观四个方面全面、充分地认识自我，并在职业体验的过程中，树立职业自信。

3.提升职业能力，培养职业精神

具有良好职业能力和职业精神的高素质人才，既是高校的人才培养目标，也是行业、企业用人单位选择人才的标准。高校开设职业体验劳动实践教学，既是大学生职业技能水平提高的重要环节，又是职业精神培养的重要途径。学生在实习实训、顶岗实习及毕业实习的真实或仿真环境中，能感受到相关岗位的职业精神要求，在职业体验劳动中能增进对所学专业和未来职业的认识，提高对职业精神的认同，增强职业精神养成的自觉性。

4.实现自我教育，做好职业规划

职业体验劳动教育是大学生实现自我教育的重要载体。从教育的可持续性发展和终身教育来看，自我教育可以说是教育的理想境界。

高校通过开设职业体验劳动课程，为学生开展职业生涯规划活动提供了新的路径。职业体验劳动可以让学生提高对劳动实践的认识，亲身感受职业劳动的辛苦与乐趣，培养学生的动手能力和实践能力，有助于学生在体验过程中尽早发现自己的擅长所在、兴趣所在、潜力所在，对有关职业有较为准确的认识，从而实现个人未来职业选择与事业发展的精准定位与最优化，做好职业规划。

二、职业体验劳动意识及其培育

（一）职业体验劳动意识

在实践社会主义核心价值观的过程中，劳动起到了至关重要的作用，可以将理念阐述转变为实际行动。新时代民族精神的表现主要体现在劳动过程中的工匠精神、创新精神和劳模精神，除此之外，劳动还是践行社会主义核心价值观的驱动力量，能够鼓舞人心和使人奋进。职业体验劳动意识，关系大学生职业能力培养和职业选择，影响职业生涯规划。

（二）职业体验劳动意识的重要性

1.良好的职业体验劳动意识是职业能力和职业选择的认知基础

职业体验劳动是体验职业、认识工作，实践工作、积累经验，提高技能，为今后工作打下坚实基础的重要过程。缺乏基本的职业体验劳动意识，不仅难以端正个人的就业态度，还将弱化学生的职业能力，阻碍学生职业选择的渠道。其实大学生参与职业体验劳动，确实好处多多。其中一个明显的好处就在于，有助于学生尽早发现自己的擅长所在、兴趣所在、潜力所在，从而实现个人未来职业选择与事业发展的精准定位与最优化。这种看似没有功利性的教育其实是对未来人生实施更长远的利益考虑。所以，通过职业体验劳动，培养职业兴趣，了解职业要求与自己的职业能力的匹配程度，将专业理论学习运用到工作实践中来提高职业技能，形成良好的职业劳动意识，从而做出正确的职业选择，在职业岗位上取得辉煌成就。

2. 职业体验劳动意识缺失的影响

随着社会经济的发展，社会分工越来越细，由新的分工形成的职业越来越多，相应地对对应的职业岗位所需要的人才（包括技术）的要求也越来越具体，不仅需要在岗人员具备专门的职业技能，还要理解职业性质，认同企业文化。当今高校大学生中独生子女较多，城市学生比例高于农村学生，加上长期以来应试教育的影响，大部分学生缺乏劳动体验和劳动技能的训练，自我约束意识也不强。职业劳动意识缺失，妄想不劳而获，将直接导致大学生责任感的淡薄甚或丧失。大学生如果不注意加强职业劳动意识培养，将无法理解职业劳动的特性、接受职业劳动、做出正确的职业选择，更谈不上做好职业生涯规划，成为一个对家庭、对社会有用的人。

（三）职业体验劳动意识的培育

职业体验劳动是全面发展人才培养体系的重要组成部分，是教育制度的重要内容，在一定程度上能促进大学生全面健康成长。当代社会对大学生的要求就是有真才实学，并且还具备各项能力，非常重视综合能力的高低，特别是对未来职业的能力要求。

职业始终是伴随人一生的。职业体验劳动需要每个人都掌握一项擅长的职业技能，只有这样才能立足于社会，并且，还需要每个人培养职业幸福感和文化追求；通过社会实习和实践，认识职业在社会中的角色，从而真正理解和掌握职业劳动的要点，在实践和实习的过程中，要善于发现和发挥所长，培养职业兴趣，完善对职业体验劳动的认识，形成正确的人生观、劳动观，明确人生目标，实现自身的社会价值。

1. 感知工作，树立正确的职业观

进入大学以前，学生大部分时间都是在学校或者家庭中度过的，阅历丰富一点的同学可能有过一些兼职经历，有的同学可能进入过家族企业进行过一些观摩锻炼。虽然学生都知道工作这件事情，但对到底什么是工作，工作做什么，怎么做好工作，做好工作需要具备哪些技能、哪些素质，并没有直观的感受。而在职业体验劳动中，通过观察、学习、实践，我们可以找到这些问题的答案，从而提前了解职业属性和职业价值，也能切身感受职业劳动的苦与乐，发现身边身怀绝技备受尊重的劳动者，学习他们身上体现的职业精神，树立正确的职业观。

除了树立正确的职业观，还需要树立正确的择业观。择业观是指依据自身的职业理想合理选择职业。正确择业观的确立需要树立职业意识，认清自身的职业目标，培养积极向上的心态；在面对挫折时，要敢于挑战自己，直面最真实的自己，不断挖掘自己的才能。在择业的过程中，可以先参与职业体验劳动，在体验劳动中感受职业劳动的过程，不断积累实践经验，经过不断的实践，可以掌握一部分解决问题的技巧，也能提高分析问题、解决问题的能力。

2. 了解职业需要，形成正确的劳动观

人在不同的环境中有着不同的角色，在家里是子女，在学校是学生，在职场中是劳动者。不同的角色对能力的要求不同，不同的职位需要不同的技能。提前了解社会需求和岗位能力要求，并在职业体验劳动中体会这些要求，才能充分认识所学专业及将来从事的行业，对自己所选择的职业形成完整、清晰的职业形态，发现自己所热爱的职业，把自己的职业理想与国家建设统一起来，把实现个人理想融入实现国家富强、民族振兴、人民幸福的伟大梦想之中。坚定专业自信、职业选择，提高自己的能力，培养认真严谨的态度，形成良好的工作习惯，亲身感受到劳动的艰辛、劳动的愉悦、劳动的魅力和劳动带来的充实感与自豪感，为成为一名社会需要的光荣的劳动者而努力。

3. 提高职业素养，实现人生成长

在重视专业技能培养的同时，也要培养和提高职业素养，从而为未来走向社会后取得更大的发展打下良好的基础。在职业体验劳动中培养主动探索职业世界的意识；通过职业分析找出自己的差距，提高分析判断能力；通过在工作中与师傅、同事共同解决问题，提高沟通、协作、应变能力和分析问题、解决问题的能力；提高书面表达能力，锻炼恒心；在企业规章制度的约束下形成规则意识、增强法律意识；培养信息搜集和处理的能力等。"只要积极主动，这些能力在职业体验劳动中都能得到提高，都有助于当代大学生的职业规划、生涯决策和自我管理能力等综合素养的培养。"①

---

① 张茜. 大学生劳动教育实用手册 [M]. 重庆：重庆大学出版社，2021：135.

　　培养职业体验劳动意识能够促进学生"健康生活"和"实践创新"的发展。"健康生活"主要由人生生涯的管理素养表现。在个体生涯发展的过程中，最关键的能力和必备品质是生涯管理素养。而"实践创新"主要表现在劳动素养中。除此之外，个人最具代表性的职业经验都是自己实践劳动之后形成的。对于学生来说，参加实践劳动的机会就是职业体验，通过职业体验劳动，能够帮助学生树立积极的劳动意识，并形成正确的劳动观念，形成积极的劳动态度和良好的劳动习惯，进而让学生懂得尊重和珍惜劳动成果，不断磨炼学生的意志和培养创新能力。在培养学生的劳动意识时，最重要的内容是职业意识和职业选择意识的培养，当学生做出正确的职业规划之后，就会为自己的选择承担责任，进而激励自己管理好当下的学习和生活，让自己成为有目标、有理想的进步青年。

第五章 新时代大学生劳动教育的科学维度

新时代对大学生的劳动教育除了要提升思想高度和付诸实践外，运用科学的方式和方法也很重要，本章就新时代大学生劳动教育的科学维度进行了多维探究，主要包括对大学生创新劳动的探究，对大学生劳动素养构成与培养的探究，对大学生劳动教育安全与教育的探究三个方面。

第一节 大学生的创新劳动及其拓展

通过分析劳动中包含的创新因素含量可以将劳动划分成两个类型：一个是创新劳动，一个是重复劳动，也被叫作常规劳动。虽然这两种类型的劳动都能够获得一定的价值，但是从本质上分析，创新劳动才是价值产生的本源，重复劳动只是对之前的创新劳动结果进行重复利用的过程。具体分析可以发现两个类型有以下区别。

第一，劳动性质存在明显的不同。劳动性质方面的差异也是创新劳动和重复劳动存在的本质差异，重复劳动过程中生产的是之前创作出来的产品，是让产品的生产数量得到一定的提升，所以在衡量它的价值的时候主要是从社会必要劳动时间角度出发去计算。但是，创新劳动生产的是之前从来没有见过的产品，也就是说它是从这个角度对产品进行的创新，它会为人们创造一种全新的产品来满足人们的新需求。所以，在衡量创新劳动产品的时候，不能从社会必要劳动时间的角度出发去计算衡量它的价值，而要看创新出来的产品是否真正满足了人们对产品的需求。

第二，劳动价值方面存在差异。重复劳动能为社会带来的是巨大的使用价值和社会价值，它也是当下社会劳动的重要构成部分。但是，创新劳动对于社会发展来讲具有推动性作用，创新劳动者可以借助他们积累的知识和掌握的技术不断地进行产品创新，从而创造出社会中没有的产品，推动社会向前发展。不仅如此，在参与创新劳动的过程中，创新劳动者参与产品创造时面临的挑战性、不确定性也会给他们的工作带来新鲜感，而且，如果一旦成功创造产品，那么首创性所获得的巨大收益也能给他们的创造带来巨大的回报。创新劳动者获得一次创造成功的感觉之后，那种创造带来的喜悦之情会推动他们继续参与创新，而且他们获得的创新成果能够体现他们的个人价值，可以满足他们精神层面的发展需求，这些都能够持续吸引他们参与创新。目前这两种类型的劳动因为包含的创新元素程度不同，所以两种类型的劳动者之间显现出了明显的异质性，在劳动价值创造能力方面也显现出了越来越大的差距。

第三，承担的劳动风险存在巨大的差距。在重复劳动过程中使用的是之前的劳动生产技术、产品销售渠道，需要满足的社会需求也是固定的，因此在这样的劳动模式当中要承担的劳动风险是比较小的。但是，创新劳动是创造社会当中没有过的产品，满足的是社会当中可能存在的潜在需求，而且产品要使用的技术生产方式以及之后的销售渠道都是不确定的，在这样的情况下，还要承担创新失败的风险，还要承受创作过程当中的艰辛，所以，创新劳动要面临的风险是巨大的，也非常有可能创造出来没有效应的产品。而且重复劳动和创新劳动有一个很大的不同，重复劳动重复的是产品的生产，但是，创新劳动创新的是产品的生产方式、生产条件，它和重复劳动不在一个层次上。而且，创新劳动没有办法去模仿，没有办法重复，当下社会当中的经济发展以及社会发展主要依托于创新劳动的推动。

一、大学生创新劳动的类型

重视创新劳动显现的是社会对劳动者创造能力的重视，社会提倡创新劳动表示社会尊重所有劳动者的能动性、创造性。当代大学生是社会未来发展需要依赖的高水平创新劳动者，具体分析大学生的创新可以发现其表现有三种类型。

第一，原创型劳动。指的是第一次创造出来可以通过推动社会向前发展不断进步的技术发明或科学文化观念，它的出现需要为社会发展带来质的飞跃，这种类型也是创新劳动中最具意义的类型。虽然大学生是社会中相对年轻的群体，但是他们在科技创造方面也具有一定的能力，也可有所作为。虽然他们想要成为原创型劳动的创造者相对来说是比较难的，但是他们可以在大学阶段参与更多的大学项目实践，为之后成为原创型劳动首创者积累创造经验。

第二，改进型劳动。指的是对之前的原创性观念或原创性技术进行二次改造、二次创造的一种劳动形式，这样做是为了让产品有更强的实际操作性，可以让产品在大范围内推广，为人们的生活带来更多的便利，满足人们提出的多样需求。大学生这个群体在探究和科研方面的能力是比较强的，他们可以利用学校的科技协会申请参加技能大赛、创新大赛，他们也可以通过研究的方式获取专利，这些都是对之前的观念进行创新、对之前的技术进行改良，大学生可以通过这些方式进行改进型劳动。

第三，创业型劳动。指的是创业者把自己的创新精神、创新理念或创新技术应用到商业生产过程中，以此让创新观念技术创造更大社会价值的过程。在大学开展劳动就业活动，要求对学生进行创新创业教育。学生想要进行创新劳动可以使用的主要形式就是参与创业活动，在创业活动中学生可以锻炼自己的创造性能力，可以培养自己的创新性思维，可以理解劳动的重要性，可以体会劳动的辛苦，也可以将自己脑海中的创业想法变成真正的劳动实践，也就是说，通过劳动的方式学生实现了创业理想和现实之间的融合。

二、大学生创新劳动的价值

（一）大学生创新劳动的个人价值

创新劳动可以让大学生的自我价值得到展现，可以让大学生通过自主创造将自己的想法付诸实践，进而改变世界。

第一，大学生的内在需求可以通过创新劳动的方式得到满足。人天性就是好奇的，对外界事物表现出了强烈的打探心理，想要积极尝试了解外界的新鲜事物，从而释放自己的天性，满足自己的内在需求。在接触外界事物的过程中，学生会想要通过创造的方式参与外在世界的改造，将自我想法在实践中落实。在世界多元发展之后，人们的基本生活需求已经得到了满足，所以，越来越注重个人价值方面的追求。一方面人们更加注重产品的创意性和精细性；另一方面，大学生会希望通过自己的创新劳动来展现自己生命的独特价值，他们会更容易通过创新劳动的方式来满足自己的内在需求，表达自己的个性。

第二，大学生可以通过创新劳动实现自身的自由发展。自由发展指的是人的思维和人的行动不会受到任何干预，分析现存的所有劳动形式，可以发现创新劳动能够带给人最大限度的自由，创新劳动可以让学生的思维不断分散，可以让学生的行动没有限制，可以说在创新劳动中人真正站在了核心地位上。通过创新劳动，大学生可以将自己的想法和创意付诸实践。

第三，大学生可以在创新劳动中展现自己的核心价值。一个人的价值除了体现在他自身的完善和发展方面之外，他个人对社会发展做出的贡献也是他价值的体现。大学生参与创新劳动可以在物质和精神方面获得巨大的收获，可以在提升自我价值的同时推动社会更快的发展，推动社会有更大的进步。对社会贡献率进行分析可以发现，创新劳动者的行为为社会发展做出的贡献比重复劳动者要多，大学生完全可以利用创新劳动的方式将自己的创新想法、创新技术应用在现实生活当中，实现自己的价值，取得自身的进步，推动社会的发展，让自己的平凡人生变得更加闪亮，让自己和社会之间有更深入的关联，让自己获得来自社会的认可，实现自己的核心价值。

(二) 大学生创新劳动的社会价值

大学生创新劳动当中展现出来的社会价值主要体现在三个方面。

第一，大学生开展创新劳动可以提升专业质量。创新劳动一定会发生观念的变革或者技术方面的创新，当下创新劳动之所以稀缺是因为很多学生没有办法达到较高的专业水平。所以，高校在培养大学生的时候注重让大学生参与创新劳动，通过参与各种各样的专业实习、专业技能比赛、专业论文撰写以及专业项目的开发，不断让大学生在实践过程当中应用自己的理论知识，加深对理论知识的认识，让知识真正在实践当中得到应用。在应用的过程当中，学生也可以通过应用对知识产生更加深入的认识，大学生也可以申请专利、开展创业项目，真正地体验产品的市场化过程。总的来看，通过创新劳动的方式，大学生自身的专业水平可以得到较好的提升，有助于整个专业质量的提高，在专业质量提高之后，创新劳动出现的可能性更大，也就是说，大学生参与创新能力提高了专业质量。

第二，大学生参与创新劳动可以为社会发展储备更多的创新人才。社会发展需要的人才一定是具备创新精神和能力的人才，人才是否具备创新精神和能力也一直是社会选拔人才时重点关注的方面。在大学阶段培养学生的创新能力、创新精神有助于学生更好地从学生阶段过渡到职业发展阶段，与此同时，这种培养也有助于为社会储备更多的人才。

第三，大学生参与创新劳动能够助推社会的发展和进步。随着社会现代化发展步伐的加快，高校也越来越注重大学生的创新劳动。数据显示，最近几年大学生申请的专利数量、创造出来的产品数量都是逐步增长的。有一些学生在撰写学术论文、开展创业项目的过程中将自己的创新思维慢慢地渗透到社会领域，慢慢地应用在实践当中，还有一些大学生通过参加技能比赛、公益活动的方式来展现自己学习的专业知识，让自己学习的专业知识真正应用到社会当中，真正地促进社会的发展和进步。总的来讲，未来社会的发展需要依赖当代大学生，未来社会发展进步的主体力量也必然来自大学生，所以，在大学阶段必须培养大学生的劳动创新能力，让大学生积极参与创新劳动，这样国家的发展才能是稳定的，国家的文明才能持续。

三、大学生创新劳动的实践路径

创新劳动当中主要依靠的是创意的发挥，创意的出现需要人具有创新能力以及创新精神，只有能力和精神得到了提升才能出现更多的创新劳动。在当下的大学劳动教育过程当中需要引导学生崇尚劳动，需要通过劳动实践培养学生的创新能力，创新能力的培养、创新精神的激发，需要考虑大学生的思想发展状况、大学生的成长规律，与此同时，也要面临时代发展带来的挑战。具体来讲，应该从以下几个方面入手。

(一) 思想纠偏，引领创新劳动的价值

高校应该加大开展劳动理论教育的力度，让学生把劳动当作是自己在社会当中生存的方式，让学生注重通过劳动来获取财富，通过劳动来实现自己的人生价值，通过劳动来助推社会的发展，真正认可劳动最光荣、劳动最伟大这样的思想，真正在实践过程当中弘扬自己对劳动的热爱与尊重。也就是说，要引导学生从思想和实践两个角度去克服自己的惰性思维，要向学生讲述典型的大国工匠案例，让学生了解真正的时代劳模，以此来培养学生肯钻研肯努力的实干精神，让大学生深刻地意识到只有通过劳动才能获得精彩人生，只有通过劳动才能避免自己沉迷于空想。除此之外，高校也应该引导大学生意识到创新要关注人民需求，要把推动社会发展作为创新的基本前提，不断地攻克重点问题，不断地奋斗，不断地获取全新的创造性成果。与此同时，劳动教育还要融入劳动法的教育，让学生具有诚实劳动的思想、合法劳动经营的思想，让学生可以养成正确的科学的金钱观念，引导学生了解专利保护制度，让学生可以自觉尊重他人的劳动成果，避免劳动创造过程中出现抄袭现象，引导学生自觉摒弃一些不良的思想观念。

（二）专业为王，筑牢创新劳动的技能

现代社会技术发展越来越快，社会分工也越来越精细，在这样的情况下，所有领域在研究知识、技术的时候都要达到精益求精的状态。所以，大学生进行专业学习的时候也要注重知识的累积、技能的打磨，只有这样才能打好劳动基础。在这样的情况下，高校也必须注重大学生劳动技能教育的开展，要为大学生日后的创新劳动打好专业基础。

第一，提高专业教师的劳动技能、教育能力。想让学生掌握劳动技能，掌握创新能力，需要教师具备丰富的专业理论知识，需要教师具有较高的专业技能，只有这样，教师才能在教学过程中对学生产生较大的影响。高校可以要求教师去企业实践，可以要求教师在开展教学活动的时候加入更多的劳动创新活动，如可以举办技能比赛、教学比赛、知识比赛，这样的教学方法的创新能使教师教学效果最好，可以让教师的能力技能最大限度地影响学生。

第二，将专业课程体系的设置进行进一步的优化。创新劳动教育主要通过课堂教学的方式开展，所有的课堂教学当中专业课程在创新劳动的培养方面发挥的作用是最大的。所以，高校应该优化专业课程的体系设置，要求教师讲解专业目前的主要理论成果。除此之外，高校也可以打造自己的专业特色课程，比如说开设与创新有关的创新思维导论课程、创新基础训练课程、创新创业教育理论与实务课程，这些课程的开设可以更好地培养学生的创新意识，让学生的思维更加发散，并且让学生有勇气去参与创业创新。

第三，注重学生专业技能的培养。教师在日常的教学过程当中应该让学生了解并且学习基本的技能，遵照技能操作规范的指导对学生的技能学习进行考核，与此同时，让学生参加职业技能认证考试、技能大赛，以此来强化学生的专业技能学习。

第四，注重实习实训基地的建设。高校可以联合企业，利用企业的基地设施展开创新劳动教育。高校和不同的企业联合可以为不同的专业寻找适合他们的实训基地，这有助于学生后续更好地融入社会，这些实习基地的提供也为学生的创新劳动提供了平台。

(三) 实践锻造，淬炼创新劳动的行为

开展创新劳动教育是为了让大学生形成创新劳动习惯，学生只有积极参与创新劳动实践才能反复锻炼自己的技能，才能发现实践当中的问题，才能去解决问题，在一次次解决问题的过程当中才能做到创新。所以，高校的劳动教育需要结合真正的生产劳动，需要让学生在实践当中应用理论，这样才能打好学生们的创新劳动实践根基。

第一，专业实践课程是创新劳动根基构建的基础。高校完全可以利用专业课程、专业实习、专业实践的方式锻炼学生的专业技能，让学生熟练掌握各项专业技能，养成一边学一边做的优秀劳动习惯。在专业实践的过程当中，学生对劳动工序、技术服务都会有更深刻的认知。除此之外，学校也可以安排劳动周活动，让学生通过参与专业公益劳动的方式更好地认识专业内容，更好地认识未来的职位特点。在不断实践当中，学生可以更好地发挥专业特长，更快地适应未来的职业环境。

第二，高校可以开展更加丰富的校园实践活动，为创新劳动提供多种多样的劳动形式。高校思想教育的开展除了强化硬件设施的配备、软件系统的建设之外，还要发挥文化的作用，通过文化活动的举办构建积极良好和谐的校园文化氛围，引导学生积极地参与社会实践。高校应该为大学生社团、大学生组织活动的举办提供支持，比如说可以支持科技协会、创业社团这样的组织在学校内举办劳动技能大赛、创新大赛、论文评比大赛、科技艺术节等活动，这些活动的举办需要学生掌握专业知识，在参与活动的过程中学生的专业技能能够得到磨砺，学生也会更有兴趣参与创新，也会有更多的欲望去撰写专业论文、申请专利、参与社会创业项目，可以说依托这些活动，大学生的创新劳动成果有了更大的展示平台。

第三，社会实践活动可以让创新劳动效果有明显的提升。高校可以呼吁学生参与西部计划、三下乡计划、志愿服务计划以及苏北计划，让学生把对实践的热情和祖国建设祖国发展联系起来，让学生真正在实践当中意识到创新劳动对社会发展的作用，意识到创新劳动为社会发展带来的巨大经济利益。当学生有了深刻的认识之后，在实践活动当中他们会更加注重自己技能的锻炼，会养成更好的创新劳动习惯，这也真正实现了创新劳动的教育目标，让创新劳动的教育有了明显的升华。

(四) 氛围营造，优化创新劳动的生成

当下的社会环境充满了复杂因素，在这样的复杂环境当中开展创新劳动需要考虑到家庭氛围、学校氛围对学生创新劳动的影响。

第一，家庭氛围应该发挥积极作用，培养学生的创新劳动的兴趣。家长应该为学生做良好的示范，应该在家庭当中宣扬终身学习理念，从小就培养孩子对劳动的热爱，让孩子养成良好的劳动习惯。与此同时，引导孩子观察世界、观察自然，思考生活常识，引导孩子主动动手去修理生活当中的物品，培养孩子的探究精神，让孩子可以独立解决一些生活当中的小问题，从小培养孩子的创造观念。

第二，学校应该营造拼搏创造的氛围，激发学生对创新劳动的热情。学校在创造拼搏氛围的时候可以借助创新创业比赛的举办、技能大赛的举办，以此让学生感受热烈的拼搏氛围，带动学生积极参与劳动创新活动。除此之外，学校应该借助网站、微信公众号、微博等宣传活动信息，也就是说，借助网络的方式扩大活动的影响范围。此外，学校还可以组织报告会、分享会、讲座等活动，从理论的角度引领学生正确认识创新活动，培养学生的拼搏创造精神，让大学生积极热情地投入创新劳动。

四、大学生创新劳动的拓展

创新创业，即在技术创新、服务创新、管理创新、产品创新和商业模式创新、市场创新、组织创新、渠道创新、品牌创新等方面的某一方面或者某几个方面进行创新并进而创业的活动，是创新劳动的延伸与拓展。

（一）创新创业是创新劳动的拓展

1. 创新创业的内涵

创新是创新创业的特质，创业是创新创业的目标。没有在任何方面进行创新的创业就属于传统创业，创新创业与传统创业根本区别在于创业活动中是否有创新因素。

2. 创新创业的特点

（1）高风险性。创业需要以创新为基础，而且个人的认知、个人的行为习惯也会对创业活动产生影响，这两个特点导致创新创业比传统的创业要面临更大的风险。

（2）高回报性。创新创业创造出来的是全新的技术和产品或者全新的服务，这样的创新可以让客户感受到更大的价值，创造出来的产品或者技术也可以在市场当中占据更多的竞争优势，所以，创新创业可以获得更多的回报。

（3）促进升级。创新带动创业，创业促进创新。创新创业是在创新基础上的创业活动，是创业的基础与前提，而创业又是创新成果的载体和呈现，并在创业活动的过程中不断地优化资源配置、总结提炼经验，以实现创新的更新与升级。①

3. 创新创业的要求

（1）创新创业环境

第一，政策环境。创新创业的成功离不开政策环境的支持，必须与社会发展趋势及发展需要相协调。良好的政策环境，有利于企业获取资源、减小风险、克服各方面障碍。

第二，文化环境。创新创业教育既是我国高等教育的一个发展趋势，又是推进我国高等教育改革的必然要求。进行创新创业教育，必须首先明确创新创业教育的文化环境。要通过分析影响创新创业教育的内部与外部环境，来破除制约创业教育的环境桎梏，为创业教育的实施铺平道路。

① 段宏娟. 新时代大学生劳动观教育研究 [D]. 兰州大学，2020：32.

创新创业因为要创造全新的技术理念或服务，所以，创作过程必然是长期的，没有办法在一朝一夕之内完成的，而且社会对创新创业设置的鼓励机制也不是马上就能制定出来的，还需要政府不断地探索、不断地努力。在这个过程中，政府的作用是至关重要的，它直接影响创新经济商业环境的建设和创新经济文化的建设。

（2）创新创业资金

创新创业想要真正实现需要资本，因为创新创业的风险比较大，所以，创新创业企业最早通常是轻资产型的，在创业的初期，企业要面临特别大的不确定性风险，这个时期有很多企业失败了，这样的特点使得社会资本不愿意去投资创新创业企业，这个时期通常被叫作社会投资的市场失灵时期。但是，所有新兴产业或所有新的商业模式的出现都必然经历这样的前期发展阶段，所以，当下创新创业企业的发展要解决的问题是"最先一公里"时期的资金问题。相比于银行融资的局限性，创新创业企业可以更多地借助天使资金或创投资金，依托这些资金，很多的创新创业企业有了发展机会。

（3）创新创业能力

第一，一定的基础知识。包括学习能力以及理论知识、实践经验的储备和运用知识的能力。

第二，优良的个性与状况。包括思考力、责任心、决策力、诚信征信度、抗风险能力等，其他的包括身体状况、家庭状况、财务状况等。

（4）强烈的竞争意识

一个企业、一个国家想要获得进一步的发展都需要竞争，也正是因为竞争的存在，社会才能拥有源源不断的动力，人才能不断地去完善自我，激发自我的潜力，挖掘自我的潜质。一个社会只有注重竞争才能不断地向前进步，才能始终走在时代的发展前沿，在竞争的情况下，人的创造性会被激发出来，社会也会因此向前发展。

培养人们的竞争意识除了要分析竞争的真正含义之外，也需要了解竞争需要哪些素质。社会当中的竞争主要是人才之间的竞争，人才竞争比拼的是个人的综合素质。首先，人的思想品德应该是优秀的，这样才能成为真正的人才；其次，要掌握过硬的知识以及技能，要拥有解决实际问题的能力，要能够在实践当中发挥自己的力量，展现自己的智慧；最后，要把竞争当作习惯，这样才能不断地去锻炼自己的竞争实力，也只有这样，才能适应社会的发展。

（5）强大的心理素质。创新创业需要承担巨大的风险，如果创业者没有良好的心理素质，那么不建议开展自主创业。随着我国市场的不断开放，我国政策对创新创业支持的力度不断加大，越来越多的人开始创业，但是每年也有很多的中小创业企业倒闭，特别是在经济不景气的情况下，创业要面临的风险更大，要承担的压力更大，这时一个企业能否继续存活下去非常考验创业者自身的心理素质。具体分析，创业者应该具有以下心理素质：首先，敢作敢为，虽然有较大的风险，但是机会也比较大，机会和风险是共存的，创业者只有敢作敢为、直面风险，才能让自己在市场中存活下去；其次，较强的抗压能力，创业过程中必然会遇到一些挫折，我们要承担挫折带来的压力，如人员管理方面的压力、资金方面的压力、其他突发事件的压力等，这要求创业者有超强的抗压能力。

（二）创新创业活动与实践——全国创新创业大赛

为了更好地落实大众创业、万众创新的国家政策，教育部门、财政部门、科技部门和国家网信办联合了中华全国工商业联合会，共同举办了创新创业大赛。创新创业大赛遵循政府的指导，使用市场机制，这种模式将市场中蕴含的巨大活力激发了出来，而且随着这一战略的具体落实，创新创业大赛聚集了很多社会上的创新创业资源，社会很多力量开始支持创新创业企业的发展，搭建了全国性的创新创业服务平台，在全国内掀起了一股创新创业的热潮，为我国的经济发展、经济转型提供了较大的动力支持。

1. 发挥三大社会功能

第一，弘扬文化，营造良好的氛围。创新创业大赛通过媒体宣传了创业者的具体事迹、他们的精神以及他们创造出来的品牌，这使得更多的人了解了创新创业，也在国内初步建立起了创新创业文化，在国内形成了非常浓厚的创新创业氛围。

第二，创造平台，为企业发展提供服务。创新创业大赛将人才技术市场以及资本各种要素聚合了起来，并且搭建了平台，为创新创业企业提供金融技术市场等方面的培训服务，这就为中小微企业的发展提供了更好的保护，可以说在全国内形成了强有力的众扶机制。

第三，创新方式加快改革速度。创新创业大赛一直致力于创新项目评审方式，想要建立一个以创投专家为评委、以市场化方式进行评审的筛选方式，与此同时致力于科技计划管理体制的创新、财政资金支持方式的改革。

2. 采取四种运作模式

第一，创新创业大赛以政府为指导，使用市场机制，在此基础上建立了创业服务平台，在全国范围内宣传创新创业，构建创新创业文化，营造良好氛围，为中小微企业的发展提供扶持。

第二，创新创业大赛有很多承办单位，如科技日报社、科技部火炬高技术产业开发中心、北京国科中小企业科技创新发展基金会等。

第三，创新创业大赛的举办是分阶段的。首先，地方比赛由省级科技管理部门负责举办；其次，总决赛的举办分成六个不同的行业，分别是新材料、生物医药、先进制造、互联网和移动互联网、新能源和节能环保、电子信息。

第四，创新创业大赛分成两组，一个是企业组，另一个是团队组。所有的组别都需要在创新创业大赛官方网站报名，创新创业大赛不会收取任何费用。

3. 相关政策支持

第一，创新创业扶持资金。在六个行业中每个行业的前三名团队或企业只要是在2017年3月1日之前完成注册的，都可以获得创新创业扶持资金给予其资金帮助。

第二，中国创新创业大赛优秀团队。成为优秀团队可以获得以下四个方面的支持：其一，创业导师提供的辅导支持；其二，如果团队想要在孵化器或者科技园区落户，那么可以在一定期限内享受政府提供的优惠政策；其三，团队会优先获得大赛投资基金和创业投资机构提供的各方面的支持；其四，可以接受免费的创业政策培训、商业模式创建培训、融资培训。除此之外，地方政府可能也会为团队或者企业的发展提供相关的创新创业方面的政策支持。

第三，中国创新创业大赛优秀企业。成为优秀企业的团队可以享受以下支持：首先，会被优先推荐给国家计划大赛投资基金和创业投资机构；其次，可以获得创新创业大赛合作银行提供的贷款授信支持；再次，可以获得有关创业、上市、并购、融资等方面的辅导培训；最后，地方政府或地方机构会给予创新创业方面的政策支持。

4.历届大赛简况

2012年7月5日，首届中国创新创业大赛在北京正式启动。大赛历时6个月，分为初创企业组、成长企业组和创业团队组，分别在北京、上海、宁波、深圳和成都五个城市进行分赛区比赛，并于年底在北京举行全国总决赛。首届中国创新创业大赛共有4411家企业和1557家团队报名参赛，近600名创业投资专家参与评选与投资。经过初赛、复赛、分区决赛，有226家企业和20个团队被评为大赛优秀企业和优秀团队，有68家（个）企业和团队进入全国总决赛。总决赛和颁奖典礼在中央电视台财经频道播出，在全社会引起了强烈反响。部分大赛优秀企业获得了招商银行创新创业扶持资金、创投资金和科技计划项目的支持。另有162家企业得到了招商银行的授信，总额度超过17亿元，实际贷款近9亿元。

2013年5月24日，第二届中国创新创业大赛正式启动，历经了地区赛、全国初评、全国半决赛、全国总决赛等多个环节。大赛在全国26个省区市设立了分赛区，并设立了深圳和西安两个综合赛区，共收到10381家企业和2928支团队报名参赛，相比2012年首届大赛，增幅分别达到135%和88%。各地的大力支持和创业者们的踊跃参赛，在全国掀起了一股创新创业热潮，弘扬了良好的创新创业文化。

2014年3月13日，第三届中国创新创业大赛组织推动会在北京成功召开。本着市场化、多元化、专业化、国际化四原则，引入更多市场化新型创业服务机构和公益支持机构，为大赛和参赛企业提供支持和服务。第三届大赛的第二阶段按照专业领域进行比赛，并围绕比赛组织相关行业的培训辅导、项目对接、论坛会议等活动。此外，第三届大赛还增设港澳台、硅谷等赛区，扩大了大赛的影响力。

2015年4月份，第四届中国创新创业大赛正式启动，报名参赛项目有2.7万多个，34个地方赛区波及大江南北，6月至8月各地方赛区火力全开，经过两个多月的地方赛区选拔，各地创新创业龙虎榜单纷纷出炉，共计1500余个优秀创业企业及团队成功突围，进入全国总决赛。在国赛战场上征战的优秀创业者们通过中国创新创业大赛的平台，可以获得国家创新创业扶持资金、合作银行给予的贷款授信，以及创业政策、创业融资、商业模式等方面的免费创业培训，股权托管中心、产权交易所和证券交易所等机构也为选手们免费提供并购、股改和上市等辅导培训，符合相关科技计划要求的创业企业和团队，国家给予优先支持。

2019年10月，第五届中国"互联网+"大学生创新创业大赛总决赛在浙江杭州落下帷幕。本届大赛以"敢为人先放飞青春梦　勇立潮头建功新时代"为主题，构建了高教、职教、国际、萌芽四大板块，在多个方面取得了新突破。清华大学的"交叉双旋翼复合推力尾桨无人直升机"获得冠军，浙江大学的"智网云联——无限共算全球算力交易平台"获亚军，浙江大学的"回车科技——未来全脑智能行业定义者"及印度尼西亚泗水理工学院／浙江工业大学的"iHe@r"项目分别获得季军。创新是引领发展的第一动力，"互联网+"大赛成为"创新驱动发展战略"重要支撑。

2020年7月中旬，第六届中国国际"互联网+"大学生创新创业大赛各省赛区相继启动。7月20日上午9点，第六届中国国际"互联网+"大学生创新创业大赛重庆赛区选拔赛暨"青年红色　筑梦之旅"启动仪式在重庆大学A区举行，活动采取线上线下方式同步启动的方式。7月25日第六届中国国际"互联网+"大学生创新创业大赛甘肃省分赛启动会暨甘肃省"青年红色筑梦之旅"活动启动仪式在兰州财经大学举行。第六届中国国际"互联网+"大学生创新创业大赛江苏、广东院校各获奖14项，获奖总数并列第一位；江西获奖总数13项，位居第三；安徽获奖总数12项，位居第四；河南获奖总数11项，位居第五。

2021年4月至10月，为深入推进大众创业万众创新，推动高等教育高质量发展，加快培养创新创业人才，举办第七届中国国际"互联网+"大学生创新创业大赛。参赛项目需要将移动互联网、云计算、大数据、人工智能、物联网、下一代通信技术、区块链等新一代信息技术与经济社会各领域紧密结合，服务新型基础设施建设，培育新产品、新服务、新业态、新模式；发挥互联网在促进产业升级以及信息化和工业化深度融合中的作用，促进制造业、农业、能源、环保等产业转型升级；发挥互联网在社会服务中的作用，创新网络化服务模式，促进互联网与教育、医疗、交通、金融、消费生活等深度融合。

第二节 大学生的劳动素养构成与培养

一、大学生劳动素养的构成

精准把握大学生劳动素养内涵是大学生劳动素养培育的基础和前提。因此，对大学生劳动素养的内涵进行探讨就显得尤其重要。

劳动在中国哲学智慧中有很深的历史渊源。"劳动"一词最早出现在《庄子·让王》中："春耕种，形足以劳动。"这里劳动等同于农业生产，从事体力劳动。《中国大百科全书(哲学卷)》中，劳动释义为："人类特有的基本的社会实践活动，也是人通过有目的的活动改造自然对象并在这一活动中改造人自身的过程。"可见劳动与实践密不可分，综上所述，劳动是一个内涵丰富的概念范畴。从人与自然关系的角度此处将劳动界定为：劳动主体通过体力劳动、脑力劳动与自然界进行物质交换，来满足自身需求和社会需要的一种实践活动。

劳动素养为一般劳动者在实践生活中通过教育学习和训练，对劳动内涵的理解、对劳动价值取向的认识、对劳动知识和技能的掌握以及与劳动有关的优良品质的集合。劳动素养具有多方面特征：①实践性。劳动素养不是先天具备的，是在后天学习实践中培育的。劳动素养培育、形成是动态过程，要坚持知行统一。②发展性。劳动素养的培育随着时代变迁具有发展性特征，是未来发展所需的关键素养，具有个体发展的连续性，在科技高速发展的新时代，就意味着劳动者需要有更高的劳动素养，来适应社会的发展需求和满足自身的发展需求。③内在性。劳动主体通过教育学习与训练，对劳动素养的各项细化指标加以分析，用接受标准对客体进行评价，对素质结构进行建构和重建，人的行为所呈现的劳动意识、态度、动机通过人的内在心理存在，由于个体理解接受信息的程度、自身受教育程度不同而表达能力有所差异。④综合性。劳动素养各构成要素之间是相互关联的，只有采取综合的劳动素养培育体系，才能使劳动者的劳动素养得以提升，在培育劳动素养过程中，也需要进行身体锻炼、制度教育等一系列各种形式的教育。劳动素养并不是简单的生存发展技能，也不指向某一学科知识，其与其他学科渗透、交叉，对于存在的问题，也需要多方配合，综合治理。

大学生劳动素养的内涵界定需要在把握劳动素养内涵的基础上，结合大学生特殊群体的特征来界定，进一步明确了实践主体是大学生。因此大学生作为新时代的主力，既要具备一般劳动者所必需的劳动素养，也应具备更高水平的劳动素养。大学生与其他学段的学生相比在知识层次、思维知识、价值追求方面存在差异，针对不同学段的目标任务对劳动素养的培育也有不同的要求，大学生劳动素养是其他教学阶段劳动素养的不断深化。此处将大学生劳动素养的内涵界定为大学生通过教育学习与实践，养成主动的劳动意识，秉持正确的劳动价值观念，具备必要的从事学习生活、创新创造的劳动知识和技能。大学生劳动素养的构成要素具体如下。

（一）养成主动的劳动意识

劳动意识，是劳动者在劳动实施过程中的自觉性体现，是对待劳动形式的感知性与选择性，也是对待自己和他人劳动成果的综合反映。劳动意识是否主动决定着大学生在劳动过程中是否发挥主观能动性。劳动意识产生于人的头脑之中，有特定的反映对象。劳动意识的价值导向通过劳动动机和劳动态度显现。劳动意识的主动与否直接影响着大学生对劳动价值取向的认识、劳动精神的弘扬、劳动知识和技能的形成与发展。因此，要大力激发大学生内在的主动性和能动性，引导他们勤于学习，鞭策自己，在学习生活中强化自立自强意识，展现当代大学生自力更生的自立精神。增强劳动诚实意识，教导大学生积极参与服务性劳动，积极参加志愿者服务工作、疫情防控等工作，充分彰显大学生实干精神，进一步形成参与国家建设的自觉意识。

（二）秉持正确的劳动价值观念

崇尚劳动、尊重劳动，懂得劳动最光荣、劳动最崇高、劳动最伟大、劳动最美丽的道理，长大后能够辛勤劳动、诚实劳动、创造性劳动，这是对劳动价值观的高度凝练和本质总结。劳动价值观是大学生对劳动、劳动者、劳动过程、劳动关系、劳动价值和劳动目的的总评价和基本看法。劳动价值观是随着社会现代化不断发展的心理现象，通过感知逐步形成的稳定的心理模式。首先，培养大学生深厚的劳动情怀，做到深入、持久地"爱劳动"，强化正确的劳动观念和消费观念。其次，大学生要尊重劳动，对逃避劳动、歧视劳动等错误观念予以否定，正确认识到所有的职业都在社会发展过程中存在重大价值。崇尚、尊重劳动者，树立劳动者平等、不予区别对待的价值观念。最后，教导大学生在实践活动中，要不断超越人与自然、人与人、人与社会之间重重矛盾，在进行劳动过程中创造美好生活、塑造美好品格。

（三）创新创造的劳动知识和技能

掌握与社会建设发展需求和未来人工智能相适应的劳动知识和技能是大学生劳动素养的根本，是完成劳动任务的胜任力。劳动知识是大学生在教育学习与实践中必须掌握并不断学习的知识，具体包括三个方面：理论性劳动知识，专业性劳动知识，与大学生自身权利义务息息相关的劳动法律知识。劳动知识和技能密不可分，大学生只有劳动知识丰富，才能在实践中有章可循，劳动知识和技能决定大学生在从事生产劳动、服务性劳动过程中，改造客观物质世界的能力。归根到底还是取决于是否会运用劳动能力解决实际问题。

首先，在实践过程中，要不断提升对劳动知识进行综合运用的能力，掌握更全面的劳动知识和技能，做高素质的劳动者；其次，劳动能力的本质在于创造性劳动，不在于简单重复性工作，重复性工作显然不利于大学生劳动技能的增加。大学生要主动适应大数据时代、人工智能化时代、新劳动形态的变革，充分运用人工智能的积极因素，合力推动大学生劳动素养培育与大数据信息技术手段的融合，合力推动劳动知识和技能的整体提升。

综上所述，要正确认识大学生劳动素养各构成要素之间的关系——它们四者之间相互独立又相互联系。劳动意识是大学生劳动素养的认知基础，没有主动自觉的劳动意识，大学生劳动素养培育就无从谈起；劳动价值观是大学生劳动素养的核心所在，劳动价值观作为劳动素养提升的内在驱动力，与大学生意识的参与程度和意愿的强弱有直接关系；劳动价值观的本质在于创造性劳动，劳动创造成果不止满足个人需求，更要服务他人和社会。劳动知识和技能是大学生劳动素养的根本，是完成劳动任务、解决实际问题的胜任力，是心理与生理综合而成的综合能力，劳动知识和技能相互支撑并共同发展。大学生劳动素养各构成要素之间相辅相成，相互融合，缺一不可，内在统一于大学生劳动素养培育过程中。劳动精神是劳动者价值追求和精神面貌的集中反映，贯穿大学生劳动素养培育的整个过程，具有精神引领作用，具有指导导向。同时劳动精神的弘扬也离不开劳动意识、劳动价值观、劳动知识和技能三大要素合力共推。

二、大学生劳动素养的培养

（一）大学生劳动素养培育的意义

高校在大学生劳动素养培育过程中发挥主导性作用，深入推进高校大学生劳动素养培育具有重要的理论价值。高校培育大学生劳动素养，是大学生全面发展的内在需要，是高校落实立德树人根本任务的迫切需要，是培养国家建设者和接班人的现实需要。

1. 大学生全面发展的内在需要

实现德智体美劳全面发展是每个大学生奋斗的目标，也是人才素质的要求。大学生劳动素养培育与四育之间具有渗透性和相关性，必须将劳动素养培育嵌入到全面发展的目标中去，这也使全面发展目标有了具体的方向。大学生劳动素养贯穿德智体美四种素质之中，通过培育大学生劳动素养，从而做到以劳树德，以劳增智，以劳强体，以劳育美，以劳创新。劳动能促进人的智力发展，在实践过程中实现知识的拓展和能力的提升。劳动能磨炼吃苦耐劳的意志，自觉接受劳动中蕴含的道德原则，也可以激发大学生的奉献意识、敬业精神、团队合作观念、集体主义精神、创造创新思维。通过体力劳动，劳其筋骨，为从事基础劳动提供基本身体素质，培养劳动所必需的体力、耐力，奠定劳动实践的生理基础，培养劳动所必需的协调力和适应力。通过劳动，苦其心志，坚定人的信念，在一定程度上也消解了人的惰性。劳动能促进人的美感和审美能力的建造与发展，劳动会促生幸福感。由此可见，劳动素养培育正是对人的发展标准的完善，为实现人的全面发展奠定基础。

2. 高校落实立德树人的迫切需要

立德树人是根本任务，体现了高等教育如何培养人这一教育本质的认识，也是当代高校全方位全员全过程育人的终极目标。大学生劳动素养培育与落实立德树人的根本任务实现了必然耦合，大学生劳动素养培育是一个持续性的教育实践过程，需要高校有正确的政治站位。一方面大学生劳动素养培育是立德树人根本任务的重要内容，积极培育大学生劳动素养也是高校的职责所在。高校通过劳动素养培育，补齐劳育这个短板，为人才培养奠定基础。高校应着力解决大学生劳动素养培育过程中的现存问题。另一方面，发挥好大学生劳动素养培育在立德树人中的重要作用。高校大学生劳动素养培育，推动了新时代高校劳动教育高质量发展，与人才培养目标相得益彰，对高校完善培养时代新人的机制体制等工作的开展提供建设性意见。因此，培育大学生劳动素养，是高校开展劳动教育的重要内容，这也成为高校更新自身、获得活力的重要契机与途径。

（二）大学生劳动素养培育的对策

培育大学生劳动素养是一项系统的工程，同样需要以学校为主导、家庭为基础、社会为依托，构建全方位、全过程培育体系，发挥各自优势，形成劳动教育合力。

1.明晰劳动育人的总体目标

要自觉地站在培养德智体美劳全面发展的国家建设者和接班人的战略高度明晰劳动育人的总体目标。高校应高举立德树人大旗，补齐"五育"中劳育这个短板，高校开展劳动教育应以完善育人体系为目标，突出劳动教育的重点领域改革，立足于培养怎样的人、怎样培养人、为谁培养人的根本问题，来制定大学生劳动教育培养方案。围绕高校、大学生双主体完善全面的劳动育人体系，既让高校围绕劳动育人的总体目标来教育，又让学生围绕劳动育人的总体目标来学，在高校、大学生共同发展的过程中明晰劳动育人的总体目标。劳动育人的总体目标应与时俱进，体现不同阶段不同层次劳动教育的特征性，体现大学阶段劳动教育与中小学劳动教育的衔接性和贯通性，坚持理论性和实践性相统一。

（1）明确以培育大学生劳动素养为目标的劳动教育。深刻认识到劳动教育在高校人才培养体系中的作用，明确劳动教育的核心指向是培育大学生劳动素养。以劳动素养为指引选择和组织劳动教育内容，破解劳动教育目的

"外在化"的价值困境，着力打通劳动仅仅停留在思想教育或纯粹技能培训的层面，仅仅是劳动体验、劳动锻炼等方面的盲区，反之劳动教育就偏离了人的全面发展和完善的根本旨归。大学生劳动教育的目标在于培养爱劳动、会劳动、懂劳动的具有劳动精神的大学生，帮助大学生养成热爱劳动、尊重劳动热爱创造的观念，具有深厚的劳动情怀，正确认识劳动的内涵和本质，形成健康积极的就业创业观，锻造过硬的劳动技能，具备必要的劳动知识，养成良好的劳动习惯，进一步引导大学生由被动接受到主动增强。

明白劳动与个人全面发展的关系，劳动与社会发展之间的关系，劳动实现国家振兴的道理。大学生劳动素养培育内容要凸显全面性特点，防止片面性。既要注重生产性劳动，又要高度重视服务性劳动和志愿活动。大学生劳动素养培育是一项系统、连续性的培育活动，既不能片面强调某一项内容，也不能遗漏重要的一项内容，否则培育效果就会失真，要不断把握劳动素养培育内容之间的关联性。大学生劳动素养培育要随着国家现代化建设和个人发展而不断深化和完善，要不断遵循学生个性特点和教育规律，不断探索劳动素养培育新路子，着力解决培育内容与社会需求脱节的问题。换而言之，就是全面提升大学生劳动素养。

高校需要凸显大学生劳动素养培育的重要地位，搭建形式多样的劳动育人平台，全面统筹校内外各方面的培育资源，从组织领导、课程建设、师资建设、经费投入、制度保障等方面形成坚强有力的培育体系，推动各要素充分激活、持久有效的发力，为提升大学生劳动素养奠定良好的基础。要把大学生劳动素养培育与各项工作紧密结合，有效地把触角延伸至社会多领域，在生活学习、创新创造中提升劳动素养，从而历练大学生，增强社会责任感。针对大学生劳动素养培育中显现的问题和重要任务，明晰大学生劳动素养培育该从何处着力，如何更好地发力。定期分析师生劳动素养状况，研究大学生劳动素养培育工作规律等，使全面发展落到实处。缺乏对大学生劳动素养培育规律的把握，就不可能有效开展劳动素养的育人实践。由此促进劳动教育取得良好育人效果。

（2）建构以培育大学生劳动素养为目标的评价体系。当前，需要把劳动素养评价结果作为衡量学生全面发展情况的重要内容，把劳动素养发展状况作为升学、就业的重要依据之一。科学的劳动素养评价体系是检验培育效果的试金石，唯有科学有效的动态监测和评价制度，才能提高大学生劳动素养培育质量。要进一步完善宏观指导、监督督促、合理设计考核评价指标，创新评价方式，有效地开展大学生劳动素养监测和定期反馈，确立公示、审核制度，形成体系闭环，确保大学生劳动素养培育系统化、常态化展开。要紧扣大学生劳动素养培育的实施情况，针对不同受教育阶段的大学生制定不同的评价考核制度，设计规范化、科学性、可实施性的考核方法。

在大学生劳动素养评价上，扭转单纯以考试成绩和针对结果的简易化评价的倾向，注重过程与结果的统一并更侧重过程的形成性评价。重点考察通过实践活动，学生在正确劳动价值观的确立、良好习惯的养成、劳动能力的发展、劳动精神确立等方面的情况，建构包括劳动知识、个人劳动习惯、公共服务劳动、专业技能、劳动情感等多个方面的劳动素养综合评价指标框架。

在大学生劳动素养评价内容上，要明确大学生劳动素养的考评内容，可将大学生参加社会实践、讲座报告、教学研究等各种形式的劳动教育活动纳入劳动素养评价内容，通过建档立卡记录大学生全部劳动实践轨迹，既可以记录大学生参加劳动实践活动的情况、劳动行为表现，同时又关注大学生劳动态度和情感的发展变化过程。完善科学的激励评价制度，把劳动素养纳入年度考核评定奖学金的范围之内，对于具有较好劳动习惯、劳动品质，有深厚劳动情怀，并积极参加各项劳动教育实践活动，有劳动教育科研成果的大学生，可以进行奖励，激发大学生不断提高劳动素养的动力，让大学生在推优评优过程中自觉提升劳动素养。在大学生劳动素养评价主体上，各级各类高校要把大学生劳动素养与整体素养相挂钩，可以设置"导师评价、学生互评和自我评价"三位一体的评价方法。因此，通过建构以培育大学生劳动素养为目标的评价体系，查找突出问题，促进发展，以此增强大学生劳动素养培育的有效性。

2.形成劳动教育课程体系

（1）增设劳动教育必修课程。当前，并非所有学校都开设了劳动教育必修课，大多数高校并没有普及劳动教育的通用教材，在全国高校适用的思想理论课中，劳动教育内容所占比例较小，且分散。此外，都是对劳动哲学层面、劳动发展史、劳动法学方面的理论阐释。劳动教育必修课在很多高校中处于缺失的状态。因此，要培养大学生的劳动素养，高校需要根据自身实际情况和院校特色，以劳动教育课程的教学方案、教材编写、课程安排、教学内容为主，结合学生成长规律，学科建设规律，要保证质与量并进，既要增加劳动教育必修课的数量，又要在内容上进行精化。劳动教育必修课是针对所有主要学科学生的通识教育课程，在教材使用方面，可以使用相关理论研究和建设工程重点教材或由国家教育行政部门统一组织编写的教材。同时鼓励高校依托实践基地进行劳动校本课程开发应用，编写具有学校特色的校本劳育教材，合理开发课程资源，挖掘地方性资源、民族特色资源、红色资源、家风家规资源等有教育内涵的价值元素。

设置社会劳动与实践课程。教育实习作为劳动教育必修课程，要严格落实高校在劳动教育课程的课时标准，要根据我国国情，制定相应的教育政策和教育课程。随着国内外交流广度加深，大学生劳动素养培育，要有国际视角、世界格局。

（2）实现劳动教育课程与其他课程融合。将劳动教育的目标、重要意义，融合在其他课程建设过程中，以此实现劳动教育课程与其他课程的有机融合。劳动教育课程与思想教育理论课融合，两者内容具有关联性，深入挖掘思想教育理论课中蕴含的劳动教育资源，要发挥好思想理论课主阵地的作用，把劳动诸要素融入思想教育理论课教学过程中，自觉将以对立统一为核心的辩证思维方法贯穿劳动教育课程全过程，加强大学生对劳动教育的价值认同。以思想教育理论课内容之"理"提升学生的劳动素养，以"课程思想教育"的方式紧密结合教学内容，融入与劳动教育有关的案例，用鲜活的案例引导学生产生情感共鸣，培养学生的劳动情怀，启迪劳动精神。使大学生在劳动素养培育过程中明大德、守私德，这种"以理引劳、以劳促德"的互动互养原则，是把握好思想教育理论课和劳动教育之间的基本尺度。

劳动教育课程与专业课程交叉融合，将大学生劳动教育融合在专业课程教学过程中，专业课程中具有丰富的劳动指向，在专业课程的学习中，培育专业劳动精神，强化专业技能，有意识地引导大学生进行劳动教育跨学科研究。在大学生劳动素养的培育上，不能单独决裂，应深入挖掘专业课程中的劳动教育元素，实现他们的有机合理融合。

另外，劳动教育课程与美育、体育课程融合，在美育课程、体育课程中也有丰富的劳动属性，深入挖掘美育课程、体育课程中的劳动教育元素，在美学课程中进行艺术作品的鉴赏，可以引导学生树立劳动创造美的观念，同时增加学生对文化遗产的保护和热爱。在进行体育课程教学中，引导学生磨炼吃苦耐劳的品质，提高身体素质，共同提升大学生劳动素养。劳动教育课程与就业指导课程融合，实现两者之间的结合，能够为大学生劳动素养的提升提供有益补充，对于必修课或其他课程中无法覆盖的部分内容，可通过选修课程或大学生就业规划课进行深度解读。例如，创新创业、劳动法中相关知识、就业中的劳动知识，都是契合大学生自身发展需求，关注度高的部分。可以进一步丰富大学生劳动知识，提升大学生劳动素养。

3.健全劳动教育保障体系

（1）多举措加强劳动教育师资建设。大学生劳动素养培育，关键在教师，教师是立校之基，教师发挥着教书育人的首要功能。保证高校劳动教育开展取得显著效果，最关键的是保证劳动教育教师自身劳动素养过硬，这是一项长期任务。在选拔和任用劳动教育教师的过程中，高校要统筹规划好劳动教育师资建设，培养、补充、激活、调配、建立一支专兼职相结合的劳动教育师资力量，根据学校发展规划，引进专职的劳动教育教师，在选拔劳动教育教师时，不能只注重教师的理论素养；也可以选择一些有农、林、渔、牧等学科背景，或选择一些有理科、工科等应用型学科背景的教师担任劳动教育教师。通过多种方式吸引有经验的劳模、行业精英进校园，让师生弘扬工匠精神，激发学生奋斗激情。吸收或返聘专家担任劳动教育课程的授课教师或客座教授，邀请劳动模范、退伍军人、代表人物参与到劳动教育中，担任劳动实践指导教师，或开展大学生劳动教育主题讲座。

高校应努力在教风学风建设、行为规范方面，凸显劳动价值，弘扬劳动精神。好的教风对学生起着熏陶作用，讲授与大学生劳动教育相对应的典型事件，让高校教职工成为劳动教育的先锋，成为学生的学习榜样。

加快建立全面的教师培训体系制度，通过培训提升劳动教育教师劳动素养，规划和落实劳动教育教师多层次、多形式的在职培训，教学团队结构状态在近阶段短时间内很难补齐数量、质量上的短板，还需慢慢改进。根据劳动教育教师的学历和素质现状，需要制订培训计划，对任职劳动教育教师开展全员培训工作，进一步加强学习劳动观教育，强化每一位劳动教育教师的劳动自觉性。培训内容要着眼于教师劳动素养的发展，教师劳动素养的培训不能局限于理论层面的相互交流，也要注重教师技能的提升，把以理论知识为主的培训转化为对思想、技能两方面的培训，使教师的劳动素养得到有效的提升，为大学生劳动素养培育奠定良好基础。可采用定期与不定期、校内与校外相结合的培训模式，真正把所学应用到教学教育中，带动大学生劳动素养的提升。还需要为专兼职劳动教育教师搭建良好的交流平台，定期举办分享交流会，使教师培训工作不断制度化、常态化，锻炼青年劳动教育教师运用大数据新方法，开展大学生劳动素养培育工作。

把劳动教育教师参与劳动教育方面的工作合理纳入职务评聘、考评机制。制定与高校劳动实践教师职位相匹配的评价标准，建立更加科学合理的评价指标体系，配合与教师贡献和业绩相适应、鼓励教师创新的激励制度，坚持引导性和强制性相结合。还要健全表彰奖励机制，对于劳动教育教师在开展服务性劳动中做出的突出贡献，对于在劳动教育指导课程、校本课程编写过程中做出的贡献，对于劳动教育教师在培育大学生劳动素养的教学环节的良好表现、阶段性评价，根据各高校拥有的奖酬资金合理进行物质激励，并进行评选表彰活动。充分调动劳动教育教师积极性，通过自我学习，提升自身综合素养，增强职业吸引力。

（2）搭建劳动教育平台。要使大学生劳动知识、技能得到充分的实践和锻炼，需要到不同的场所进行实际操作。劳动教育实践基地蕴含劳动教育资源，为提升大学生劳动素养提供了重要的育人平台。注重运用多种教育手段和新兴技术，建设、利用好劳动教育基地对人才培养的良性促动作用。各高校可以通过劳动教育的不同需求，搭建多类别的劳动教育平台，依托学校自身资源和地理优势，搭建校内实践教室、实训基地和创新创业孵化平台，让平台效益最大化。可争取政府、社会的支持，加强与社会机构、企事业单位的联系，逐步实现现有劳动资源的共享与交流，实现劳动教育社会化。发挥公益劳动基地的作用，引导学生自愿加入无偿劳动，实现其他劳动资源的补充。充分利用高职院校、农场基地等劳动实践场所，实现劳动教育实践场所共享化，优势互补，为高校劳动教育提供育人平台和服务。

（3）强化劳动教育经费保障。设立劳动教育实践专项经费，完善多渠道经费筹措体系，实施监督劳动教育经费的使用途径，制定资金使用具体管理办法。完善公开制度，及时公开劳动教育经费实施情况，确保经费透明化、公开化，劳动教育经费可用于劳动教育课程开发、课题研究、教材建设、专项实践经费、劳动教育平台体系建设和劳动教育师资培训上。学校可根据每学年工作计划，结合各学院工作计划动态核定经费，划分给学院自主支配的资金用来开展劳动教育，各级学院劳动教育经费不可挪作他用。

劳动教育经费可购买大学生在开展劳动活动中用到的防护用品和工具设备，清除学生在劳动实践过程中的安全隐患。购买必备的劳动教育书籍、器材，评选师生"劳动标兵"，加大奖励力度。积极开发具有时代性、趣味性的劳动教育软件，并安排专业的技术操作人员对平台进行设计、维护，使同学们在闲暇之际能够潜移默化地接受劳动教育。

（4）丰富劳动教育实践活动。要把握劳动教育的时机节点整合重组校内劳动教育资源，打破参加实践活动必须出校门、进企业的思想误区。结合五一劳动节、植树节、校内劳动周、劳动月等，打造专属班级、年级的劳动育人文化产品，大学生在知行和践行过程中不断深化对劳动素养的认识，既提升大学生劳动素养，又加强思想教育的亲和力。丰富校园文体活动，大学生劳动素养培育方式要生动化、生活化、多元化，引导大学生积极学习劳动教育报告会、辅导等，推选展示一部分学院开展劳动教育实践活动的案例。

实施开展特色劳动课，通过每日劳动常规、每日劳动公约阅读等多种方式，组织举行劳动知识竞赛、劳动主题讲座、高级学术论坛会、歌曲大合唱等活动，要发挥好校风学风的感染力作用，通过氛围营造，不断增强校园环境影响的感染力，从校史校歌中感悟吃苦耐劳精神，无疑对大学生行为起着潜移默化的作用。通过"学习强国"等平台观看劳模事迹，组织弘扬劳动精神的校友走进学校做主旨报告，分享个人参与祖国建设的经历。带领学生参观博物馆，寻访劳动文化遗存，将劳动教育的内容通过图像、音像、视频、小游戏的方式呈现给学生。对学生进行访谈，了解他们感兴趣的劳动实践活动，进行活动上的创新。

高校要充分运用新媒体的优势，将大学生劳动素养培育的阵地拓展到网络空间，丰富实践活动的线上载体，在总结原有模式经验的基础上，利用校园网络建设开发劳动教育网站，采用翻转课堂方式展示师生劳动成果，发挥其隐性育人功能。

4.引导大学生发挥自我教育功能

高校大学生劳动素养培育关键还在于引导大学生发挥自我教育功能，大学生应该主动、自觉地培育自身劳动素养，知其自身存在的问题，自行去改进和提升，由外在化培育向内在化转化，自我教育要想取得良好的效果，需要对自我教育的每个环节进行科学规划和引导。坚持把学校引导与大学生自我教育紧密结合起来，让他们成为独立完善的人、成为有担当的时代新人。

（1）培养主动的劳动意识。培育大学生劳动素养，首先，需要主体劳动意识的觉醒，这种主体意识的觉醒来源于对劳动有正确的理论认知，需要大学生在教育活动与实践中不断深化劳动教育的内涵，只有劳动意识自觉、主动，才会有深层次的理解和实践，才会有自觉践行的可能性。因此，大学生要树立自我发展的能动意识，要不断强化人的内在主体性和主动性，要知道自身存在的问题，并在具体的对象性活动中不断完善。培养主动劳动的意识，不能局限于个人的教育活动，劳动实践活动的开展需要多人合作完成，也要帮助团队、宿舍、班级同学自觉养成劳动意识，引导大学生在劳动素养提升的过程中，形成良好的同辈关系，养成团结协作、崇俭黜奢的良好品质。其次，大学生要积极参加各类公益活动，如投身社区垃圾分类大学生志愿服务活动，自觉参加校园迎新志愿者活动及校园美化、勤工助学等校园活动。强化自我劳动意识，增强自身公共服务意识，自觉投身于国家建设中，用自己所学服务他人、服务社会。

（2）树立正确的劳动价值观。大学生要不断增强劳动价值认同，达到情感上的接受与认同，没有劳动情感的认同，外在的灌输是无法走进内心的，要切实改变一些大学生自身不尊重劳动、不尊重他人劳动成果的现象。劳动教育本身就是身体力行、手脑并用的教育，随着创造型劳动、复合型劳动的占比增大，部分大学生在实践过程中出现了重视"心"忽视"身"的现象。虽然不能把劳动理解为简单的体力劳动，但也不能忽略体力劳动的重要作用，要消除部分大学生对体力劳动的偏见，引导大学生通过动手实践，体验到劳动成果不易。自觉向劳动模范学习，让劳动风尚潜移默化为学生的劳动认知，发挥榜样助力的示范作用，从盲目"追星"转向崇尚劳动、尊重那些普通但不平凡的劳动模范，通过典型事迹在潜移默化中领会劳动价值观念和劳动精神的内涵。将劳动价值观与校风、学风、校园文化精神结合起来，高校的校风、校训正是对劳动精神的诠释，有利于大学生永葆艰苦奋斗的作风，在实践与理论中不断完善自己，成为时代的领跑者，带动全社会形成良好的社会氛围。

（3）锻造过硬的劳动知识和技能。过硬的劳动知识和技能不仅是大学生成才发展、提高劳动质量和效率的必备要素，也是提升社会服务和实现国家富强的根本保证。要想使大学生劳动素养得到升华，绝不能只停留在囫囵理念的教育上，要发挥课堂教学和社会实践两位一体的教学模式的作用，也要进行实践活动。劳动知识和技能并非一日养成的，而是在长期的实践过程中锻造的，要坚持实践性原则，实现理论学习和关照实践紧密结合。社会实践既是有组织的学校教育，又是一种基于活动主动性的自我教育，可以通过多种渠道积极学习劳动知识，以适应科技发展和产业变革。社会实践是提升劳动能力的一种重要形式，实践环节能够将理论知识运用转换，通过实践操作强化大学生对劳动方法、劳动技能的熟练运用，注重新兴技术创新，于实处用力，在实践中发现自身不足。

一方面，整合重组校内劳动教育资源，打破参加实践活动必须出校门、进企业的思想误区。积极参加学校组织的勤工助学、实习实训、校内"三助"等劳动实践活动，培养动手能力和积攒劳动知识。另一方面，积极参加大学生创新创业大赛、田野调查活动，培养学生解决实际问题的能力，为未来职业发展储备能力。

第三节　大学生的劳动安全与教育探究

一、劳动安全的概念

劳动安全主要是指大学生在参与日常生活劳动、社会实践劳动和职业体验劳动过程中享有的获得人身安全保障、免受职业伤害的权利。任何忽视劳动安全工作的行为，都是对大学生本人、相关企事业单位、国家和社会缺乏责任的行为。因此，应按照国家有关劳动安全卫生法律法规赋予的职责，认真做好劳动安全工作。

二、劳动安全的重要性

劳动安全是一个恒久的课题，它与每位劳动者、每个家庭、每家企事业单位，乃至整个国家和社会都紧密联系着，劳动安全具有举足轻重的意义。

(一) 劳动安全对大学生的重要性

大学生是社会劳动生产中的重要组成部分，是社会主义事业的建设者和接班人，普遍受到过良好的高等教育，肩负着振兴中华的光荣使命，是国家的未来和希望，确保大学生劳动安全是一项非常重要的工作。当代大学生长期生活在相对单纯的校园环境中，对劳动安全的重要性体会不深、工作经验不够，劳动安全意识不强。劳动安全对大学生的身心健康、个人成长和事业发展有着决定性的作用。忽视劳动安全的重要性，必然会导致劳动安全事故和职业病害的发生。一旦发生劳动安全伤亡事故必将产生一系列的问题，给大学生造成不可逆转的身心痛苦，给其家庭带来沉重的经济困难和生活负担，给企业造成财产损失，给社会造成不良影响。所以，"我们必须高度重视大学生劳动安全"。

(二) 劳动安全对企业的重要性

大学生参与劳动的过程中一旦发生劳动安全事故，不仅大学生本身遭受影响，同时对其他劳动者也会带来不可避免的伤害。一方面会给企事业单位造成直接的经济损失甚至其他人员伤亡；另一方面，这些劳动安全事故还需要花费非常大的人力、物力、财力和时间、精力去处理，并需要很长的时间来消除劳动安全事故给企业和所在学校带来的负面影响，尤其是群体性劳动安全事故，带来的影响更大。劳动安全是企事业单位提高经济效益的基础和保障，大学生劳动安全对企业的经济效益和高校的办学效益都有着密切相关作用。没有劳动安全就没有效益，要以安全保效益。必须坚持"安全第一"的原则，以效益促安全，不能顾此失彼，也不能厚此薄彼。如果效益的短暂提升导致劳动安全方面出了问题，经济发展也会大受影响；如果只抓安全，不注重效益提高，在劳动安全方面的投入便无法保证，安全自然也无从谈起。只有平衡好两者之间的关系，一手抓安全，一手抓生产，才能取得良好的经济效益和社会效益。

（三）劳动安全对国家和社会的重要性

劳动安全是我们国家在生产建设中长期坚持的一项重要政策措施，是建设社会主义文明的主要内容和基本要素。保护大学生在劳动过程中的安全、健康，是关系到保护大学生切身利益的大事。伤亡事故和职业病害，不仅让大学生本人身心受到伤害，给其家庭带来不幸，也会对国家经济发展和社会长治久安带来不良影响和阻碍，给社会大众心理造成阴影。劳动安全事故一旦发生，后果不堪设想。如果处理不当，就会激化社会矛盾，影响国家的稳定和安全。因此，做好劳动安全是保障国家和社会安定，促进经济发展的重要内容。

大学生是社会劳动生产中的重要组成部分，是社会主义事业的建设者和接班人，普遍接受过良好的高等教育，肩负着振兴中华的光荣使命，是国家的未来和希望，确保大学生劳动安全是一项非常重要的工作。当代大学生长期生活在相对单纯的校园环境中，对劳动安全的重要性体会不深、工作经验不够，劳动安全意识不强。劳动安全对大学生的身心健康、个人成长和事业发展有着决定性的作用。忽视劳动安全的重要性，会导致劳动安全事故和职业病害的发生。一旦发生劳动安全伤亡事故必将产生一系列的问题，给大学生造成不可逆转的身心痛苦，给其家庭带来沉重的经济困难和生活负担，给企业造成财产损失，给社会造成不良影响。所以，"我们必须高度重视大学生劳动安全"[①]。

三、大学生劳动安全教育的策略

新时代对于人才的质量要求更高，对于人才的综合素质水平有着更高的要求，包括自主创新、不怕困难、自立自强、丰富的劳动技能等优秀品质。其中，劳动技能的教育培养在我国的教育体系下已经形成了一种传统，在当前这个物质资源丰富、科技发达的时代，劳动教育依然不能停歇，因为它对于培养学生树立起正确的劳动价值观和形成良好的劳动品质具有重要的推动作用。目前，如何在新形势下，针对时代和社会的发展特点，对于学

① 梁艳珍. 大学生劳动教育教程 [M]. 北京：中国传媒大学出版社，2021：143.

生实施具有针对性的劳动安全教育，增强在劳动教育与实践中的安全意识，更是值得好好探讨的问题。

（一）组织劳动教育安全理论课

在新课程教育改革的推动下，劳动教育课是所有高等教育学校的公共必修科目之一，由理论教学和劳动实践两个部分组成。这种理论与实践相结合的教学方式，使得教学效果更加明显，对于学生综合素质的稳步提升具有积极的推动作用。为了进一步督促学生熟练掌握这项技能，学校针对不同的学习阶段设置了严格、严谨的评估和考核测验，只有所有成绩都达到合格标准，且均分在60分以上，才能获得两个2学分。

在具体的授课阶段，新课程标准也对教师的教学能力、教学方式、教学内容提出更高的要求，要求教师在理论教育阶段要重视通过引用丰富、多样化的案例加深学生对知识的理解。在实践教育阶段，因为该教学环节的教学周期较短，所以教师要设置具有针对性、教学效果显著的实践内容。

（二）劳动实践中的安全注意事项

劳动实践这部分内容是劳动教育课程中的重中之重，成绩占总成绩的70%，该课程阶段对于学生应用课程所学知识进行实践的能力进行了细致考查，对于学生在未来的学习生活中能够更好地应用这些能力提供了经验积累和注意事项。但是，学生对这一教学内容的抵触情绪也较为明显，不可避免地会在情绪和行为上有所懈怠和敷衍，对此教师队伍要足够重视，在教学内容和教学形式的设置上要增强趣味性，做到多样化、潮流化，尽可能地符合当代学生群体的兴趣特征和行为方式，充分调动学生的实践积极性和热情。在具体的实践教学环境中，教师要遵循以下五个原则。

（1）明确分工和职责。教师在安排校园劳动时，要公平、公正地对待每一名学生，明确每一名学生的劳动任务和职责，防止部分学生违反课堂纪律，推卸责任。

（2）正确、客观地看待每一个学生个体，发现其优势，针对不同学生的学习特点进行任务的合理安排。给学生安排符合其自身特长和兴趣的任务，更容易调动起学生的实践积极性，从而使得校园实践活动能够取得良好的教学效果。

（3）全程对学生的实践过程给予充分的关注，及时帮助学生解决出现的意外情况和问题。该原则能够促使教师深入学生的校园实践过程，一方面可以增强教师和学生之间的沟通效果，另一方面能够保证校园实践的教学目标能够高效实现。

（4）设置奖惩分明的实践成果评估机制。该原则不仅可以保证该项教学内容公平、公正的特点，还可以在奖励的激励下，有效地激发出学生的实践热情，使教学效果更好。

（5）注重学生的劳动安全教育。这一项教育内容是劳动实践的重点之一，其主要的教学目的在于让学生对各种劳动用具的使用方法和相关的注意事项有一定的了解，从而在未来的实践中避免人身受到伤害。

第六章　新时代大学生劳动教育维度的实践研究

本章重点研究新时代大学生劳动教育维度的实践，主要内容包括：志愿服务融合新时代大学生劳动教育的实践探索、陶行知劳动教育思想及其对新时代大学生劳动教育的启示、新时代大学生"四融四化"劳动教育体系的实践研究。

第一节　志愿服务融合新时代大学生劳动教育的实践探索

一、志愿服务的精神——志愿精神

(一) 志愿精神的特征

1. 志愿精神的道德性特征

志愿精神是一种德行精神，蕴含着丰富的道德。志愿精神的内涵表现为"奉献、友爱、互助、进步"，从根本上而言，这些也都属于社会基本道德规范的部分内容，是社会对于个体及群体的道德要求。当前，德行传统始终影响着人类内心志愿精神的萌芽、发展和传承，是引导人类精神与物质生产活动的重要精神力量。志愿精神的实施主体是人，是人们基于一定的生命关怀、秉着崇尚人道进行的，依靠的是人的道德自觉。道德的基础是人类精神的自律。换言之，道德主体需要具备自主与自足的道德自觉，并且要在道德自觉的基础上产生一定的道德能力，这样才能真正践行道德。在志愿服务活动中，践行志愿精神的志愿者需要有崇高的道德境界，能够自觉地承担社会使命，为社会做贡献。道德自觉并不是所有人都具备的，只有高度自主的生命个体才会拥有。志愿精神是通过志愿者充分发挥主观能动性来完成的，体现了志愿者的个人意愿。志愿精神只有在个体内自觉生发并由主体自愿践行，才符合人道和人性，才能达到触动内在的德行要求，赋予志愿精神很强的道德性。

2. 志愿精神的价值性特征

志愿精神是一种利他主义精神，充盈着价值关怀，具有人文价值。志愿者通过援助、慈善、惠生等方式帮助他者生命走出困境，使他者得到社会的关怀与温暖，重新开始热爱生活，促进他者更好地生存，这是志愿精神对待他者生命的价值意识，体现了志愿精神的生命价值。志愿者秉着人道主义信仰和对社会的责任感，无私地服务社会，通过各种活动解决社会矛盾、协调社会关系、增进社会团结，从而促进社会的和谐发展，说明志愿精神具有人道价值。志愿者自愿从事非营利的社会公益活动，是志愿精神道德性的集中体现，志愿者的志愿行为是在无功利性的志愿精神的支配下进行的，在帮助他人、服务社会的同时，也实现了个人价值，升华了个人道德，弘扬了社会道德，提升了社会的精神文明水平，说明志愿精神具有道德价值。

生命价值、人道价值和道德价值都是人文价值，因此，志愿精神具有很强的人文价值。在我国，志愿精神是为爱国主义、集体主义服务的，因此，我国的志愿精神除了具有人文价值，还具有中国特色价值。例如，参与奥运会、亚运会、冬奥会等大型活动的志愿者，都为树立我国大国形象，宣扬国威做了贡献，同时也增强了志愿者们以及国人的自尊心、自信心和自豪感。由此可见，志愿精神既来源于人道精神，但又高于人道精神。我们弘扬中国志愿精神，不仅是在弘扬人道精神，也是在弘扬时代主旋律。

3. 志愿精神的实践性特征

志愿精神具有极强的实践性，是在志愿服务实践活动中产生并积淀下来的。志愿精神既来源于实践，也需要通过志愿精神来体现，最终又回归于实践。志愿精神不是坐而论道，而是实际行动的体现，是在丰富、生动的志愿服务实践活动中产生出来的一种感人肺腑的精神力量。志愿服务活动作为关怀生命的一种实践活动，需要进行广泛的实践才能维持并发展至今。依托生命实践的志愿服务活动，既具有物质性，也具有精神性，既是一种物质性活动，也是一种精神性生产，志愿精神便是从志愿服务活动实践中生成的。可见，志愿精神源于实践。志愿精神尊重生命、自觉追求和维护生命价值、奉献自身、帮扶他人，促进社会发展进步，在人道主义和公共服务实践中体现得淋漓尽致。

"互助友爱"的生命伦理意识是志愿精神的核心，在很大程度上，志愿精神需要通过"互助友爱"的关系来体现，而这种互助型的关系本身就是一种物质性实践关系。志愿精神具有公益性、道德性、价值性，集中了人类社会的道德准则，为人类在世界上的道德实践提供了方向，促进人类在联系日益紧密的世界中互帮互助、相互扶持，并使其在与世界的互动中不断发现、认同、践行这种德行关怀，投身志愿服务事业，无私地奉献自己，使志愿精神的道德真谛以实践的形式表现出来，又通过实践来进一步弘扬与发展。

4.志愿精神的发展性特征

任何事物都是在不断变化发展的，志愿精神也是如此，它自始至终都在动态地向上发展。志愿精神的发展是一种状态的延续，每一阶段的状态都是对前一阶段状态的延伸，又预示着后一阶段状态的方向。在志愿精神的发展过程中，前一阶段的积累为后一阶段的发展提供了前提条件。志愿精神所具有的道德性、价值性和实践性都在随着社会的发展而不断发展，使得志愿精神呈现出动态的发展性。

一方面，志愿精神作为一个开放性的体系，它无限制地向上延伸。人作为生命个体的存在，是一个无限向上的开放体系，志愿精神亦是如此，它作为一种社会存在，也不是封闭的，它是作为生命个体的人对超越自我、完善自我、改造世界、提升个人价值的追求，这必然要不断吸纳时代精神，与时俱进，才能不断发展完善自身。今天的志愿精神无论在形式方面还是在内容方面，都比以往的志愿精神更具有时代气息。另一方面，志愿精神的发展空间很大，有着美好的前景。在现实社会中，志愿精神在促进社会发展和人类文明进步方面展现出它浓厚的时代价值，与时俱进，随着时代的发展而不断发展进步。此外，由于志愿精神主张博爱、平等，对志愿者没有国界、民族、职业的要求，只要本着慈善的良心和为他人和社会服务的心态就可以参与志愿服务，因此吸纳了各个阶层的广大群众，推动了志愿精神的深化发展。由此可见，志愿精神是不断发展的，虽然志愿精神随着人类道德与社会的发展而不断地融入新的元素，但其特质始终未变。

(二) 志愿精神的功能

1.志愿精神的导向功能

任何一个社会的发展进步，都离不开崇高精神的引导。志愿精神作为一种积极向上的崇高精神，对于人类行为规范的调控、精神面貌的塑造以及整个社会的和谐发展、文明进步都具有深远影响。志愿精神具有正确的价值取向，能够规范志愿者的行为，让志愿者在潜移默化中坚定意志信念，增强爱国主义、集体主义意识，在社会上形成无私奉献、团结友爱、互帮互助、共同进步的良好风尚。在志愿精神的导引下，越来越多的人加入志愿服务组织，积极参与丰富多彩的志愿服务活动，用实际行动诠释着志愿精神的深刻内涵，散发着耀眼的光辉。

例如，大学毕业生为了实现国家富强、人民幸福的"中国梦"，在国家的号召下，踊跃支援西部、下到基层，在祖国最需要的地方挥洒青春、奉献青春，体现了他们强烈的爱国主义情感；又如，志愿者们在参加社区服务、帮老助老、环境保护等志愿服务的过程中，深入感知社情民意，理性审视社会发展的困境，对我国国情有了更为深入的了解，激发了他们的使命感，使他们主动寻求国家发展的有效路径，从而促进人类社会的共同进步；再如，志愿者们积极参加北京冬奥会、上海世博会等大型赛事活动，他们以文明、热情、专业的服务赢得了各方面的高度赞誉，树立了国家的良好形象，与此同时，志愿者们在服务过程中也增强了自身的使命感、责任感，激发了自己的民族自信心和自豪感。可见，志愿精神具有极强的导向功能。

2.志愿精神的凝聚功能

凝聚，是指把一些本来分散的、孤立的东西通过某种富有吸引力和黏合作用的物质，有意识地聚合到一起，以形成一股强大的、具有同一作用方向的力，向着既定的目标运动的一种机制。志愿精神的凝聚功能是指志愿精神在志愿者参与志愿服务过程中所发挥出的凝心聚力、统一行动，激发志愿者的公益情感，培养志愿者的集体观念的作用。志愿精神是我国精神文明建设的重要内容，具有强大的吸引力和向心力，一旦被人们认可，就会形成一种精神合力，使人们团结起来，凝结成一股强大的精神动力，心甘情愿地服务大众、服务社会。志愿精神作为一种意识形态，具有能动作用，它的形成具有深刻的理论根源，来源于美德和文化，容易得到人们的理解和认同。志愿精神能够把人们凝聚起来，为了解决社会问题、促进社会进步而团结协作、无私奉献。构建和谐社会是整个国家、整个社会里的每个分子的义务，是我们每个人的共同责任。只有将社会上各个部门、各个群体都调动起来才能更好地发挥全社会的积极性，更快更好地建成和谐社会。而调动社会各界力量的部门除了家庭、企事业单位和政府部门外，社会也能够团结民众。志愿精神是社会的核心理念，能够使社会上各自分散的小团体凝聚起来，组成一个大家庭，使得社会得以延续，体现了志愿精神的向心力和凝聚力。正是这种向心力和凝聚力，才能将每个社会系统凝聚在一起，发挥出合力功效。志愿精神的凝聚功能对于国家核心价值体系具有至关重要的作用，能够为其提供最有利的建设环境，使之成为全体社会成员的共识和行为准则。

3. 志愿精神的激励功能

激励，就是激发、鼓励，即通过各种形式的外部刺激，使人们产生一种奋发向上、士气高昂的进取精神。激励功能是思想教育的一项重要功能，能够将人们的积极性和创造性充分调动起来，使之心甘情愿地为国家现代化建设事业而努力奋斗。志愿精神是一种进步的思想观念，具有很好的激励功能，能够广泛地发动群众，激发他们关心并参与社会公共事务的积极性，为构建和谐社会提供强大的精神动力。志愿精神既体现了群体精神，又是个体精神的升华。但由于人们生存环境不同，思想觉悟各异，即便是都具有志愿精神，其精神境界也高低有别，这就需要发挥志愿精神的激励功能。榜样激励是志愿精神的一种重要的激励方法。榜样的力量是无穷的，在全社会树立精神楷模，能够调动人民群众的积极性，使其主动参与社会公共事业。宣传志愿者的先进事迹，能够增强志愿精神的感染力，给人以心灵的触动，使志愿精神深入人心，促使志愿者将志愿精神内化于心、外化于行，自觉自愿地加入志愿服务的行列，形成良好的精神风尚。

4. 志愿精神的调节功能

思想教育的调节功能，是指通过民主的、说服教育的、相互沟通的方式，进行人的情绪调控、人的心理调适和人际关系调整，从而达到提高人的思想觉悟、建立新型的人际关系的目的，保持和促进社会的稳定与发展。志愿精神作为一种充满人性关怀的精神理念，也同样具有良好的调节功能。

（1）志愿精神能够调节人们的情绪。志愿精神倡导人们无私地奉献自己的时间、精力、技术、财富等去关爱弱势群体，让他们感受到社会的关怀与温暖，帮助有困难的人渡过难关，消解他们的不良情绪，使他们能够以平和的心态面对生活、重新树立生活的信心。

（2）志愿精神能够调节人们的心理。目前，在偏远山区还有很多留守儿童和空巢老人。留守儿童长期得不到父母的陪伴，容易产生自卑心理。空巢老人得不到儿女的关心和照顾，容易产生抑郁心理。在志愿精神的"友爱、互助"精神的感召下，我国很多志愿组织和志愿者专门开展了关爱留守儿童和空巢老人的志愿服务活动，使他们在情感上得到关爱、温暖和抚慰，能够以开朗、乐观的心态面对生活。针对已经产生心理问题的人群，具有心理咨询资格的专业的志愿者会对他们进行心理辅导，使他们从阴霾中走出来，重展笑颜。

（3）志愿精神能够调节人际关系。在现实生活中，快节奏的生活使得人们精神比较紧张，情绪不稳定，可能会导致人际关系的不和谐。一些人局限在自己的生活世界中，必然会引发矛盾。志愿精神倡导"奉献、友爱、互助、进步"，旨在呼吁人们奉献自己的爱心，伸出援助之手，互帮互助，共同成长进步，这样人与人之间才能和睦相处，社会才能稳定，才能真正构建和谐社会。

（三）志愿精神的形成

志愿精神不是在短时间内能够形成的，其形成过程是比较漫长的，需要经过长期的志愿服务行为的积累，通过志愿精神的外部客观因素对志愿服务行为主体进行持续不断的影响，通过志愿服务行为主体自身的不懈努力，不断提高自身对志愿服务和志愿精神的认识能力，树立自身的志愿服务信念，坚定参与志愿服务的意志，并不断将这些内在动机外化为志愿服务行为，经过长期积累，形成一定的志愿服务行为习惯，使志愿服务的原则、规范在自己思想与行为中真正固定下来，这样才能真正形成志愿精神。概括而言，志愿精神的形成，要经历一个由志愿服务认知到志愿服务行为，由志愿服务行为到志愿服务行为习惯，再由志愿服务行为习惯升华为志愿精神的发展过程。

1. 从志愿服务认知到志愿服务行为

人的思想品德形成与发展过程的基本问题是人的思想品德认识如何转化为相应的思想品德行为的问题。但思想品德认知不能直接转化为思想品德行为，中间还必须经过思想品德情感、信念和意志这三个重要的思想品德心理要素。志愿精神作为一种高尚的思想品德，其形成过程同样如此。人们要形成志愿精神，先要对志愿服务和志愿精神的概念、内涵、原则、规范、特征等有一定的理解和认知，只有掌握了志愿服务与志愿精神的概念与相关知识，才能具有对志愿服务的一般性判断和是否选择志愿服务的能力。因此，对志愿服务的认识是个体形成志愿精神的第一步，也是整个志愿精神形成的基础。虽然人们对自己认识志愿服务、志愿精神的水平通常没有明确的认识，但不能否认的是，这种认识确实存在于他们的思想意识结构当中，并且处于他们的深层意识结构中。

人们在了解了志愿服务之后，不一定都会选择志愿服务行为，因为从志愿服务认知到志愿服务行为的过程中，人们内在的情感起着重要的作用。人们对志愿服务的认识，使得人们在志愿服务实践或履行某种义务、承担某种责任时会产生喜爱或厌恶等不同的情绪体验，这些不同的情绪体验就是人们对志愿服务和志愿精神的情感。其中，那些积极的、健康的情感就是形成志愿精神的重要因素。换言之，如果人们对自己从事或接触的事物没有感情，那么就不可能有相关的行为。人们对自己从事或接触的事物的感情不同，他们对待这一事物的态度以及相关的行为也会不同。人们只有对善恶、美丑、是非正义等产生爱憎分明的情感，才能激发他们高尚的动机，才会产生进行某种行为的主观愿望，然后经过正确的抉择做出符合道义的行为。换言之，人们只有知道了志愿服务、志愿精神、高尚品质的内涵是怎样的，对崇高的志愿服务事业才有可能产生钦佩和爱慕的情感，也才有可能实践志愿服务行为。

当然，并不是所有了解志愿服务的人都会产生相应的情感。只有当人们对志愿服务的认识通过一定教育培养后才会形成一定的志愿服务观念，届时，才能产生相应的情感。在积极情感的激发下，人们便会对志愿服务的原则和规范产生信仰，产生参与志愿服务的信念。志愿服务的内在信念，就是人们坚定地且有根据地笃信志愿服务的原则规范、志愿精神的终极目标的正确性和正义性，以及由此而产生的对他人和社会的强烈责任感。志愿精神信念的形成是志愿精神形成的关键，因为志愿精神信念是志愿精神认知、情感和意志的有机统一，也是产生志愿服务行为的强大动力和精神支撑。

人们有了志愿服务信念作为支撑，还需要具有顽强的志愿服务意志，这样才能将志愿服务和志愿精神的认知转化为志愿服务行为。所谓志愿服务意志，就是人们在从事志愿服务实践的过程中，所体现出来的能够自觉克服重重困难与障碍的一种能力和顽强毅力，也就是人们平时经常弘扬的坚强不屈的坚持精神。另外，志愿服务意志的形成对志愿精神的形成过程起调节作用。人们在志愿服务认知、情感、信念和意志的支配、调节下，在从事志愿服务实践活动中履行志愿精神的原则和规范的实际行动，就是志愿服务行为，这就是志愿精神形成的第二步。

志愿服务行为既是一个人的志愿精神形成和发展过程中的重要步骤，同时又是一个人的志愿精神的反映和体现。一个人只有将志愿服务的观念和动机付诸志愿服务行为，才有可能达到一定的服务目的，使主观愿望符合客观行动。只有通过观察一个人在志愿服务活动过程中的行为表现及态度，才能判断他的志愿精神水平如何。也就是说人们的志愿服务行为的结果，便是评价他人及自己志愿精神的客观根据。

2. 从志愿服务行为到志愿服务行为习惯

一个人只产生了一次志愿服务行为，还不能说明志愿精神已经形成，只有多次自觉地参与志愿服务，使志愿服务成为自己的一种行为习惯，并将志愿服务行为习惯进一步巩固和强化，使其转化为人们心中稳定的、固定的精神品质，才可称得上是具有了志愿精神。

所谓志愿服务行为习惯，指的是人们在志愿服务实践活动中持续不断地重复志愿服务行为，使之逐渐在内心积淀，形成一种已经定型的自动化的行为方式。志愿服务行为习惯一经形成，就能够大大简化人们的志愿服务行为选择和志愿精神评价的活动过程，使人们在看到需要帮助的人时，能够不假思索地实践志愿服务行为，积极主动帮助他人。若要使人们的志愿服务行为成为习惯，需要行为主体具有坚定的志愿服务信念和顽强的志愿服务意志。

志愿服务信念是人们对志愿服务的认知、对崇高的志愿服务事业的炽热的情感和顽强的志愿意志等的有机统一。志愿服务信念一经形成,便具有较为稳定和持久的特点。因此,在志愿精神的形成过程中,它占据了主导和核心的地位。坚持志愿精神内在信念的人,往往热衷于追求志愿精神的理想境界,能够努力捍卫志愿服务的原则和规范,为他人和社会服务。是否具有坚韧果敢的志愿服务意志,是评价一个人是否达到一定精神境界的标准,也是人们能否形成志愿服务行为习惯的重要条件。一个具有顽强志愿服务意志的人,能够克服各种困难,坚持不懈地去为实现自己崇高的志愿理想而奋斗。只有形成了坚定的志愿服务意志,才能够克服艰难险阻,完成志愿服务行为,使人们形成长期参与志愿服务的行为习惯。

一定的志愿服务行为习惯的形成,表明人们的志愿精神达到了比较完善的程度。因此,志愿服务行为习惯的形成是志愿精神形成的一个关键环节。如若没有一定的志愿服务行为习惯,那么人们的志愿精神就无法有效形成。

3.从志愿服务行为习惯升华为志愿精神

任何一个人的志愿精神的形成与发展,都包含着志愿服务认知、情感、信念、意志和行为五个心理要素。但任何一个单独的要素都无法形成完善的志愿精神。需要人们在志愿服务行为习惯的基础之上不断巩固志愿服务的认识、情感、信念和意志,使四者不断融合、凝结,这样才能最终升华为志愿精神。志愿精神的形成需要经历一个长期积累的过程,不是一蹴而就的,而是一个实践、认识、再实践、再认识,不断深化提高的过程。志愿精神既来源于志愿服务行为,又依靠志愿服务行为来体现。人们在志愿精神的指导下进行志愿服务行为,又会在新的志愿服务行为中,产生新的志愿精神,如此循环往复、螺旋上升,使得人们的志愿精神愈来愈高级,愈来愈完善。

志愿精神的形成过程,是一个将外在志愿服务观念、原则、规范内化为人们内心信念的过程。在志愿服务行为刚出现时,人们一般只是表面上认同和接受志愿服务的原则、规范,并非内在的真正的需要和渴求。当志愿服务行为不断积累,并形成一种稳定的志愿服务行为习惯和心理特性时,支配志愿服务行为的观念、意识已逐步浸入人们情感与意志活动中,内化为人们的志愿精神信念。此时,志愿服务的原则、规范已不再是一种他律,志愿服务行为已成为人们的内在需要。换言之,当人们的志愿服务行为完全听从自律的支配时，志愿精神才算最终形成。可见，志愿精神的形成过程是志愿者在对志愿服务原则、规范的认知基础上，由志愿情感激发产生坚定的志愿服务信念和顽强的志愿服务意志，从而产生志愿服务行为，在坚定的志愿服务信念和顽强的志愿服务意志的支撑下，形成志愿服务行为习惯，最终内化升华为内在精神品质的过程。

（四）新时代大学生的志愿精神

1. 新时代大学生志愿精神的特性

志愿服务作为中华传统美德的一种表现形式，对于促进我国精神文明建设、构建和谐社会有着重要作用。近年来，志愿服务越来越受到国家的重视与支持，吸引了众多志愿者踊跃参加。大学生作为我国青年志愿服务的主力军，更是积极投身其中，为我国的志愿服务事业做出了重要贡献，他们身上所体现出的志愿精神具有深刻的内涵和独特性。志愿精神是大学生思想教育的重要内容，对当代大学生进行志愿精神培育，能够帮助他们树立核心价值观，提高大学生的道德素质，促进社会道德水平的提升。志愿精神具有道德性、价值性、实践性、发展性等特征，当代大学生是志愿者队伍的主力，因为大学生群体的特殊性，使得他们在日常的志愿服务活动中所展现的志愿精神不仅具有志愿精神的一般特征，还具有一些特殊性。

（1）新时代大学生志愿精神的进步性。新时代大学生朝气蓬勃、充满活力，具有开放、进步的思想，这在他们的学习、生活和工作中都有所体现。新时代大学生志愿者是我国志愿服务队伍的主力，他们在志愿精神的感召下，秉持着对国家和社会的责任与使命，积极参与志愿服务，活跃在各个服务领域，将进步的前卫的思想融入志愿服务中，使得志愿服务更加新颖独特、积极向上，他们在志愿服务中展现出的志愿精神也具有积极进步的意义。

大学生志愿者通过志愿服务帮助他人、服务社会，不仅推动了社会的和谐与进步，还锻炼了自己，提高了自身的综合素质，提升了自己的道德境界，促进了自身的进步与发展。目前，大学生的志愿服务领域仍在不断扩展，他们身上所体现的志愿精神对于我们道德素质的提高、社会的和谐发展有着巨大的推动作用。

（2）新时代大学生志愿精神的示范性。大学生志愿精神不仅在大学校园内部具有示范性，而且在社会上同样具有示范性。"志愿者"身份对于大学生而言，不是临时性的，而是跟随其一生的。大学生志愿精神在今天的践行就是广大学生群体积极踊跃地投身于援疆援藏、抗击疫情、抢险救灾等多种多样的志愿活动中，在这里他们的人生经历得到刷新和丰富，个人魅力也因此而增强，个体的人生会更加与众不同，这不仅为高校培育"有理想、有道德、有文化、有纪律"的国家建设者和接班人提供了优秀的范例，也为高校增强大学生创新意识理念、提高实践能力、丰富其社会责任感树立了典型。在其他社会群体眼中，大学生团体是流动的、不断更新的，一代又一代的学生践行着志愿精神理念，这与社会核心价值观内容中提倡的德育目标是一致的，是社会发展的主流，它对成熟的社会价值观体系的建造和完善工作起到了引领作用，在不知不觉中给社会提供了模范事例，吸引带动了更多的群体参与志愿行动，将志愿行动变成一种常态化的社会存在，让生活中充满德行的暖流和人性的光芒，引领社会的道德新风。

（3）新时代大学生志愿精神的时代性。时代性也是大学生志愿精神的一种特性。大学生思维活跃，容易接受新鲜事物，能够掌握并熟练运用时代前沿的先进文化与科技，他们的思想必然会打上这个特定时代的烙印，反映这个时代的精神内涵，大学生志愿者身上体现出的志愿精神也必然具有这个时代的特性。当代大学生接受度高，他们的志愿精神的形成和发展受到校园文化、社会文化的影响，必然会打上它所处的特定时代的烙印，必然需要充分反映这个时代的精神内涵。当前时代是互联网的时代，数字化对大学生群体的学习、工作和生活产生了极大的影响。腾讯公益、新浪公益、搜狐公益、微博、微信等媒介为大学生志愿者在公益领域的发展提供了更为先进的手段与平台，扩展了大学生志愿服务的领域。在互联网时代，大学生志愿者通过网络联动线上与线下，免费提供信息咨询、资源共享、技术指导和精神安慰，并发布社会求助信息，呼吁社会救助，宣传志愿精神，促进了大学生志愿精神的弘扬，打造了"正义、良知、爱心和理性"的校园文化氛围。大学生参与志愿实践、公众对志愿活动的关注都离不开网络，大学生志愿者强烈的网络参与色彩体现了大学生志愿精神的时代性。

（4）新时代大学生志愿精神的持续性。在大学校园，虽然每年都会有新生与老生的周期性更替，但每当一届毕业生从校园走上社会征途时，新的一批大学生又踏入了校园中，加入大学生志愿服务队伍，践行志愿精神。因而志愿服务不会缺少参加者，以"奉献、友爱、互助、进步"为主要内容的志愿者精神必将薪火相传、生生不息。

需要注意的是，大学生在做公益、参与志愿活动的同时也收获了成长，"我志愿，我健康""我志愿，我成长""我志愿，我自豪""我志愿，我美丽"等口号被镌刻在志愿者认知和情感上，志愿精神深刻的烙印在校园精神文化中，伴着校园精神文化影响着大学生的青春时期，甚至会让大学生受益终身，它已经演变为时代文明的新风尚。一代代的大学生在志愿服务的道路上贡献着自己的力量，积极加入志愿服务组织，在这里他们孜孜不倦地追求真理，用自己的行动改造社会，成为一名合格的志愿文化的宣传者、行动者。

2. 新时代大学生志愿精神的必要性

志愿精神是人们心中的道德殿堂，是一种以奉献、友爱、互助、进步为核心内容的道德信念，体现了人类崇高的精神境界，旨在促进社会发展和人类的文明进步。

（1）符合新时代大学生健康成长的需要。目前，国际国内形势发生了深刻变化，我国又正处于经济社会深刻变革的时期，市场经济规则和社会治理更加完善。随着市场经济不断发展，人们的物质生活水平逐渐提高，但人们的精神文明水平提升得相对较慢，人们更多地注重物质层面的东西，被物质所束缚，缺乏精神层面的追求，导致物质与精神的失衡。尤其是在现在这个价值多元化、生活多元化的时代，很多人价值观混乱，不能明确自己的人生目标，这种精神危机不仅影响着整个社会，也影响着高校大学生。大学生的身心发展还不完备，思想还不够成熟，容易受到不良文化思想的侵蚀。其中，有部分大学生的世界观、人生观和价值观已经发生偏差，他们更多地关注物质和自我，缺乏对外在世界和他人的人性关怀，精神上无所依托，而高校教育有责任有义务帮助其摆脱精神上的困境。

目前，志愿服务已成为高校思想教育的重要载体，对于新时代大学生的实践技能的锻炼、思想道德素质的提高具有十分重要的意义，客观上促进了当代大学生的健康发展。因此，培育当代大学生的志愿精神，不仅仅是为了促进志愿服务的发展，更重要的是为了使当代大学生将志愿服务与志愿精神的价值理念、行为规范内化于心、外化于行，帮助他们树立正确的世界观、人生观和价值观，在志愿精神的感召下，将帮助他人、服务社会、无私奉献，自觉地将促进人类社会和谐进步作为生活的意义，提升当代大学生的精神境界。由此可见，培育大学生的志愿精神对于当代大学生的健康成长是非常必要的。

（2）是新时代中国社会转型发展的需要。目前，我国社会正处于从传统社会向现代社会、从农业社会向工业社会等的转型期。经济、文化等各个方面都发生了明显的变化。社会转型为中国带来了很大的机遇，社会经济取得了长足的发展进步，但社会转型也带来了一系列的社会问题。目前，对大学生进行志愿精神培育，能够有效推进我国志愿服务的发展，有效缓解社会转型所导致的社会分化等问题，减少不同社会群体、阶层之间的摩擦与矛盾，加强不同社会群体、阶层之间的沟通与了解，从而弥补市场的不足，促进社会公平正义的实现。由此可见，培育当代大学生的志愿精神，对于保障当代中国社会转型的发展是非常必要的。

（3）是新时代高校思想教育变革的需要。思想教育的资源非常丰富，既包括我们中华民族的传统思想，又包括我们国家先辈革命时期的理论资源，还包括我国当代的思想文化精神资源。目前，我国的思想教育主要是从世界观、人生观、道德观和法制观等方面进行教育。志愿精神中所蕴含的奉献、友爱、互助、进步等理念既继承了我们中华民族的传统美德，又具有丰富的时代价值，体现了无私奉献、友爱互助、爱国爱家等美德。志愿精神的价值与社会的核心价值观一致，是社会核心价值在微观层面的缩影，同时也是培育人生观、价值观、道德观的重要内容，是我国思想教育内容的有益补充。

大学生思想教育工作是高等学校育人工程的一个重要组成部分。随着我国经济体制深刻变革，思想观念也发生了深刻变化，面对新形势、新任务和新挑战，大学生思想教育存在缺乏生机和活力的现象。与此同时，高校学生思想较之以往呈现出更加多元和复杂的倾向，导致高校思想教育工作面临变革的挑战。其中，一个突出的问题就是如何将思想教育的理论与实践相结合，使大学生在实践中深刻体验与感知，使思想教育理论真正走向生活，从而帮助大学生树立正确的世界观、人生观和价值观。

目前，志愿服务已经成为高校思想教育的重要方式，是高校思想教育理论走向生活的重要实践途径。培育当代大学生的志愿精神，能够有效促进大学生志愿服务的发展，使大学生在志愿服务过程中深刻认知奉献、友爱、互助、进步等理念，培养大学生的奉献精神、友爱精神、互助精神、进步精神、爱国主义精神和社会责任感，从而提高高校思想教育的实效性。由此可见，培育大学生的志愿精神对于当代高校思想教育的变革是非常必要的。

3. 新时代大学生志愿精神的作用

（1）有利于提高大学生的道德素养。我国对大学生进行德育教育的根本目的就是要提升当代大学生的道德水平，培养他们认识、改造世界的能力，帮助他们树立正确的世界观、人生观和价值观，为国家事业培养建设者和接班人。志愿精神恰恰契合了高校德育的这一要求，可全面提高大学生的道德素质。

①有助于大学生树立正确的人生观、世界观、价值观。目前，当代大学生的物质生活基础已经较为稳定，大学生在美丽、充满书香气息的校园里可以无忧无虑地接受文化知识的熏陶，为自己的未来奠定坚实的根基。但不容乐观的是，近年来一些消极观念在大学生中间流传，部分学生深受其害，开始陷入迷茫，没有远大的理想和目标。在这样的背景下，对大学生进行志愿精神培育，能够促使大学生在服务他人、奉献社会的同时实现个人价值，有助于大学生在奉献自己、关爱他人的过程中提高自己的道德水准、陶冶高雅的道德情操、提升道德境界，更好地将国家核心价值内化于心；有助于大学生在志愿服务中更切实地体验生活，了解我国发展的基本状况。

培育大学生的志愿精神，还能够使当代大学生在奉献、服务的活动中切身体会人间的友爱、真情和温暖，在这种良好氛围的影响下，大学生能够更好地认识和处理个人利益与集体利益的关系，增强他们服务社会、回报社会的使命感，坚定他们为国家事业献身的信念，从而无所畏惧、勇往直前。由此可见，培育当代大学生的志愿精神对于大学生世界观、人生观、价值观的树立意义重大。

②有助于提高大学生的现代公民意识，增强其社会责任感。培育当代大学生的志愿精神，有助于提高大学生的现代公民意识，增强其社会责任感。随着我国现代化的不断发展，当代大学生作为我国公民中的一员，应该主动参与公共事务，服务社会大众。社会责任感是评判国民道德水平的重要

指标，如果没有了责任的支撑，国家和社会就无法形成凝聚力和战斗力。个体的人只有具有社会责任感，才能与自私自利划清界限，时刻关心国家和人民的利益。做好培育大学生社会责任感的思想工作意义非凡，大学生是我们国家的希望与未来，肩负着将国家建成为富强的社会现代化强国的重担。由于大学生活动空间主要集中于校园内部，有一定的局限性，其接触的群体和交际的范围也相对有限，对社会的了解不够全面，缺乏对他人与社会的责任感。当前高校和社会想要增强大学生群体的现代公民意识，就务必要培育大学生的志愿精神。

培育当代大学生的志愿精神，能够有效增强他们的现代公民意识，增强其社会责任感，调动其参与公共事务的积极性。在志愿服务精神的呼唤和号召下，大学生们会尽最大努力为身边的人提供帮助，主动承担社会义务，主动为社会发展尽一份微薄之力。助人者自己也会有所收获，大学生在帮扶别人的同时，对自己身上社会责任的理解会更深一层，其主体意识和公民意识也会在为他人服务中得到强化。

③有助于增强大学生的爱国主义精神。爱国主义精神一直贯穿整个中华文明的发展史和中华民族成长历程，数千年来，我们的国家始终保持着强大的生命力，其力量之源就是爱国主义精神，这种精神激励了一代代华夏儿女，让我们中华民族以挺拔的身姿屹立于世界民族之林。在当代，我们中华民族精神的核心就是爱国主义，因此，必须重视对大学生的爱国主义教育工作。在各高校，应当将爱国主义作为德育工作的根本理论导向，从理论教育和实践教育两个方面入手，提高大学生对爱国主义的理论认知，使他们全面了解国家历史，在实践教育中培养大学生的爱国主义情感，坚定他们的理想信念，使他们将爱国主义融入服务人民、建设国家的实际行动中。

志愿精神倡导的"奉献、友爱、互助、进步"的精神内核，深深感染着大学生，使他们在志愿服务中培养了爱国主义情感，增强了爱国主义精神。例如，大学生志愿服务西部的行为，培养了大学生为国奉献的爱国主义精神。他们积极响应号召，到祖国艰苦的地方去支教，他们在支教期间，深入了解了国家、社会的现实情况，更加坚定了他们为祖国现代化建设贡献力量的决心。

（2）有利于和谐社会的构建。构建和谐社会是建设富强国家的内在要求，是全国各族人民的共同愿望。志愿精神是人类社会的一种精神追求，旨在帮助他人、奉献社会、推动社会的文明进步。奉献、友爱、互助、进步是中国志愿精神的核心要义，也是和谐文化的重要内容，培育大学生的志愿精神，能够将这种友善、和谐的理念在大学生群体中广泛传播并内化于心，有利于提高大学生的道德素养，促进大学生自身的和谐，促成人际关系的和谐和人与自然的和谐。

①培育大学生的志愿精神有利于大学生自身的和谐。大学生虽然已经成年，但他们的思想还不太成熟，世界观、人生观、价值观正处于形成时期，容易受各种错误思潮和不良文化的诱导而无法形成正确的世界观、人生观、价值观，有时还会与我们倡导的核心价值观发生冲突，从而感到迷茫、焦虑。加上他们心理承受能力和抗打击能力较差，遇到挫折或问题容易情绪激动，或者一蹶不振，这些思想和行为不但不利于大学生自身的发展与完善，而且阻碍了和谐社会的构建。志愿精神具有人文教育功能，能够帮助大学生塑造和谐的心态，主要体现在以下三个方面。

第一，志愿精神具有道德性，体现了志愿者自觉自愿服务他人、奉献社会、友爱互助的高尚道德品质。培育大学生的志愿精神能够提高大学生的思想觉悟，使其能积极、乐观、宽容地对待问题与挫折，以更加积极的心态面对工作、学习和生活。

第二，志愿精神反映了志愿者的一种社会责任。志愿者基于人道主义精神或社会责任感心甘情愿地奉献出自己的时间、精力、知识、技术等去帮助他人、推动社会的文明进步。大学生在志愿服务过程中，能够深切地感知社会、体悟人间真情、感受帮助他人所带来的责任与快乐，培养自身坚强勇敢的品质和敢于担当的精神，有利于消解大学生自身的不良情绪，平和大学生的心态，促进自身的身心和谐。

第三，构建和谐社会需要社会成员具有理性的判断，只有保持理性情感，才能保证社会的公平正义，而志愿精神也内含着平等、友爱、互助的理念。大学生在志愿服务活动中能够准确认识自我，了解国家与社会的现状，从而以客观理性的眼光看待问题，不再出现偏激的言论和行为。

②培育大学生的志愿精神有利于人际关系的和谐。在志愿精神的感召下，大学生志愿者积极参与志愿服务，关爱老人、儿童，帮助社会弱势群

体，使他们摆脱困境，重拾生活的信心。大学生在志愿服务活动中践行志愿精神，以自己的实际行动关爱、帮助他人，传递友爱互助的理念，缓和了社会矛盾，促进了人际关系的和谐。社区服务是大学生志愿服务的主战场之一。他们用自身的时间、精力和技能去服务他人，深入社区照顾、安慰、陪伴、帮助孤寡老人和残疾人，帮助特困户等弱势群体。在社区服务中，大学生志愿者用关怀温暖他们、用真诚打动他们、用热情感染他们，使他们积极乐观地面对生活的坎坷，拉近彼此的距离，营造了和谐的社区氛围，传递了公平正义的理念，维护了社会的稳定。因此，培育大学生的志愿精神，能够弥补政府与市场的不足，有效帮助他人解决难题，促进社会的公平正义、促进人际关系的和谐，有利于社会的安定团结。

③培育大学生的志愿精神有利于人与自然的和谐。构建和谐社会不仅包括人与人的和谐，还包括人与自然的和谐。志愿精神中的友爱精神，不仅仅是人与人之间的友好关爱，还是人对自然界的爱护，这与和谐社会的理念是一致的。生态环境保护是大学生志愿服务的一个重要项目。保护海南湿地红树林活动、保护候鸟、保护流浪动物等志愿服务活动都体现了大学生志愿者爱护自然、保护生态环境的理念。随着人们物质生活水平的提高，人们的物质需求基本得到了满足，开始关注自己周围的生活环境。生活环境的好坏关系到人们生活的舒适度、关系到人们的幸福指数。因此，人们对生态环境的质量有了更高的要求。

人与自然是相互影响的，自然为人类提供了基本物质条件，但自然资源是有限的，如果人们浪费自然资源，破坏了生态平衡，自然环境恶化，也会影响人们的生存环境。因此，培育大学生的志愿精神，使大学生在生态环境保护的志愿服务中增强对自然与生态的了解与认识，培养他们爱护自然的生态理念，注重生态平衡和环境保护，使人与自然和谐共生。并且，大学生广泛参与生态环境保护志愿服务活动，能够起到很好的宣传示范作用，他们宣传生态理念，呼吁社会成员关注自然、生态的发展，在全社会形成节约资源、保护环境、绿色生活的良好风尚，有利于和谐社会的构建。

4.新时代大学生志愿精神的实现

(1) 高校发挥当代大学生志愿精神教育主渠道作用

①提高新时代大学生志愿者综合素质。志愿者的综合素质影响着志愿

服务的水平，也影响着志愿精神培育的效果。新时代中国大学生志愿服务发展迅速，服务领域愈来愈广，不断向更加专业化的方向发展，这就对大学生志愿者的综合素质提出了更高要求。教师是课堂教学的主体，应当发挥教师的引导作用，将志愿精神培育融入思想教育课程中，并对大学生志愿者进行专业化培训，真正提高他们的志愿服务质量与水平，加深他们对志愿精神的理解与认识，从而增强大学生志愿精神的培育效果。

第一，发挥教师的引导作用。借助发达的网络，信息传播速度之快和广度之宽前所未有，在便利人们沟通与交流的同时，各种思想观念、意识形态也随之广泛传播，冲击着人们既有的价值观念。面对纷然杂陈的思想意识和复杂多变的国际国内形势，一些学生无法判断各种信息的真实可靠性，也不能科学、准确地把握各种信息，势必会造成诸多困惑。在此情况下，教师的教育与引导作用便凸显出来。教师可利用教学平台把志愿精神融入思想教育课程中，直截了当地激发学生志愿服务热情，鼓励学生参与社会活动，调动他们的积极性和主动性，培养学生的关怀意识、责任意识和奉献担当精神。

教师可利用教学平台，发挥志愿精神的引导作用。教师在传道授业中精神引领必不可少。立德树人是每一位教师担负的重要责任，志愿精神教育也是实现立德树人目标的重要方式。教师可以利用教学平台，把志愿精神培育融入课程思想教育过程中，构建全员、全程、全课程的育人格局。教师可充分利用课上课下、线上线下等灵活多样的教学形式开展志愿精神教育。同时也需要教师不断改进教学方法，尤其是多一些交流，少一些说教，多一些实践，少一些空谈，力求在情感体验和合作探究中使志愿精神入心入脑，增强学生志愿服务的归属感和荣誉感。这样，才能真正把志愿精神落实到学生的日常行为中，并能够主动参与到志愿服务工作中去。

教师开展志愿服务精神教育也要发挥其以身作则，率先垂范的作用。教师是行为的示范者和引领者，教师对志愿服务是否持有端正的态度，是否具有饱满的热情以及是否具备丰富的经验，都会直接影响到志愿精神的培育效果。这就需要教师自身具备志愿服务精神并积极从事志愿服务活动，这样才能够将志愿精神传递给学生，学生也才会对其信服。这就要求教师要不断提升自身的志愿服务素养，增强志愿服务意识，提高志愿服务精神相关理论水平和道德素质，积极投身志愿服务实践活动，以强烈的事业心和严谨的学术态度对待志愿服务活动，在自我塑造、自我提升中发挥榜样的力量去感染学生、带动学生，让学生真正提高对志愿服务精神的理解能力、认识能力，深刻领会和把握志愿精神的本质内涵，引领学生积极参加社会公益活动、志愿服务活动。当然，教师也需在思想上树立"以人为本"理念，在教育引导中立足学生的身心特点，准确掌握学生的思想实际，全身心为学生服务，引导他们树立正确的世界观、人生观和价值观。

第二，将志愿精神培育融入思想教育课程中。

首先，补充志愿精神相关理论，优化思想教育课程内容。结合思想教育课程加强志愿精神培育，引导学生参与志愿活动，明确将志愿精神与大学生思想教育结合起来，把志愿精神纳入大学生思想教育的主要内容，充分发挥其育人作用。要求在思想教育课中适当安排志愿服务相关内容，编辑辅导读物，在教学讨论和评价中宣传志愿精神，同时要求加强对学生志愿服务活动的领导，建立长效机制，深入推进学生志愿服务活动。若要通过将志愿精神的培育融入思想教育课程的手段达到培育志愿精神的效果，还需在树立大学生理想信念，加强爱国主义教育和道德教育方面进行深入挖掘，厘清他们之间的理论逻辑关系，明确教育目的和意义，真正使志愿精神全面融入思想教育课程中，从而达到志愿精神与思想教育相辅相成、相得益彰的效果。

将理想信念教育与志愿精神培育相结合。理想信念体现了一个人的生命品质和人生价值，影响着国家事业发展的兴衰成败，所以国家历来重视对大学生的理想信念教育，并作为一项重要内容将其纳入高校思想教育课教学中。在新的社会形势下，大学生不仅要具备扎实的专业知识，还要在综合素质方面得到进一步提升，这就需要充分发挥思想教育的主渠道作用，改革教学方法，丰富教学内容，消除大学生成长中的困惑，满足他们的理想信念需求。

将爱国主义和集体主义与志愿精神培育相结合。爱国主义、集体主义与志愿精神在内涵层面具有共同的目标指向。爱国主义是一种经过长期历练形成的，建立在理性认知基础上的，具有明确指向性的对国家无条件忠诚和爱护的思想态度，在实践中表现为坚定维护国家各方面的利益。集体主义强调个体与群体之间具有利益上的根本一致性，个体、集体、国家利益是辩证统一的关系，最终落脚点是保证个体与集体的利益都得到保护和发展。爱国主义和集体主义两者强调公共利益的共同特点和志愿精神奉献、友爱、互助、进步的思想指向是一致的，可以在实践过程中相互促进。在大学生志愿精神培育过程中，爱国主义、集体主义的内容也应该被充实进来，使大学生志愿者认识到自身的志愿服务行为所创造出的价值并不仅仅是对于某个具体的服务对象有益，而是对建立在个体对象之上的集体和国家有益，使志愿者形成自身行为同国家、集体利益的关联认同，最终内化为向上向善的动力，进一步激发他们参与志愿服务的热情。

将社会核心价值观与志愿精神培育相结合。大学阶段是青年学子的人生重要关口，是其价值观形成、发展、成熟过程中的一个关键阶段。在这一特殊阶段需要引导学生树立正确的世界观、人生观和社会主义核心价值观，而志愿精神也必须在大学生中得到培育和弘扬。

其次，增强思想教育与志愿精神教育的实践性。思想教育与志愿精神的生命力在于社会实践，思想教育和志愿精神培育必须坚持教育与实践一起重视，教育、实践相互促进。为保证大学生能够积极参与志愿服务实践活动，一定要创新思想教育的实践内容和形式，让大学生便于且乐于参与志愿服务活动。社会实践是思想教育的重要载体和实践教学形式，也是大学生志愿服务精神落地生根的根本渠道。为此，思想教育与志愿精神教育都要充分发挥好社会实践这个载体的作用。需要注意的是，社会实践不是点缀，而是要贯穿整个教学过程，理论一旦脱离实践也就失去了意义。所以，思想教育与志愿精神教育都需要借助实践活动来体现它的价值。同时社会实践也不是为实践而实践，要突出它的实效性，所以要选择恰当的实践方式，将思想教育课的内容和志愿精神融入实践，强化大学生对志愿精神的认同，并以实际行动落实志愿精神。这样，大学生就要走出课堂、走向社会，开展志愿服务，在实践中深入理解志愿精神的宗旨和内涵，增强大学生的责任感和志愿服务意识，并主动投身到志愿服务活动中去。

最后，创新思想教育课教学形式。思想教育理论课教学是高校学生志愿精神培育的主阵地，传统的以教师为主导的课堂传授方式仍然是当前普遍使用的一种重要教学方法，通过这一方法向大学生灌输志愿精神的科学内涵，增强大学生对志愿精神的认知和认同。但是，应当注意到时代的差异和学生主体发生的变化，注重创新教育宣传的内容和形式。引导大学生自己去发掘对志愿精神的掌握程度，真正用心感受志愿服务带来的心灵触动，从而提高整个课堂的授课质量和效率。目前一些学校已经在相关思想教育课程教学中进行有益的尝试，例如，东南大学教师在讲授《思想道德修养与法律基础》课程中，通过让学生针对"雷锋精神与新时代道德建设"展开讨论，设计"践行雷锋精神投身志愿服务"等活动，在网络微平台通过"新时代雷锋精神"征文比赛等形式，使大学生全面了解雷锋事迹，深刻感知雷锋精神。

教学方法的创新离不开技术、资源和平台，信息技术的飞速发展，网络媒体资源丰富、快速便捷，极大改变了人们的工作方式、认知方式和生活习惯，也为学校教育提供了前所未有的便利条件。从思想教育理论课教学来看，无论是形式还是内容较之以往的教学载体丰富了很多，具有明显的优势，教学质量也得到了巨大提升，这也意味着借助网络技术可以创新思想教育理论课和志愿精神教学形式，丰富教学内容，激发学生学习兴趣，增强思想教育课效果。因此思想教育教师要利用网络信息资源和各种新媒体平台，不断尝试进行新媒体教学，使思想教育理论课教学形式更多样，教学内容更丰富。

网络信息资源和各种新媒体平台也为志愿精神与思想教育理论课相融合提供了便利，在教学过程中，采取灵活的教学方式、逼真的教学情境更容易对接反映志愿精神的志愿服务活动资源典型事例，有利于志愿精神教育，增强大学生志愿服务自觉性。大学生接受新鲜事物快，对于新的快速发展的社会适应能力强，而且乐于接受新鲜事物，所以在思想教育课教学中，思想教育课教师应当考虑到学生全面发展的新需求，借助网络媒体的优势，积极发展网络课程，将线上教学与线下教学有机结合。借助网络平台传播速度快、范围广、感染力强的特点宣传好人好事，能够引导大学生自觉帮助他人、服务社会，并使之成为自身的良好行为习惯。

第三，加强大学生志愿者专业化培训，提高志愿服务质量。奉献是志愿精神的精髓，但志愿服务不单是不计报酬贡献个人的时间及精力的问题，志愿服务的范围十分广泛，人体涉及扶危济困、社区建设、环境保护、大型赛会、应急救助、海外服务等多方面，有些志愿服务工作专业性很强，只有服务热情，而无专业知识和技能也是无济于事的。因此这就要求在志愿精神培育中，要依据服务活动的性质和任务要求，对大学生进行专业化培训，提升志愿者综合素质和专业性技能，从而保证志愿服务活动高质高效完成。高校大学生志愿者专业培训工作应根据学生自身的具体情况和其所从事的志愿服务的大致范围来进行。大体而言，可以着眼于三方面内容：基础教育、专业技能和应急处理。

基础教育培训顾名思义是对有关志愿服务活动的理论教学环节，培训的内容包括志愿服务的功能、范围、特征、职责、法律依据，以及志愿服务的历史演进、国内外发展状况等具体内容。加强基础教育的培训，能够使大学生了解有关志愿服务基本常识和基本要求，明确志愿服务领域、对象以及应尽的职责，有利于促进志愿服务活动的顺利进行。专业技能培训是基于有些服务工作专业性突出、技术性较强的情况而言的。高校可依托自身的学科优势进行专业化技能培训，如心理咨询、职业技术、医疗服务等，从而打造一支高素质的团队，提升志愿者的专业能力，更好地为社会开展专业化服务。应急培训主要是强化面对一些突发问题综合素质和反应能力的培训。志愿服务工作免不了是针对一些突发情况进行的，如何反应、如何解决，这也是对志愿者综合素质和反应能力考验。这就要求在培训过程中，做好突发事件应对环节的模拟或演练，可以设置某些突发事件的具体情境，或模拟服务过程中经常出现的一些突发问题，经过实战演练提高志愿者应对突发问题、解决问题的能力。

②建立健全新时代大学生志愿精神培育机制。高校应不断完善大学生志愿精神的培育机制，统筹整合协调校内外志愿资源，形成学校大力推动、师生共同参与、符合社会需要的志愿服务格局，有力推动志愿服务工作的顺利发展。

第一，建立健全大学生志愿服务活动机制。志愿服务是改善社会，促进社会进步的重要力量，志愿精神是人类精神的高级形式，所以积极推进志愿服务开展，壮大志愿服务队伍意义重大。高校是推动志愿服务的重要阵地，也是志愿精神培育的主战场，为此，高校应根据志愿服务活动开展需要制定行之有效的教育、组织、管理办法，建立健全高校大学生志愿服务活动的长效机制，不断提高大学生志愿服务意识、服务本领。高校可利用自身优势，建立志愿服务信息化平台，让学生及时准确地了解社会志愿服务信息，畅通信息交流渠道，便于共享信息资源。要结合大学生和志愿服务工作实际制定相关规章和规范，并纳入日常大学生行为操守和思想教育工作的考评体系，引导大学生积极参与到志愿服务工作中来。

同时，将高校学生志愿服务活动作为道德教育的新的成长点，鼓励大学生经常性地参与一些适合大学生发展的服务工作。通过大学生志愿服务活动机制的建立与完善，既能保障大学生志愿服务活动开展得合理合规，又能促进大学生的正常成长，在自身得到提升的同时也推动社会的发展与进步。

第二，建立健全大学生志愿服务评估机制。为保证志愿服务活动的有序和有效开展，评估机制的完善是大学生志愿服务的重要保障。评估机制可根据大学生服务群体的具体情况，结合高校学生日常管理制度，特别是考评制度，搭建志愿服务评估平台。高校可建立专门评估工作组，进行部门协调，严格评估程序，细化、量化志愿服务指标，把控志愿服务过程，保障服务精准到位，避免志愿服务中出现偏差，把服务效益最大化，以此推进志愿服务工作的科学化、常态化，提高服务质量和社会效率。同时。亦可引入第三方评估机构，对志愿服务工作进行评估，强化评估结果的客观性、可靠性。

第三方机构具有职业性特点，专业性强，方法系统规范，考核体系完备，指标设定科学，数据准确，结论更为可信。又由于第三方评估机构独立运作，从而减少了外部一些因素的干扰，保证了评估过程的客观、科学和有效性，这样既便于对以往志愿服务工作经验的总结，也利于对工作中存在问题的针对性改进。此外，还可以将高校内部评价体系和第三方机构评价有机地结合起来，形成多元立体的评价机制，推动志愿服务工作和志愿精神培育的健康发展。

第三，建立健全大学生志愿服务激励机制。激励机制是组织管理中不可或缺的重要内容，是效率最大化的重要手段。高校对大学生志愿服务活动实施奖励，是对大学生志愿服务行为的积极肯定，也能提高大学生对志愿服务的热情，增强他们对志愿服务的自豪感、责任感、使命感等。激励机制也是对大学生志愿服务活动的正强化手段，是志愿精神得以落地生根的正面引导。志愿服务激励机制需要坚持以精神激励为主、物质奖励为辅，精神物质相结合的原则。志愿服务本属于公益性活动，既体现了个体道德的水准，也体现出社会公德的总体状况，更是社会风貌的具体表现，精神激励也符合志愿服务的基本精神要求。所以高校可根据志愿服务人员具体的志愿服务时长、努力程度、服务效果、德行修养等进行综合考核，对优秀志愿服务人员和团体进行表彰，宣传他们的先进事迹，颁发证书奖章等，肯定他们的付出和对社会的贡献。高校大学生因为特定的身份亦可以和日常评奖评优活动结合起来，把志愿活动作为评优的指标之一，包括各类奖学金的评选在内，从而获得一定的物质奖励。当然，鉴于学生无收入来源的情况，在开展志愿活动时，高校亦可适当增加活动经费，用于解决交通、餐费等生活费用，解除大学生的后顾之忧，使他们能够轻装上阵做好志愿服务。

高校志愿服务激励机制的建立与完善也是志愿精神培育得以正强化的有效手段。在肯定大学生志愿服务行为和评优树先的过程中使其能够进一步增强对志愿服务工作的认同感、荣誉感和责任感，志愿精神从而得到进一步强化。当然，在对志愿服务创优争先的正面激励过程中，也存在负强化的一面，即对志愿服务工作存在影响服务效果的诸多问题可以在今后的工作中得到抑制和修正。大学生志愿服务激励机制亦可起到对自我行为检视，规范自我言行，进一步提升志愿服务水平的作用。所以激励机制体现在正负强化的两个方面，当然需要把握两者的限度，保障其在正面引导和教育的轨道上。

第四，建立健全志愿服务的监督机制。志愿服务作为有组织的社会公益活动必然有其行为规范和基本准则，为保证志愿服务不偏离相关规范要求就需要完善志愿服务的监督机制。换言之，监督机制的健全与完善可增强大学生志愿组织性、纪律性，防止出现漫无目的散漫混乱的状况。监督机制也是实现诚实守信、公平公正的有效手段，通过监督可以发现良莠差距，也便于鼓励先进，鞭策后进，从而提高整体志愿服务水平。

监督机制可从三个方面着手：一是在资金的使用方面，依据相关财务制度进行监督、审计，保障服务款项的合理使用。同时建立健全志愿服务专项资金的管理制度，成立专门组织机构定期核验资金的使用情况，做到专款专用并保证发挥切实的作用。二是在人事任命方面，本着志愿服务精神的要求，选拔有责任心和奉献精神的乐于从事志愿服务活动的人员加入到组织管理中来。志愿服务组织及人事安排应该公开透明，志愿服务信息及时公布于众，允许有关社会机构或群体质询和查证，主动接受社会各界监督。同时志愿服务机构也应该制定出一套任用标准和程序，制定相关人员行为规范，确保事得其人，人尽其才，减少内耗。三是志愿者活动履行方面的监督。志愿服务作为社会公益活动要受到全社会的监督。高校志愿服务组织应针对大学生志愿服务的具体情况主动向社会各界通报情况，或借助信息传播媒介征询各种意见和建议，虚心接受社会各界的监督和批评，增强志愿者活动的透明性，这不仅有利于志愿服务活动的高质量发展，也有利于新时代大学生志愿精神培育。

③营造新时代大学生志愿精神培育的良好氛围。从加强校园文化建设、加强大学生的爱心感恩教育、加大志愿服务的宣传力度这三方面入手，能够在校园内营造良好的志愿精神培育氛围。

第一，加强校园文化建设。大学生志愿精神的培育作为高校校园文化建设的重要组成部分，大学生志愿精神的培育对高校校园文化建设具有促进作用，同时高校校园文化建设也为大学生志愿精神的培育提供深厚的土壤和丰富的营养，所以大学生志愿精神的培育需要与校园文化建设结合起来，为其营造一个优良的文化氛围。志愿精神作为美德的体现，本质上属于伦理精神，有着深厚的伦理特质，优良的校园文化特别是良好的校风、学风对学生的成长发挥着至关重要的作用。所以各高校应该根据时代要求和自身实际制定包括志愿精神培育在内的校园文化建设规划和具体步骤，采用切实有效的办法把高校打造成主题突出、特色鲜明、形式多样、内容丰富多彩的校园文化环境，提高大学生的道德素养、文化素养、知识素养等整体综合素质，为大学生志愿服务奠定良好的人文基础。

第二，加强大学生的爱心感恩教育。爱心教育是培育大学生良善之心的重要途径，也是学生道德教育中的重要内容。爱心教育可以先从身边做起，如爱父母、爱老师、爱同学、爱学校，进而生发出爱社会、爱祖国的情怀。经过长期的爱心教育和体验从而建立起内在的且稳固的爱心，进而增强学生的正义感、使命感、责任感，为志愿服务精神的确立提供深厚的道德支撑。在大学生志愿精神的培育过程中，也应通过对学生关爱，解决学生的实际困难等途径培养大学生的感恩之心和爱心，加深对助人助己的理解。大学生越是在得到他人帮助、感受到他人的关心和温暖时，对助人和关爱别人的理解也就越深刻，助人的愿望也就更加强烈，同样在受助中感恩之心也越发强烈。所以高校在培育志愿精神的过程中，"感恩教育"也是方法之一。其，通过关心学生的学习与生活养成对他人、对学校、对社会的感恩之心并化作行动，从而将爱心传递下去。

第三，加大志愿服务的宣传力度。随着信息技术飞速发展，传播媒介较之以往多样而便捷，高校可以充分利用各种形式的媒介平台加大对志愿服务活动和志愿服务精神的宣传力度。具体而言，可以利用学校报刊、广播网站和其他自媒体等多种渠道对学校的学生的志愿服务信息、感人事迹、感想心得、经验介绍、意见建议等及时发布和宣传，让广大学生从中获得启发和教育。同时还可以利用传统的宣传方式，如板报、墙报、条幅、海报等形式与现代宣传手段结合起来，形成立体化、多样化的宣传攻势，给学生们以强烈的视觉冲击，让更多的人认识、了解志愿服务，从而对其内心产生触动，积极投身到志愿服务活动中来。通过媒介积极倡导志愿精神和志愿服务理念，使其深入人心。当然还可展开相关志愿服务的讲座和专业化培训，这对提高大学生志愿服务意识和能力更能产生直接的作用。

(2) 家庭、社会应积极支持当代大学生志愿精神培育

虽然高校是负责培育大学生志愿精神的主要责任者，但由于大学生志愿服务涉及的领域广阔，仅靠高校的组织和培育并不能保障大学生志愿服务活动和大学生志愿精神培育的顺利开展，还需要家庭和社会等方面的大力支持，多方合作，才能达到培育大学生志愿精神的良好效果。

①家庭应充分发挥支持引导作用。家庭教育和学校教育、社会教育是密不可分的，每个人所接触到的最初教育即家庭教育。家庭生活给予个人以社会意识，对个人的人格塑造和发展有着巨大的影响。良好的家庭教育能够使一个人拥有优良的品质，是道德内化的重要平台。志愿精神培育作为道德教育的重要内容，需要长期的教育过程，而家庭教育具有这一优势。父母能够从小为子女树立参与志愿服务的榜样，在日常生活中教导子女认识人际关系，并具有关爱他人、关注社会整体利益并为之奉献自己的优秀品质。同时，一个和谐的家庭氛围有利于子女对营造良好人际关系形成正向期待，从而培养大学生积极向上的心态，愿意相信他人，使其对参与志愿服务更有动力。

第一，充分发挥父母的榜样示范作用。父母的行为方式会对子女产生潜移默化的影响，在家庭教育中，父母长辈以完全行为能力人的身份，对人

格尚不完善的大学生子女形成天然的优势。家长在家庭这一特殊环境中占据着主导性的地位，其自身的外在行为会成为子女认知和模仿的对象，在这一过程中，家长行为的内在价值规范也会被子女通过模仿所习得，进而内化为子女的价值规范和处世原则。韩非子《曾子教子》的故事就反映了古代学者对父母言传身教这一问题的明确看法，说明家长言行一致，身体力行对子女树立正确价值观有重要的示范作用。因此，父母以身作则，对子女进行志愿精神培育是可行的，也是必要的。

父母需要有意识地参与志愿服务。父母的品德素质决定了对子女的引导教育水平。在家庭中，言传身教是最简单直接的教育方式，子女在成长过程中不断模仿家长的行为，会将家长的优点和缺点不加分辨地吸收模仿，对子女的一生造成重大影响。因此，父母在日常生活中应当有意地控制自己的行为，主动地在志愿服务活动方面有所作为，给予子女以正面影响，促成其志愿精神的养成。

家长需有意识地引导子女正确认识志愿精神内涵。新时代大学生大多物质条件较为优渥，个人生存环境宽裕，对他人的疾苦认识不直观，一部分大学生因此表现出了较强的个性，和他人沟通交流不太顺畅，这种过度关注自我的态度和志愿精神"奉献、友爱、互助、进步"的精神内涵相背离，此类大学生也就难以对志愿精神形成认同。作为子女生存环境的营造者，父母必须首先秉持从道德出发的基本态度，引导子女对社会和他人形成价值认同和情感认同，主动带领子女参与到同社会和他人的互动中，通过各类公益活动，身边助人为乐的小事，使子女能够感受到在和他人互帮互助中形成的人与人之间的相互关爱，在实践中逐步领悟志愿精神的精髓。

第二，营造和谐友爱的家庭氛围。家庭生活在人的一生当中占有很大比例，会对每个人的思想观念和道德标准形成长期影响。良好的家庭氛围有利于在家庭成员之间形成积极的良性互动，使每个家庭成员的想法和观念都能得到最充分的表达，互助协作的观念也就会自然形成。在与人为善、温暖包容的家庭环境中成长起来的大学生更容易和他人形成良性互动，待人处事的态度也更加温和坦诚，为志愿精神的形成打下良好的心理基础。

家庭成员间需要保持平等和睦的关系。家庭是建立在爱的基础之上，家庭成员需要共同承担家庭发展的责任。作为家庭核心的父母在家庭生活中应当相互尊重，彼此爱护、相互扶持，共同面对和解决各类问题，这种示范作用会影响子女对待父母和他人的态度。这其中平等是一个关键因素，任何不平等观念的出现都会影响到家庭的和谐，对子女的认知形成负面干扰，而平等的理念也是志愿精神的一个重要基础。

父母要注重发展良好的社会关系。家庭内部环境和谐是每个人安身立业的基础，而同其他社会成员的关系会影响整个社会环境。同事关系、邻里关系是较为典型社会关系，父母与社会成员的关系是否和谐也会影响子女对待他人的态度。营造良好的邻里关系是构建公共社会道德的一个重要组成部分。构建和谐友爱的人际关系还体现在和同事的相处之中，随着现在社会城市化速度的逐渐加快，工作关系在社会日常交往中占有很大比例，而交互比例的增大也增加了发生各类矛盾的比例，各种情绪的累积也会对家庭环境造成影响。父母对工作中人际关系的看法也会影响子女对自身人际关系的判断。

父母需要懂得如何开展道德教育。家长需要在家庭中树立一定的道德行为规范，并在家庭生活中和子女共同遵守执行。在这一教育过程中，家长既要从外部主动地进行道德教育，又要关注子女道德认知的发展程度，随时调整教育引导的方式方法，稳步提高子女的认知能力和道德修养，最终实现潜移默化的志愿精神培育。

②社会应充分发挥平台功能。培育大学生的志愿精神，除了需要家庭的支持引导外，社会的支持也很重要。志愿精神的宗旨是帮助他人、奉献社会，体现的是一种社会责任，具有很强的社会性。因此，培育大学生的志愿精神，离不开社会的支持。社会应当充分发挥其平台功能，为大学生志愿服务和志愿精神培育搭建各种平台。

第一，社会组织应发挥资源调配优势，为大学生志愿服务提供物质保障。社会组织是公共关系的主体之一，担负着推进社会发展和进步的重任，其调配资源的形式较政府更加灵活，本身也有面向公众服务的功能和发展这一功能的需要，引导社会组织参与到大学生志愿精神培育中，既可以拓宽大学生志愿精神培育的广度、提升培育的水平，又可以为社会组织自身提供后继人才、为大学生就业扩展渠道，是一举多得的好事。在志愿服务活动资金方面，应当充分发挥社会组织资源调配的灵活性优势，进行多元化的融资。

随着我国社会公益事业发展日渐成熟，许多企事业单位对志愿组织的信心越来越强，而对大学生志愿服务的支持也能够提升企业的社会声誉，这为大学生志愿服务开辟社会融资渠道提供了基础。

另外，可以考虑扩展个体捐赠渠道。部分热心公益的知名人士有资金、有意愿为志愿服务提供支持，志愿者组织可以通过各类沟通渠道与其建立联系，使融资渠道多元化，这种立足社会公益事业，促进社会发展的行为不仅使捐赠者的资金能够得到最大化运用，同时对大学生志愿精神培育也非常有利，能够取得促进公益事业开展和推进社会进步的多重效益。

第二，社会应积极组织社会活动，为大学生搭建实践平台。当前大学生志愿服务一个突出问题是打不开、层次低、不持续，和高校平台的局限性有一定关系。通过引入社会平台和高校进行合作，可以有效地扩展大学生志愿服务的活动空间，树立以大学生为主体的特色的志愿服务品牌，如教育教学、法律援助、信息咨询、环境保护等，使大学生在面向社会开展志愿服务的过程中真切感受社会需求与自身能力的契合，达到培育志愿精神的目的。

第三，社会应利用现代社区平台，锻炼大学生服务能力。城市化的发展使原有的乡村向社区转变，新社区在数量和质量上都呈现快速增长的趋势。作为人民群众开展各类生活活动的基本场所，社区的功能日趋多样化，各类关系在此交织，存在多样化的服务需求，是大学生志愿服务的一个非常有前景的领域。而社区服务中心组织，各类已有的管理、宣传组织等都可以为大学生志愿服务提供信息和物资的支持。信息沟通是开展好志愿服务的前提，社区服务的内容较为繁杂，这就需要高校同社区更加有效地进行沟通，以确保社区服务收到实效，真正培育大学生志愿精神。

第四，社会应利用网络媒体等平台，弘扬志愿精神。随着智能手机和网络的普及，依托网络发展建立起来的各类新媒体近年来发展得风生水起，各类视频平台层出不穷，受到当代大学生普遍欢迎；各类公众号、社交软件等也是大学生信息交互的主要阵地。大学生志愿服务鲜明的公益性和助力社会发展、传播互助友爱精神的特点，完全可以在各类信息传播平台中占有一席之地。

西南财大大学生勇斗歹徒、长江大学"人链救生"等在网络上掀起了巨大反响，激起了广大大学生参与公益事业的热情。一些短视频平台和公众号也因势利导，开始宣传各类生活中帮助他人的视频。由此可见，社会上向上向善的风气非常浓厚，人们希望看到越来越多的正能量，这也给大学生志愿精神培育以启示。一方面可以通过网络渠道开展志愿精神培育宣传，另一方面也可以通过网络渠道发布各类志愿服务信息，引导更多大学生参与到志愿精神实践中来，同时，通过各类平台合作，扩大志愿服务和志愿精神的影响力和感召力，营造参与志愿服务的氛围，使以志愿精神为指导的志愿服务产生面向全社会的吸引力，传递更多的正能量。

社会的发展是建立在全体社会成员公民主体意识和参与意识不断提高的基础上。大学生作为社会进步发展的储备力量，更需要全社会的共同培养与爱护。只有家庭、社会共同出力，在资金、宣传等方面给予志愿服务更多的支持，才能让大学生志愿精神培育取得更好的效果。

(3) 新时代大学生注重志愿精神的自我培育与养成

大学生志愿精神培育的主要目的就是激发大学生参与志愿服务活动的主动性，而能否真正将志愿精神内化于心则取决于大学生自身对志愿精神理解把握的深度。因此，应当强化新时代大学生志愿精神的自我培育，增强大学生培育的主动性，提高对志愿精神的理论认知，增强对志愿精神的情感认同，坚定践行志愿精神的意志，积极投入到志愿服务活动中，实现志愿精神与志愿服务的统一，使志愿精神真正内化于心、外化于行。

①新时代大学生要主动加强对志愿精神理论的学习。志愿精神既是伦理精神的体现，也是人类应有的价值追求，有着深厚的理论支撑。只有在深刻理解志愿精神的前提下才可能把这种精神落实在志愿服务行动中。理论知识对行为实践具有指导作用，理论与实践相结合才能凸显它的意义。因此，做一件事情之前，必须先有一定的理论知识，之后才能去行动，不至于毫无章法和头绪。新时代大学生在进行志愿精神的自我培育时，也需要具有一定的理论基础，了解志愿精神的价值体系、掌握志愿精神的基本要素。这样才能真正提高对志愿精神的理论认知。

第一，全面把握志愿精神的内容与特征。虽然大部分大学生对志愿精神的内容和特征是比较了解的，但部分学生只是简单字面意思的理解，并未真正认识到志愿精神的精髓。因此，新时代大学生的志愿精神自我教育，必须建立在紧密联系实际基础上的对志愿精神概念、内涵与特征的理解之上。

新时代大学生应深刻理解志愿精神的内涵。志愿精神的一般概括为奉献、友爱、互助、进步等几个方面，这里既涵盖了人生价值的追求，也包含了人际交往的原则，还涉及了社会发展的要求等，这些精神的培育对大学生的成长、成才都具有直接的塑造作用。例如，就奉献而言，它是志愿精神的核心和精髓，反映的是志愿者对志愿服务不求回报、不计名利的付出，是人类极为高尚的行为表现。再如友爱精神，反映了志愿服务过程中所展现出的关怀、尊重、平等、仁爱等人际关系的准则，在这里没有高低差别，没有地域的界限，只有与人为善和阳光般的温暖。互助精神则是强调相互帮助且助人自助的理念，志愿者通过自己的能力和一片爱心帮助那些有困难的人们，以此唤醒更多的人加入互助的行列。而进步既是目的也是归宿，在志愿服务中，志愿者不仅自己获得了进步，也促进了社会的和谐与进步。当然，在志愿精神中也包括诚信、爱国、敬业等价值理念。

新时代大学生要明确志愿精神的特征。志愿精神主要具有自愿性、无偿性、利他性和实践性等特征。自愿性是志愿精神的基本特性之一，自愿性强调的是志愿者对志愿服务是一种主动性行为，并非受到外力的强迫，完全是发自内心的意愿使然，并以助人、奉献自己的力量为乐。无偿性是指志愿服务活动是义务性、公益性的，不计报酬也没有报酬，完全为他人与社会提供服务，奉献自己的力量。利他性强调的是志愿服务与功利主义无关，完全出于良善帮助受困之人，是利他主义、集体主义的表现。实践性表明志愿服务精神必须在服务实践活动中方能呈现，志愿精神也是志愿服务实践的结晶。所以培育大学生志愿精神必须和志愿服务实践相结合，这样才能发挥其应有的价值。

第二，深刻理解志愿精神的价值。志愿服务奉献、友爱、互助、进步精神既体现人类价值追求的普遍共性的一面，也内含着不同文化等所造成的差异特殊性一面。就古代中国而言，中华民族自身有着独特的历史传统和文化血脉，表现出不同的价值取向，且影响至今。就现当代中国而言，新时代中国大学生的志愿精神培育应该与中国的主流文化与意识形态相吻合，以社会核心价值观为引导，积极开展志愿服务工作。

②新时代大学生要主动增强对志愿精神的情感认同。情感虽属于心理因素，但体现着对人和事物的好恶倾向，尤其在建立良好的人际关系方面能

够发挥重要作用。在志愿服务实践活动中情感也是催发人们积极参与的动力因素，具体表现为对志愿服务的热情，以奉献为乐，不掺杂个体的求利成分。志愿精神的情感能够将志愿精神以感性的形式落实到志愿服务活动中。志愿精神的情感是志愿服务实践行为的催化剂，志愿服务精神一旦发生情感认同，更容易使这种精神内化为自身的思想意识，并落实到日常的行为中。

志愿服务作为公益活动，服务于民。大学生在实际参与中，可以通过服务过程与服务对象进行交流而达到心灵沟通，在与志愿同伴的相互帮助中引发情感共鸣，增强关爱情怀，生发团结友善互助之情。志愿情感的交织、仁爱之情的播撒更容易在志愿服务中感同身受，使内心受到触动。当通过志愿活动让失学的孩子重回课堂露出天真的笑脸时，当让孤残老人获得志愿者的呵护而感受人间温暖时，当遭受疫情折磨的病人，获得战胜病魔的勇气和信心时，所有这些都会产生情感上的共鸣，都会因施以爱心而感到自豪。大学生志愿者在关心、服务群众的社会实践中获得了社会的肯定和鼓励，思想境界也会随之进一步升华。

大学生对志愿行为价值的认可，更进一步推进了大学生志愿者对真、善、美的追求。使得大学生志愿者养成热衷公益事业、关爱社会弱势群体、遵守社会道德规范的良好习惯，形成积极向上的心态和健康的心理，减少社会道德冷漠现象。总而言之，新时代大学生主动增强对志愿精神的情感认同，可以提高大学生践行志愿精神的内在驱动力，进而促进大学生志愿精神的形成。

③新时代大学生要坚定践行志愿精神的意志。意志是人自觉地确定目的，并根据目的调节支配自身的行动，克服困难，去实现预定目标的心理过程。由此可见，意志的目标指向性很强。践行志愿精神的意志是指人们在自觉自愿参与志愿服务过程中所表现出来的迎难而上、坚持不懈、坚韧不拔的精神力量。践行志愿精神的意志的形成是一个从思想心理活动到实际实现的渐进过程，一方面要求人们克服行动前的动机冲突，是善念战胜恶念的过程；另一方面是主体在实施善行的过程中克服内外困难，是自觉达到善的目的的活动过程。

大学生志愿服务活动也是自我锤炼提高意志品质的过程，这一过程对提升大学生道德素养和符合社会规范要求的行为习惯至关重要。需要克服重重困难，需要百折不挠的毅力，需要有乐以忘忧的精神，需要充满敢为人先的勇气、持之以恒的韧劲最终才能锻造成意志坚定的志愿服务者。有的高校在这方面已成为先行者，如浙江理工大学研究生支教团已派出数十名志愿者到四川省乐山市金口河区开展"志智双扶"志愿服务，助力脱贫攻坚。虽然条件艰苦，但研究生支教团成员从不退缩，主动承担更多教学管理任务，始终站在教学工作的第一线。在教学中想尽一切办法改善教学条件，攻克教学难题，兢兢业业教学，帮助学生解疑释惑，提高了教学质量。同时在教学过程中始终坚持立德树人，以自己的实际行动言传身教，为学生播种梦想，以他们的无私奉献和忠于职守，爱岗敬业的高尚品质影响学生，帮助他们成才成人。所以，大学生志愿者只有在志愿服务实践中不断淬炼自己的意志品质，只有脚踏实地、兢兢业业、吃苦耐劳的爱岗敬业精神才能牢固树立起志愿服务精神。

④新时代大学生要主动践行志愿精神。中国人很早就认识到"知行"关系问题，强调"知行相须""知行合一""知行统一"。认识来源于实践，也对实践具有指导意义。"知"的价值在于实践中能够发挥其应有的作用，否则与实践不能结合，再完备的理论也形同虚设，没有实际意义。就志愿服务而言，志愿精神属于"知"的范畴，志愿服务活动当属于"行"的领域，大学生志愿精神的培育必须实现志愿精神与志愿服务相统一。在志愿服务中彰显志愿精神，用牢固的志愿精神推动志愿服务活动的开展，亦即做到"知行合一"，这就要求新时代大学生要积极参加志愿服务活动，在实践活动中凝练、体悟、发展志愿精神。需要注意的是，志愿服务活动实践是一个长期的过程，志愿精神也不是在偶然的行动下形成的，而是在长期的志愿服务实践中逐渐确立的。正如前述，志愿精神是意志品质的体现，所以是经过反复实践才凝聚而成的。所以大学生应该养成定期参加志愿活动的习惯，使其内化为内在需求。

另外，在实践过程中大学生志愿者还应该不断总结经验教训，不断反思自己的行为以及志愿服务的方式和取得的效果，这样志愿服务活动才能有效提升自己的思想、道德、境界等。流于形式、敷衍了事不会在志愿精神层面有所收获。总而言之，大学生积极主动地参加志愿服务活动不仅能够强化思想政治教育的效果，而且还能实现志愿精神与志愿服务的统一，有利于大学生志愿精神的养成。因此，大学生应当积极投身于志愿服务活动中，在实践中深化对志愿精神的认知，增强对志愿精神的情感，坚定为人类进步事业贡献力量的意志。

二、志愿服务融合新时代大学生劳动教育

(一)志愿服务融合新时代大学生劳动教育的意义

当前，大学生参与志愿服务的热情不断提高，广大学生响应号召，迅速行动，积极参加各级各类疫情防控志愿服务，承担了大量的工作。由此可见，大学生对于志愿服务的意义有了新的理解，对于拓展志愿服务的领域有了新的期待。如何发掘和发挥好志愿服务的育人功能，将弘扬劳动精神融入志愿服务各环节是关乎高校实践育人的战略举措。下面以高校志愿服务类社团为例进行分析。

1. 利于满足劳动育人的自发性和成长性

志愿服务类社团有助于满足劳动和实践育人的自发性和成长性。高校志愿服务是加强和改进新时代大学生思想教育的有效途径，高校志愿服务类社团是一类由以自愿从事公益事业为主的在校大学生组成的社团，具有自身的特殊性，具有明显的公益取向，秉持志愿服务精神，积极寻求为学校和社会提供志愿服务的机会。志愿服务类社团为大学生创造了一个自发参与公益劳动的环境，高校组建大学生志愿服务类社团，可以有效满足大学生志愿者多样化的成长诉求。一方面，志愿服务类社团可以通过社团项目活动和公益劳动激发大学生的社会责任感，培养其扶危济困的道德情感；另一方面，志愿服务类社团为大学生构建了健康成长和社会行为相融合，生活圈和社交圈相衔接的综合劳动、实践育人的活动链条，为大学生提供互助、宽松的成长平台，可以有效促进大学生公民意识、奉献精神和学习能力的提升。

2. 帮助扩大劳动精神培育的影响力

大学生劳动精神培育是高校思想教育工作的重点任务之一。志愿服务类社团与说教式劳动教育最大的区别，就是大学生可以通过更加规范、专业、高效率的形式和亲身体验的方式参与到志愿活动中来，潜移默化地感受和积淀劳动精神。思想的引领和能量的储备，最终要落实到脚踏实地的劳动

实践中。志愿服务类社团通过组织学生参与各级各类志愿服务活动，开发出高度组织化、参与程度高、推广效力久、内容多样化的服务项目，并在项目化的运作下，掌握奉献社会的劳动技能，培育大学生对劳动形态的认识。在志愿服务中，高校涌现出的典型人物和先进事迹，可以引起学生、家长和社会的广泛关注，从而进一步拓展劳动精神培育的广度和深度。

3.丰富学生劳动人格塑造的实效性

新时代大学生劳动精神培育要在尊重劳动者的主体人格、劳动价值，维护劳动者尊严的基础上，让学生充分享受劳动过程的幸福和愉悦，不断实现自我认同劳动向自觉践行劳动转化。大学生在志愿服务中成为劳动的主体，凸显了自身在人民需求和社会发展中的价值。在志愿服务中创造了劳动成果，体会到了劳动的辛苦，更容易形成对其他行业劳动者的换位思考，形成尊重劳动、摒弃劳动偏见的觉悟。社团凭借组织化活动，帮助大学生提前从"学习者"向"准从业者"转变，在转换的过程中深入思考、提高技能、凝练精神，使其在逐步明确对劳动和认知的判断的同时认识到自身的责任感和使命感，并将这种获得感反馈到新一轮的劳动中，形成认识—实践—再认识—再实践的持续劳动，在持续劳动中增长见识，最终形成对劳动人格塑造的情感归属和文化归属。

4.引领学生劳动精神培育的关键环节

要抓紧抓好劳动教育的关键环节，高校应探明大学生志愿服务的功能性建设的新方向，明确推进大学生劳动精神的养成是社团建设的重要内容之一，下面以大学生志愿服务类社团为例进行分析。

第一，志愿服务类社团建设应严格遵循科学性的原则，其科学性不仅要体现在利用国内外全部优秀社团文化建设资源，特别是吸收新时代高校办学方向最高成就的思想精华，涉及的活动要沿着每个步骤、环节都精准到位的途径开展，而且要体现在坚持以实践育人为基础，紧密结合高等教育实际，不断研究和解决随着时代的前进和实践的发展所提出的新问题，主动适应新情况、新形势，明确志愿服务类社团建设的根本方向，从而巩固劳动精神培育的全局基础。

第二，志愿服务类社团建设要形成反映当代劳动精神培育和社会服务关系新特点的理论范畴，对于劳动教育的发展趋势，要形成共识、深化共识、发展共识。当代的社会发展，要求我们重新审视劳动、劳动者、劳动价值观的概念，重新评价劳动和劳动精神在社会生产和文明发展中的作用。高校要紧紧把握时代主题，统筹规划、完善管理、发展队伍，发挥制度体系在社团建设中的保障作用，为实现高素质人才和高水平从业者全面发展、全方位发展这一根本性目标提供制度支撑。

(二)志愿服务融合新时代大学生劳动教育的路径

劳动精神是以劳动创造为导向的劳动价值观，是每一位劳动者为创造美好生活而在劳动过程中秉持的劳动态度、劳动理念及其展现出的劳动精神风貌。因此，我们要教育大学生从思想上尊重劳动，在行动上热爱劳动，并以饱满的热情积极投身于创新性、创造性的劳动实践中。高校开展大学生劳动精神培育工作，要涵盖丰富的目标内容，构建科学统一的教育途径。志愿服务具有通融性，是劳动教育的基础。高校志愿服务类社团在带领大学生开展志愿服务的工作中，充分发挥以劳树德、以劳立志、以劳育才的功能，为大学生开展劳动实践提供了理论联系实际的平台，使大学生在劳动实践中了解现实社会，获得劳动灵感，纠正了大学生对劳动的片面认知和错误观念，对引领大学生劳动精神的培育起到了正向的推动作用。

1.以时代意蕴帮助大学生树立劳动理念

人类社会是自然界长期发展的产物，而劳动是实现从自然界向人类社会飞跃的根本动力，是人的本质的自我确证和内在本性。志愿服务是人类的本质活动转化为进步性的社会意识和利他性的社会服务的具体体现，以"奉献、友爱、互助、进步"为核心的志愿服务精神与劳动精神同根同源，正确认识志愿服务精神是理解劳动精神的必要前提。

首先，高校要明确新时代志愿服务精神应包含弘扬和践行国家的核心价值观、为社会做贡献、彰显了理想信念、人和社会全面发展的生动体现等意蕴，并将这些意蕴体现在社团建设中，让学生认识到志愿服务是社会文明进步的重要标志；其次，高校在志愿服务类社团建设指导中，应对志愿服务精神的时代进步性进行高度凝练，将社团活动嵌入劳动精神元素，深入挖掘新时代劳动精神的地位和作用，促进劳动精神内涵具象化；最后，高校要将劳动精神转化为大学生的情感认同和行为指导，为新时代大学生奠定中国

"底色"，推进劳动教育的思想探索，实现思想向能力的转化。

2. 以准确向度帮助大学生提高劳动素质

劳动素质是劳动者身体、智力和思想道德素质的统一。从提高大学生劳动素质的视角而言，志愿服务类社团要持续加强社团建设的顶层设计，破解劳动精神培育的内容缺位问题，从身体、智力和道德素质三个方面提高大学生的劳动素质。

首先，高校志愿服务社团要在制定和完善规范章程和宗旨的基础上，健全专门的数据分析系统，及时对志愿服务进行反馈和评估，帮助学生奠定社会工作基础，促进学生逐渐认同职业者的身份，帮助学生毕业后尽快适应社会；其次，社团要设立民主决策和广泛征求意见的机制，规避由于社团换届更迭产生的社团成员和活动目标的不稳定性，将志愿服务的精神层面资源进行有效开发，将社会道德、事业态度、传统文化融入志愿服务中，通过一定的公益化活动和社会化行为，促进高校志愿服务形成深厚的思想道德基础，走进社区，走进基层，发挥社团的协同育人功能；最后，社团通过志愿服务帮助大学生强化劳动素质并不是一蹴而就的，而是需要根据新形势和新变化，在长期和持续的公益劳动体验中持续发力。

3. 以有效机制帮助大学生激发劳动热情

志愿服务精神和人类社会原则都具有互相帮助的含义，故在志愿服务中应遵循社会交换理论，处理好志愿服务中的"代价"和"报酬"的问题，让大学生志愿者产生奉献自我、服务社会的归属感，满足其安全、交往、被尊重等多种需要。

首先，高校应在社团志愿者的招募、培训、派出的机制中，体现出劳动至上、劳动人民至上的清晰线索，重视对志愿者中功利自我者的心理干预和思想脆弱者的心理调节，使大学生充分认识到志愿服务是一种精神高度的劳动力，是实现锤炼本领、磨炼意志、检验自我的目标的现实动力；其次，高校要建立一套有效的社团对接社区的机制，从社区群众需求的角度，常态化开展志愿服务项目，赢得有力的社会支持，从而避免社团项目的同质化，让学生走进社会和自然，用五官去感受世界，唤醒劳动价值追求的文化自信，重构以志愿服务营造新时代劳动精神的氛围，强化劳动环境对劳动者的劳动热情的激发作用，培养志愿者的劳动情怀。

4.以丰富实践帮助大学生提升创新劳动的能力

劳动创造了物质财富和精神财富，促进了人的全面发展，以志愿服务为代表的劳动形式和内容的进步与变化，表明了时代发展需要创新劳动能力。高校要将社团实践活动融入课程教学、实践实习、创新创业中，与产学研用紧密结合；融入职业教育、专业技能竞赛、择业就业中，与实践育人紧密结合；融入学"四史"中，守初心教育，与文化育人紧密结合；纳入教育教学质量评估体系，与社会评价反馈紧密结合，使大学生获得突出的交往实践能力，获取较高的职业素养和创新能力，强调劳动精神培育的动态生产，以创新劳动更好地实现个体发展。

第二节　陶行知劳动教育思想及其对新时代大学生劳动教育的启示

我国近代教育史上，以陶行知为代表的教育家在救国救民实践中形成了"生活即教育""行是知之始"等与劳动教育密切相关的实践经验和思想体系，对构建科学的劳动教育体系具有现实指导意义，对新时代加强大学生劳动教育仍具有很大的启示。

一、陶行知劳动教育思想的指导意义

陶行知的初衷是为了振兴祖国，唤醒民众，根据当时中国社会的实际情况，参考西方教育理念，反思中国教育的不足和社会发展落后的原因，探索中国近代教育发展的道路，极大地推动了中国劳动教育的改革和发展，并提出了生活教育理论，丰富了劳动教育思想。

（一）在推动教育的变革中崇尚劳动教育

陶行知学成归国后积极探索中国近代教育变革，大力倡导"手脑相长"。他强调对劳动者的尊重，破除"死"的教育的弊病，破除传统教育形成的错误观念，把教学合一作为校训，强调"做"是核心。他将自己的名字由知行改为行知，将晓庄的"老山"改为"劳山"，图书馆叫"书呆子莫来馆"，大

礼堂起名叫"犁宫"，犁宫大门之上的对联写的是"和马牛羊鸡犬豕交朋友，对稻粱菽麦黍稷下功夫"。在入学考试时考察"孟子说劳心者治人劳力者治于人对不对？"，通过探讨劳力与劳心的关系引导学生"在劳力上劳心"，树立正确的劳动价值观。① 考试过程中要求学生穿草鞋前往晓庄垦荒、施肥、修路操练农活。在《自立歌》中，他这样写道："滴自己的汗吃自己的饭自己的事自己干。靠人靠天靠祖先都不算好汉。"② 深刻阐释了劳动有利于国人树立自强意识，有利于智力与创造力的发展，有利于树立正确的劳动价值观，并有利于国家工农业发展与社会进步。

(二) 在生活教育的实践中丰富劳动教育载体

在陶行知看来，"到处是生活，到处是教育。"③ 他打破了学校教育的局限，极大地丰富了劳动教育载体。他在《生活即教育》的演讲中提到，"我们此地的教育是生活的教育，是提供给人生需要的教育。人生需要什么我们就教什么。人生需要面包，我们就得受面包教育；人生需要恋爱，我们就得过恋爱生活，也就是恋爱的教育。照此类推照加上去是那样的生活就是那样的教育"④，强调了生活中所有的经历都可以成为教育的内容。他在《古庙敲钟录》中设想创办一种融"工场、学堂、社会"为一体的全新办学形式，称"工是工作，学是科学，团是团体。……它是将工场、学校、社会打成一片产生一个附有生活力的新细胞"；他说："马路、弄堂、乡村、工厂、店铺、监牢、战场，凡是生活的场所都是我们教育自己的场所，那么我们失掉的是鸟笼而得到的倒是伟大无比的森林了。"⑤ 进一步阐释了教育蕴含于生活中的所有劳动中，劳动教育与生活教育的内涵具有高度一致性。

(三) 在"行与知"的辩证关系中拓展劳动教育内涵

陶行知将名字由"知行"改为"行知"强调了"行是知之始"，通过实践活动进行劳动教育获取真知进而反哺课堂文化教育。他在《行知行》一文中

① 陶行知. 陶行知自述 [M]. 合肥: 安徽文艺出版社, 2013: 137.
② 陶行知. 陶行知自述 [M]. 合肥: 安徽文艺出版社, 2013: 19.
③ 陶行知. 陶行知自述 [M]. 合肥: 安徽文艺出版社, 2013: 93.
④ 陶行知. 陶行知自述 [M]. 合肥: 安徽文艺出版社, 2013: 162.
⑤ 陶行知. 陶行知自述 [M]. 合肥: 安徽文艺出版社, 2013: 126.

指出，我们拿"行是知之始"来说明知识的来源并不是否认闻知和说知，乃是承认亲知为一切知识之根本。闻知与说知必须安根于亲知里面方能发生效力，阐述了实践出真知与间接读书获取知识的区别。还指出，"我们对一群毫无机器工厂劳动经验的青年演讲八小时工作的道理，无异耳边风"[①]，说明了实践获取真知的效果。在陶行知看来，劳动是获取真知的重要途径，劳动教育也只有寓于生产实践才能真正具有长久生命力。

此外，对于当时的中国而言，在现实生活中育人、培养知行合一的人才是一种积极的尝试和探索，闪耀着科学的教育理论光芒，开辟了近代中国教育的新路径。

二、陶行知劳动教育思想对新时代加强大学生劳动教育的启示

陶行知的劳动教育思想及其实践活动向世人展示了劳动教育的价值和意义，推动了近代中国教育的改革和发展，提高了国民素质，在教育史上具有重大的意义。一直到今天，陶行知的劳动教育思想及其实践仍然具有参考价值，为大学生劳动教育提供了理论基础。

（一）引导大学生树立正确的劳动价值观

在教学过程中，陶行知始终强调劳动教育的重要性，在校训、校歌、课程以及评价中都有劳动教育的影子。当年的晓庄学校没有工人，学校的各种事务都由同学自己做，通过多种方式的劳动教育，加强了学生对劳动的认知，并通过不同方式影响学生的人生观和价值观，让学生树立正确的劳动观念，主动劳动。在新时期要加强大学生劳动教育，在中国特色劳动科学学科体系中融入劳动教育思想。目前高校许多与劳动相关的学科仍处在一级学科之下，比如劳动经济学、劳动管理学、人力资源管理、社会工作、劳动与社会保障等，可以将这些学科进行整合，从中发现共性，建立劳动科学一级学科。劳动学科的建设可以更深入地研究劳动科学，培养更多高质量的劳动人才，并从不同角度不断强化大学生对劳动的认识。高校应该开设劳动科学学科专业以及相关思想理论课，培养学生实践能力，将劳动科学与其他课程相结合，加强沟通和交流，在研究方面不断强化劳动科学研究，使劳动科学学

① 陶行知. 民国大家谈学养系列丛书——行是知之始 [M]. 苏州：吴轩出版社，2016：3.

科建设和劳动教育高度融合。与此同时，劳动科学学科建设取得的成果还可以用于劳动教育课程，使之不断完善和丰富。专业理论课以及劳动技能课主要是在课堂上进行，学生获取知识也主要通过书本和教师，可以将课堂教学与课下实践相结合，鼓励学生积极实践和探索，通过劳动锻炼自己的能力，磨炼意志，并感悟劳动带来的成就感，在内心养成热爱劳动的情感。

高校最重要的目标是服务于国家发展，目前信息技术不断发展，学校可以采用现代化的教学方式，根据实际情况开展劳动教育课程，增强劳动教育的教学效果。并将劳动教育作为考核评估的重要项目，在学生综合素质评价体系中加入劳动能力测评，引导学生养成尊重劳动和热爱劳动的习惯，并在日常生活中努力践行。

（二）丰富劳动教育的形式和载体

陶行知的生活教育理论拓展了学校教育的范围、丰富了学校教育思想，拓宽了教学途径。劳动教育要将理论知识和实践相结合，因为课堂知识学习只停留在理论阶段，严重脱离实际，学生无法运用所学知识，对理论知识理解得不够深入。新时期要不断加强大学生劳动教育，充分利用现有的教育资源，打破劳动教育的局限性，使劳动教育走出课堂，加入社会实践，引导学生走上社会，亲身体验我国的社会发展情况，了解改革开放和社会主义现代化建设进程，在社会中学习，不断增长才干，为将来投身社会建设做准备。对于低年级的大学生，学校可以与养老院、福利院进行合作，组织学生参加公益劳动，使其成为志愿者，服务社会；对即将离开学校的毕业生，学校应该在充分了解市场需求的基础上，提高学生的劳动能力，使之能够在社会立足，还可以与国家机关、事业单位等加强合作，采取不同的方法建设劳动教育基地，为学生提供劳动技能训练的场所。劳动教育基地的建设和发展，极大地丰富了学生社会实践的场所，在不同的生产实践基地开展劳动教育，有利于培养学生的创新意识和创新能力，让学生认识到劳动的重要性以及一切美好的事物都是通过劳动创造出来的。

（三）促进劳动教育在大学校园落地生根

陶行知教育思想中对劳动精神是极为推崇的，无论是"行是知之始"还是"教学做",以"做"为核心、"在劳力上劳心"、将"老山"改为"劳山"等,都对劳动精神进行了弘扬。正因为此,他无形地在教育实践中起到了劳动最光荣、劳动最崇高、劳动最伟大的引领示范作用。新时期加强大学生劳动教育要大力发挥劳模精神、劳动精神、工匠精神对劳动教育的促进作用,要把劳模精神、劳动精神、工匠精神纳入师德师风评价体系中。要在深化新时代教育体制改革、建立科学的教育评价导向上下功夫,用劳动教育的内涵充实高等教育理念,着力建设一支执着于教书育人,有教育定力,带干劲闯劲钻劲的高水平教师队伍。同时可以通过举办"劳模大讲堂""大国工匠进校园""大国工匠报告会"等劳动榜样人物进校园活动,充分发挥劳动模范的先进引领作用,创新宣传载体,综合运用讲座、微信、微博等现代化信息手段,加强对劳动榜样人物先进事迹的宣传,在提升感召力上下功夫,大力弘扬劳模精神和工匠精神,让广大学生在校园里近距离接触劳动模范、感受劳模精神、聆听劳模故事、观摩精湛匠艺、分享工匠情怀,让劳模精神、劳动精神、工匠精神入脑入心,引导青年师生学习领会劳动模范和大国工匠勤奋学习、勤于钻研、勤勉敬业的精神,自觉践行社会主义核心价值观,争做新时代的奋斗者。

第三节　新时代大学生"四融四化"劳动教育体系的实践研究

劳动是人类社会赖以生存和发展的基础。由于目前大学生劳动意识的欠缺,导致高校的劳动教育被边缘化、片面化,高校劳动教育缺乏健全的保障体系。如何正确理解劳动教育的内涵和价值,改变当前大学劳动教育逐渐弱化乃至缺位的现状,使其发挥应有的育人功能,这是当前摆在我们面前的一道难题。高校作为培养社会主义建设者和接班人的重要基地,要进一步辨析新时代高校劳动教育的内涵,准确把握新时代劳动教育的本质特征,构建新的劳动教育体系,落实国家劳动教育使命。

一、目前高校大学生劳动教育的现状

由于在观念方面、社会环境实行方面、教学方面、制度方面依然存在很多的问题，使得大学生劳动教育在实施的过程中依旧阻力重重，劳动教育边缘化、片面化，缺乏健全的劳动教育保障体系。

（1）观念上轻视劳动教育。中国传统观念、社会环境都存在着轻视劳动的情况。

（2）实行上滥用劳动教育，劳动教育被误用为惩戒手段和利益工具，劳动教育被政治化、经济化。

（3）教育上边缘化、片面化劳动教育。理论课程上把劳动教育归为思想政治教育的一部分，劳动教育实践课程上教师和学生大都应付。而且把劳动技能的培养等同于劳动教育的全部内容，忽视劳动教育的核心价值应该是对人本身全面发展的促进。

（4）体制上缺乏健全的劳动教育保障体系，即劳动教育缺乏相应的物质保障和相应的制度保障及劳动教育考核体制。劳动教育的缺失往往导致了新时代大学生对劳动的感触和体验感愈来愈淡，大学生往往处于长期脱离劳动实践的状态，由此可见加强当代大学生的劳动教育迫在眉睫。高校需要构建"四融四化"劳动教育体系，通过劳动教育让大学生拥有良好的劳动意识和习惯、优秀的劳动品质和能力，促进大学生获得德智体美劳全面发展。

二、新时代大学生"四融四化"劳动教育体系建构

针对目前高校大学生劳动教育存在的问题及大学生劳动意识欠缺的现象，提出构建新时代"四融四化"劳动教育体系，将劳动教育融入培养方案，实现人才培养的体系化；将劳动教育融入课程教育，实现人才培养的制度化；将劳动教育融入校园文化，实现人才培养的隐性化；将劳动教育融入社会实践，实现人才培养的协同化。

以"有机融入、课程引领、实践体验"的工作思路，通过多种形式将劳动教育融入大学生的第一、第二、第三课堂中，贯穿大学生成长全过程。为保障劳动教育实效，建立科学的大学生劳动教育考核评分制度，确保每位大学生都能获得劳动体验、习得劳动本领、创造劳动价值、享受劳动成果，实

现以劳树德、以劳增智、以劳强体、以劳育美、以劳创新，促进大学生全面发展，真正达到育人目标。为培养德智体美劳全面发展的社会主义建设者和接班人保驾护航，为实现伟大中国复兴梦提供坚强的组织保证。

（1）将劳动教育融入培养方案中，实现人才培养的体系化的途径。研究修改高校人才培养原则性意见，将劳动教育纳入学校人才培养目标，根据不同年级学生的特性，分学年设定劳动教育目标和劳动教育内容，设定劳动教育课程，把劳动教育课程成绩纳入学分评价体系。同时"将劳动教育相关知识贯穿入学教育、军事训练、思想理论课、职业素养课、职业指导课、专业理论课、专业实训课、顶岗实习等课程中，把劳动教育真正融入人才培养体系当中"[1]。

（2）将劳动教育融入课程教育中，实现人才培养的制度化的途径。研究开设"理论＋实践"一体化的劳动教育课程，制定"劳动教育"课程标准及成绩考核标准，将学生劳动教育理论学习和实践考核量化，为劳动教育提供保障制度。

（3）将劳动教育融入校园文化，实现人才培养的隐性化的途径。研究制定《校园劳动教育活动实施方案》，开设与劳动教育相关的讲座、演讲、辩论赛，开展校园晨扫、宿舍 6S 管理、校园大扫、校园公益等活动，将劳动教育纳入学生的第二课堂。同时修改大学生的素质测评办法，将学生参与校园劳动活动情况纳入学生的素质测评体系。

（4）将劳动教育融入社会实践中，实现人才培养的协同化的途径。研究制定《劳动教育社会实践活动实施方案》，建立校外劳动教育社会实践基地，定期开展劳动教育社会实践，将劳动教育融入大学生第三课堂中。修改大学生的素质测评办法，将学生参与校外劳动教育社会实践活动情况纳入学生的素质测评体系。

---

① 沈铁敏，张晓霞 . 构建新时代大学生"四融四化"劳动教育体系的研究与实践 [J]. 作家天地，2021（20）：175-176.

结 束 语

大学生担负着实现中华民族伟大复兴"中国梦"的新时代使命,高校劳动教育在促进学生健康成长、落实立德树人根本任务等方面发挥着重要作用。

新时代加强大学生劳动教育,教导大学生崇尚劳动行为、尊重劳动成果、厚植劳动情怀、锤炼劳动品质、养成劳动习惯,最终形成正确的劳动价值观,是高校落实立德树人的根本任务,也是助推大学生全面发展的内在必然要求。

新时代高校必须进一步优化和完善培养大学生劳动教育的实施方案,不断丰富和拓展培养大学生劳动教育的实施路径,积极推进和落实培养大学生劳动教育的实施过程,这样才能科学构建大学生劳动教育的实践路径。

全书以新时代为研究背景,首先从劳动及其劳动教育的意义、新时代劳动教育及其特征不同方面切入,探讨新时代劳动教育的基本理论;其次分析新时代大学生劳动教育及其价值,并从新时代大学生劳动教育的崇尚、体验、科学三个维度进行详细论述;最后围绕新时代大学生劳动教育维度的实践进行研究。

全书结构科学,论述清晰,客观实用,力求实现理论与实践相结合,保障新时代大学生的劳动教育更加完善,真正促进大学生的全面发展,从而实现劳动教育价值。希望本书的出版为我国新时代大学生劳动教育的发展贡献一分力量。

参考文献

[1] 何卫华，林峰.大学生劳动教育理论与实践教程 [M].厦门：厦门大学出版社，2019.

[2] 邱同保.大学生劳动教育 [M].北京：机械工业出版社，2021.

[3] 王雄伟.大学生劳动教育 [M].北京：化学工业出版社，2021.

[4] 大学生劳动教育编写组.大学生劳动教育 [M].北京：高等教育出版社，2021.

[5] 胡颖蔓，欧彦麟.大学生劳动教育 [M].长沙：中南大学出版社，2020.

[6] 赵元银，吴道省，刘斌.大学生劳动教育 [M].江苏：凤凰教育出版社，2020.

[7] 陈国维.大学生劳动教育 [M].北京：高等教育出版社，2020.

[8] 周兴国，辛治洋.大学生劳动教育 [M].合肥：安徽大学出版社，2021.

[9] 梁艳珍.大学生劳动教育教程 [M].北京：中国传媒大学出版社，2021.

[10] 李志峰.大学生劳动教育概论 [M].武汉：武汉大学出版社，2021.

[11] 王卫旗，王秋宏，刘建华.大学生劳动教育教程 [M].北京：北京理工大学出版社，2021.

[12] 陈伟，郑文.大学生劳动教育概论 [M].北京：高等教育出版社，2021.

[13] 王一涛，杨海华.大学生劳动教育与实践 [M].苏州：苏州大学出版社，2021.

[14] 蔡炳育，吴自力.大学生劳动教育教程 [M].北京：北京出版社，2020.

[15] 刘征，颜卫林．大学生劳动教育教程 [M]．沈阳：东北大学出版社，
2020．

[16] 程光德．大学生劳动教育概论 [M]．武汉：武汉理工大学出版社，
2020．

[17] 彭全，何志昌．大学生劳动教育理论与实践 [M]．成都：电子科学
技术大学出版社，2020．

[18] 孙百虎，邵英秀．大学生劳动教育高职版 [M]．北京：化学工业出
版社，2021．

[19] 朱琳，陈静，白萌．新时代大学生劳动教育教程 [M]．郑州：郑州
大学出版社，2021．

[20] 陈斌蓉．新时代大学生劳动教育 [M]．长沙：中南大学出版社，
2021．

[21] 张茜．大学生劳动教育实用手册 [M]．重庆：重庆大学出版社，
2021．

[22] 李卫芳，谭伟．新时代大学生劳动教育 [M]．西安：西北工业大学
出版社，2021．

[23] 柳友荣．新时代大学生劳动教育 [M]．北京：高等教育出版社，
2021．

[24] 付晓东，张新安．新时代大学生劳动教育 [M]．北京：人民日报出
版社，2020．

[25] 刘迎春．新时代大学生劳动教育 [M]．桂林：广西师范大学出版社，
2020．

[26] 赵鑫全，张勇．新时代大学生劳动教育 [M]．北京：机械工业出版
社，2020．

[27] 邵文祥．新时代大学生劳动教育教程 [M]．成都：电子科学技术大
学出版社，2020．

[28] 曹志超，胡烽．大学生劳动教育实践教程 [M]．北京：知识出版社，
2020．

[29] 施盛威，张毅驰．新时代大学生劳动教育实践指导 [M]．苏州：苏
州大学出版社，2021．

[30] 中国社会科学院语言研究所词典编辑室 . 现代汉语词典 (第七版) [M]. 北京：商务印书馆，2016.

[31] 中国大百科全书总编委员会 . 中国大百科全书 (第二版) [M]. 北京：中国大百科全书出版社，2009.

[32] 中国百科大辞典编委会 . 中国百科大辞典 [M]. 北京：华夏出版社，1990：460.

[33] 陶行知 . 陶行知自述 [M]. 合肥：安徽文艺出版社，2013.

[34] 陶行知 . 民国大家谈学养系列丛书——行是知之始 [M]. 苏州：吴轩出版社，2016.

[35] 段宏娟 . 新时代大学生劳动观教育研究 [D]. 兰州：兰州大学，2020.

[36] 沈铁敏，张晓霞 . 构建新时代大学生"四融四化"劳动教育体系的研究与实践 [J]. 作家天地，2021(20)：175-176.

[37] 郭彩华 . 应用型高校劳动教育教材编辑出版的新思考——以《大学生劳动教育教程》为例 [J]. 出版广角，2021(24)：83-86.

[38] 吕艳娇，姜君 . 新时代高校劳动教育与创新创业教育融合：价值、困境与路径 [J]. 当代教育论坛，2021(04)：116-124.

[39] 徐伟琦，沈晓娜 . 新时代大学生劳动教育类图书出版刍议 [J]. 出版广角，2021(06)：93-95.

[40] 周君佐，李镓，咸春龙 . 大学生劳动教育的现状分析与对策建议——基于粤港澳大湾区 6 所高校的调查 [J]. 高教探索，2022(01)：122-128.

[41] 王丽荣，卢惠璋 . 论新时代大学生劳动教育的价值意蕴 [J]. 高教探索，2020(07)：114-118.